Perspektiven und Orientierungen

Schriftenreihe des Bundeskanzleramtes Band 17

W0075378

Die „Single-Gesellschaft"

von

Stefan Hradil

C.H.Beck'sche Verlagsbuchhandlung
München 1995

CIP-Titelaufnahme der Deutschen Bibliothek

Hradil, Stafan:
Die „Single-Gesellschaft" / von Stefan Hradil. –
München : Beck, 1995
    (Perspektiven und Orientierungen; Bd. 17)
    ISBN 3 406 40151 1
NE: GT

ISBN 3 406 40151 1

© C. H. Beck'sche Verlagsbuchhandlung (Oscar Beck), München 1995
Gesamtherstellung: C. H. Beck'sche Buchdruckerei Nördlingen
Gedruckt auf säurefreiem,
aus chlorfrei gebleichtem Zellstoff hergestelltem Papier

„Doch wehe dem, der allein ist, wenn er hinfällt,
ohne daß einer bei ihm ist, der ihn aufrichtet."
(Bibel: Kohelet/Prediger 4,10)

„Nur wer allein lebt, der hat's gut,
ist keiner da, der ihm was tut."
(Wilhelm Busch)

Vorwort

Die vorliegende Veröffentlichung ist aus einem wissenschaftlichen Gutachten im Auftrag des Bundeskanzleramtes entstanden. Dieser Auftrag gab Gelegenheit, Informationen aufzubereiten und darüber nachzudenken, wieso immer mehr Menschen in unserer Gesellschaft allein leben, wie sie das tun und welche Folgen dies haben wird. Der Auftrag fiel aus mehreren Gründen in die richtige Zeit.

Seit Lebensform und Begriff der „Singles" in den frühen siebziger Jahren aus den USA nach Deutschland kamen, scheiden sich daran die Geister. Die einen sind fasziniert von Singles. Denn sie leben selbst wie Singles oder sie wollen offen oder insgeheim so leben. Dementsprechend schreiben sie Singles überwiegend positive Eigenschaften und Auswirkungen zu: Sie sehen in Singles autonome Personen, emanzipierte Frauen und berufliche Leistungshelden. Die anderen dagegen lehnen Singles ab. Diese Daseinsweise widerspricht ihren eigenen Lebensentwürfen so grundlegend, daß sie Singles als einsam und sexuell frustriert bedauern und für abschreckende Beispiele von Egoismus, Kontaktunfähigkeit und „Sozialschmarotzertum" halten.

Heute sind diese Bewertungen nicht länger nur das Thema von kleinen intellektuellen Zirkeln in Großstädten und wenigen Intellektuellen. Wie man zu Singles steht, ist mehr geworden als eine Frage der persönlichen Lebensgestaltung und intimen Diskussion. Singles sind so häufig geworden, und die Presse hat sich ihrer so ausgiebig angenommen, daß Singles zur öffentlichen Angelegenheit geraten sind. Dadurch mehren sich die Gefahren einer vorurteilshaften Bewertung von Singles. Übertriebenen Ängsten und heilversprechenden Hoffnungen kann jedoch nur mit möglichst exakten Kenntnissen begegnet werden. Das vorliegende Buch versucht, dazu beizutragen.

Eine ganze Reihe von wirtschaftlichen, demographischen und gesellschaftlichen Herausforderungen steht vor der deutschen Gesellschaft: Die Finanzierung der deutschen Einheit, das Einrücken der geburtenschwa-

chen Jahrgänge ins Erwerbsleben und die damit verbundene zurückge-
hende Zahl von Erwerbspersonen, die Alterung der Erwerbstätigen und
der Bevölkerung Deutschlands, sowie die Integration von sehr unterschiedlichen Lebensweisen, und zwar von In- und Ausländern, werden
Politik, Wirtschaft und Gesellschaft vor schwierige Aufgaben stellen. Vor
diesem Hintergrund wird das Thema Singles endgültig von der privaten
zur öffentlichen und politischen Angelegenheit aufrücken. Angesichts der
Fülle bevorstehender Aufgaben stellt sich die Frage, welche Auswirkungen das Alleinleben für die Gesellschaft haben wird, insbesondere dann,
wenn immer mehr Menschen allein leben sollten: Wer wird die alt gewordenen Singles einmal pflegen, wer baut die vielen Wohnungen für
Singles, wer entsorgt den Müll, den Einpersonenhaushalte zwangsläufig
mehr als Familien produzieren?

Und schließlich ist es an der Zeit, den Stand unserer Kenntnisse zur
„Single-Gesellschaft" zusammenzufassen und auf Wissenslücken hinzuweisen. Denn die Sozialwissenschaften haben sich seit einigen Jahren
dieser Lebensform angenommen. Wir wissen heute immerhin so viel über
die Singles, daß eine Zwischenbilanz möglich und nötig ist. Wir verfügen
über eine solide Grundlage, um weiterführende Überlegungen und Berechnungen anzustellen. Dadurch ist auch die Benennung von For-
schungslücken möglich geworden. Es ist so viel gesichertes Wissen vorhanden, daß sich die Defizite erkennen lassen.

Der Auftrag des Bundeskanzleramtes war sehr umfassend. Er schloß
sowohl die Aufarbeitung empirischer Erkenntnisse als auch die Erarbei-
tung innovativer, über die beobachtbaren Fakten hinausreichender
Handlungsanregungen ein. Er erstreckte sich auf die Gegenwartsanalyse
ebenso wie auf Vorausrechnungen, Prognosen und Szenarien. Der Auftrag richtete sich sowohl auf grundsätzlich theoretische wie auch auf an-
wendungsorientierte Erwägungen. Eine zur Veröffentlichung bestimmte
Expertise kann all diese Ziele nur dann erreichen, wenn die Darstellung
vereinfacht und sich auf das m. E. Wesentliche beschränkt.

Die hier vorgelegten Analyseergebnisse und Handlungsempfehlungen
geben in jedem Falle die Erkenntnisse des Verfassers wieder. Sie decken
sich nicht notwendigerweise mit der Sicht der Bundesregierung. Dem
Bundeskanzleramt ist dafür zu danken, daß es trotzdem die Genehmigung
zur Veröffentlichung erteilte.

Eines sei vorweggenommen: Unsere Gesellschaft mag in einigen Jahrzehnten durch Individualisierung in weiten Lebensbereichen gekennzeichnet sein. In diesem Sinne verstanden, wird es zahlreiche „Singles" in
Familien, in Büros und sogar in Seniorenheimen geben. Eine „Single-
Gesellschaft" in dem Sinne freilich, daß die Alleinlebenden diejenigen an
Zahl übertreffen, die mit anderen zusammenleben, werden wir in absehbarer Zeit nicht erleben. Wohl aber eine Gesellschaft, in der eine größere

Zahl von Menschen als heute alleine lebt. Wenn die vorliegende Schrift dazu beiträgt, daß wir hierfür gerüstet sind, hat sie ihren Zweck erfüllt.

In nur sechs Monaten zusätzlich zu den üblichen Arbeiten eines Hochschullehrers ein Gutachten wie dieses zu schreiben, ist nur mit massiven Hilfestellungen möglich. An erster Stelle möchte ich der „Fünferbande" von studentischen und wissenschaftlichen Hilfskräften danken: Dipl.-Soz. Susanne von Below, die unter anderem die Datensätze der „Allbus"-Umfragen 1980–1992, der BZGA-Bevölkerungsbefragung zum Thema AIDS und des Familiensurveys 1988 reanalysierte, sowie Christine Klein, Simone Noß, Friederike Weinberger und Daniela Ziegler, die Literaturbeschaffungen und -auswertungen vornahmen. Für die Gestaltung des Manuskripts danke ich Dipl.-Soz. Otto G. Schwenk. Nicht zuletzt bin ich aber den im Anhang aufgeführten Kolleginnen und Kollegen zu Dank verpflichtet. Sie haben in selbstloser Weise zum Teil unveröffentlichte Materialien bereitgestellt und oft sogar eigens Berechnungen vorgenommen. Wenn ihr Verhalten typisch sein sollte für die „Single-Gesellschaft", brauchen wir davor keine Angst zu haben. Alle trotz vielfacher Hilfe verbliebenen Mängel gehen zu Lasten des Verfassers.

Mainz, im September 1995   *Stefan Hradil*

Inhaltsverzeichnis

Verzeichnis der Abbildungen

Verzeichnis der Tabellen

Danksagungen

Folgenden Personen und Institutionen bin ich für die Überlassung von zum Teil unveröffentlichten Materialen zu Dank verpflichtet:

Dr. Ronald Bachmann, Lehrstuhl für Regionale Entwicklungsforschung, Universität Bayreuth

Dipl.-Soz. Susanne von Below, Frankfurt am Main

Prof. Dr. Hans Bertram, Institut für Soziologie, Mikrosoziologie, Humboldt-Universität zu Berlin

Prof. Dr. Peter Borscheid, Professur für Sozial- und Wirtschaftsgeschichte, Philipps-Universität Marburg

Bundesinstitut für Bevölkerungsforschung, Dr. Katharina Pohl, Wiesbaden

Bundesmininsterium für Familie und Senioren, Bonn

PD Günter Burkart, FU Berlin

Dr. Martin Diewald, Max-Planck-Institut für Bildungsforschung Berlin

Europäisches Dokumentations Zentrum, Johannes Gutenberg-Universität Mainz

Eurostat, Informationsbüro, Luxemburg

Prof. Dr. Dr. h.c. Clemens Geißler, Institut für Entwicklungsplanung und Strukturforschung GmbH an der Universität Hannover

Dipl. Soz. Thomas Gensicke, Forschungsinstitut für öffentliche Verwaltung bei der Hochschule für Verwaltungswissenschaften Speyer

GLOBUS, Bilderdienst

Dr. Sylvia Gräbe, Stiftung Der Private Haushalt, Düsseldorf

Prof. Dr. Lothar Hübl, Institut für Volkswirtschaftslehre, Universität Hannover

Institut der Deutschen Wirtschaft, Köln

Prof. Dr. Gerhard Kleinhenz, Professur für Volkswirtschaftslehre mit Schwerpunkt Wirtschaftspolitik, Universität Passau

Dr. Ing. Uwe Kunert, Deutsches Institut für Wirtschaftsforschung, Abteilung Verkehr, Berlin

Dr. Oded Löwenbein, Nielsen Marketing Research, Abt. Statistik, Frankfurt a.M.

Prof. Dr. Kurt Lüscher, Sozialwissenschaftliche Fakultät, Universität Konstanz

Dipl. Soz. Ruth Mächler (geb. Stagelschmidt), Institut für Soziologie, Universität München

Dipl.-Volksw. Hans-Christian Mager, Universität Frankfurt am Main, Projekt „Pflegesicherung in der EG"

Dr. Sibylle Meyer, Dr. Eva Schulze, Institut für Soziologie, Forschungsstelle Projekt „Technik und Familie", Technische Universtität Berlin

Prof. Dr. Rosemarie Nave-Herz, Institut für Soziologie, Universität Oldenburg

Dipl. Sozialwirtin Dagmar Müller, Forschungsgruppe Sozialstrukturwandel, agis, Universität Hannover

Prof. Dr. Bernhard Nauck, Technische Universität Chemnitz-Zwickau, Lehrstuhl für Allgemeine Soziologie

PD Dr. Norbert F. Schneider, Lehrstuhl Soziologie I, Universität Bamberg

Annette Spellerberg, Wissenschaftszentrum für Sozialforschung Berlin

Statististisches Bundesamt, Wiesbaden

Statistisches Bundesamt, Berlin, Auslandsstatistischer Auskunftsdienst

Prof. Dr. Dr. h. c. Laszlo A. Vaskovics, SOFOS, Universität Bamberg
Alois Weidacher, Deutsches Jugendinstitut, München
Dr. Joachim Winkler, Wissenschaftliches Institut der Ärzte Deutschlands, Köln

1. Was man in der Öffentlichkeit über Singles (nicht) weiß

Die „Singles" konnten sich in der letzten Zeit über Mangel an Aufmerksamkeit nicht beklagen. Nahezu jede Publikumszeitschrift, jede Tageszeitung und viele andere Medien widmeten den Singles umfangreiche Berichte.[1] Dutzende von populären Sach- und Lebenshilfebüchern zur Problematik von Singles erschienen allein in den letzten Jahren.[2] Nur: Die meisten dieser Darstellungen warfen mehr Fragen auf, als sie beantworteten. Und nicht wenige Informationen waren einseitig bis hin zur Verzerrung oder sie waren schlicht und einfach falsch.

Wenn die renommierte Süddeutsche Zeitung ihren Lesern (am 5. Oktober 1993) berichtete: „Jeder dritte Deutsche lebt im Single-Haushalt", so ist das schon falsch, was die Zahlen betrifft. Richtig ist zwar, daß heute etwas mehr als ein Drittel aller Haushalte in Deutschland Einpersonenhaushalte sind. Hierin leben aber nur etwa 16% der Bevölkerung. Also nicht einmal jeder sechste, keineswegs jeder dritte Deutsche lebt alleine. Für den Wohnungsbau, die Sozialpolitik und manches andere macht das einen großen Unterschied. Die Mehrpersonenhaushalte umfassen logischerweise einen größeren Personenanteil, als ihr Haushaltsanteil ausmacht, die Einpersonenhaushalte einen kleineren Personenanteil.

Wenn dann das Nachrichtenmagazin Focus (am 6. Dezember 1993) vom „Schicksal Single" berichtet und Einsamkeit als den „Preis der Ich-Sucht" von Singles darstellt, so ist das mindestens einseitig – ebenso wie die angeblich egozentrische Teilnahmslosigkeit von Singles am Dasein anderer, die die „Petra" (im Oktober 1993) herausstellte und der „Tanz ums goldene Selbst" mit dem entsprechenden Verlust an Gemeinsinn, von dem der Spiegel (22/1994) zu berichten wußte. Auch das Aufkommen der Singles als ein reines Allokationsproblem des (Heirats-)Markts hinzustellen, angeblich entstanden aus zu niedrigen Qualitäten im Angebot und/oder zu hohen Standards der Nachfrage, wie es eine Zeitschrift für „aufstrebende" Frauen wissen will (Cosmopolitan 10/93), zeigt nur einen schmalen Ausschnitt der Realität.

Es ist auch nicht unbedingt erhellend, wenn immer wieder alle 12 Millionen Menschen, die in den Einpersonenhaushalten Deutschlands leben, als „Singles" (FAZ, SZ, Panorama u.v.a.m.) oder gar als „Freigänger" („Fit for Fun" vom April 1994) bezeichnet werden. Ältere Witwen zusammen mit Studierenden und mit 35jährigen Alleinlebenden in einen Topf zu werfen und mit Begriffen zu bezeichnen, die eine individualisierte, partnerlose, ungebundene, „swingende" Lebensweise suggerieren, dient kaum der Unterscheidungsfähigkeit der Leser.

Aus dem, was die Öffentlichkeit über Singles so (nicht) erfährt, entstehen mindestens folgende Fragenbereiche:

Welche Dimensionen und Aspekte des Themas „Singles" sind überhaupt zu unterscheiden? Und welche Begriffe sind zweckmäßigerweise zu verwenden? Eine ältere Witwe, die alleine in einem Einpersonen-Haushalt lebt, ist kein Single. Und viele, die weder Singles sind, noch allein leben, führen ein weitgehend individualisiertes Leben. Hier gehen in der öffentlichen und wissenschaftlichen Diskussion manche Kategorien durcheinander. Wir müssen mindestens die Begriffe „Ein-Personen-Haushalt", „Single" und „Individualisierung" unterscheiden. Darüberhinaus brauchen wir weitere begriffliche Differenzierungen, wie z.B. die zwischen Lebensformen (Familien, Alleinleben), Lebensstilen (wie „Yuppie") und Milieuzugehörigkeiten (z.B. zum „Aufstiegsorientierten Milieu"), um unterschiedliche Teilentwicklungen und Aspekte des Themas auseinanderzuhalten. Außerdem sollten wir weitere Aspekte (wie z.B. Alleinerziehende) einbeziehen, die zwar nicht zur Problematik der Singles im engeren Sinne gehören, die wir aber in Umrissen kennen und (z.B. als „Singles mit Kind") begrifflich einordnen sollten, um der Problematik der Singles gerecht zu werden. – Im nun folgenden *zweiten* Kapitel werden Begriffe und Erscheinungsformen von Singles abgegrenzt und von verwandten Konzepten bzw. Phänomenen unterschieden.

Viele Behauptungen in Medien und Öffentlichkeit enthalten unsinnige Zahlenangaben über die Entwicklungen hin zu immer mehr Singles, zum Alleinleben und zur Individualisierung. Wie gezeigt, lebt keineswegs ein Drittel aller Menschen in Deutschland alleine, wie immer wieder behauptet wird. Und das knappe Sechstel, das mittlerweile alleine lebt, besteht selbst bei großzügigster Abgrenzung allenfalls zur Hälfte aus Singles. Ähnlich ungeprüfte Vermutungen existieren im Hinblick auf die Lebensbedingungen und Lebensweisen von Singles. So wird immer wieder kundgetan, daß es die Gutgestellten und die Hochgebildeten, die Egoisten und die Kontaktunfähigen seien, die besonders häufig als Singles leben.

Daher fragt sich zunächst, welche Tatbestände zu registrieren sind. Um wieviele Menschen geht es überhaupt? Wie verlief die historische und die neuere Entwicklung in den letzten Jahrzehnten wirklich? Und wie sieht das Dasein von Singles aus? Welche Lebensbedingungen haben sie? Leben sie im Wohlstand? In Armut? Wie viele Kontakte zu Mitmenschen haben sie? Leben sie freiwillig als Singles? Wie ist ihr Selbstverständnis beschaffen? Welche Kalkulationen oder Emotionen bewegen sie zum Alleinleben? Und wie verändern sich die Daseinsformen im Lebenslauf? Bleibt man das ganze Leben Single? Wie oft gibt es den „Swinging Single"? Leben Singles partnerlos? – Im *dritten* Kapitel werden Häufigkeiten, Lebensbedingungen und Lebensweisen von Singles und deren Untergruppen in ihrer Entwicklung bis heute dargestellt.

In Presse und Wissenschaft werden zahlreiche Gründe dafür genannt, daß immer mehr Menschen als Singles leben: wachsender Wohlstand, „Wertewandel", Verfall von Solidarität, unaufhaltsame Modernisierung, Individualisierung, Emanzipations- oder Karrierestreben, Nutzenkalkulation, schlichter Männerüberschuß und vieles andere mehr. Diese Ursachenerwägungen werden von vielen als müßige akademische Spielerei abgetan, zumal dann, wenn sie in Gestalt von umfassenden „Theorien" angestellt werden. Eine Spielerei sind sie jedoch ganz und gar nicht. Es gibt, wie Karl Popper einmal sagte, nichts Praktischeres als eine gute Theorie. Wer wissen will, wie sich künftige Entwicklungen vollziehen werden und wie sie sich möglicherweise beeinflussen lassen, muß an systematischer Ursachenanalyse ansetzen und darf nicht bei der Beschreibung von Symptomen stehenbleiben. Deswegen ist die Suche nach Ursachen in Gestalt erklärender Theorien und deren Überprüfung so wichtig. Daher ist die isolierte Nennung von einzelnen, oft bloß vermuteten Gründen so gefährlich. – Im *vierten* Kapitel wird den Ursachen und Theorien dafür nachgegangen, daß seit einiger Zeit immer mehr Menschen als Singles leben.

Wird es immer mehr Singles geben? Wird die Individualisierung alle gesellschaftlichen Sphären durchdringen? Werden wir am Ende alle als Singles leben? Oder aber sind, wie gelegentlich behauptet, bereits Umkehrtendenzen oder wenigstens Stagnationserscheinungen erkennbar? Ist „der Single" schon ein Auslaufmodell? – Auf der Grundlage der zuvor angestellten Ursachenanalyse wird im *fünften* Kapitel versucht, zu einer Vorausschau bis ins Jahr 2010 (wo vertretbar, bis ins Jahr 2030) zu gelangen. Beantwortet werden sollen die Fragen: Wie wird sich die Sozialstruktur Deutschlands in Zukunft entwickeln? Welche Bestimmungsgründe für oder gegen Singles wird es künftig geben? Wie viele Menschen werden künftig als Singles leben und wie werden sie das tun?

Wie über Singles berichtet wird und was die Öffentlichkeit über Singles zu wissen glaubt, ist zu hohen Teilen geprägt von positiver oder negativer Voreingenommenheit. Dies betrifft nicht nur die Einschätzung der Lebenssituation von Singles (als einsam, unglücklich, egoistisch oder aber als autonom, kontaktfreudig, leistungsfähig etc.), dies erstreckt sich auch auf die zu erwartenden gesellschaftlichen Auswirkungen. Hier gehen die Einschätzungen besonders weit auseinander.

Behalten Optimisten recht, daß sich durch mehr Singles und mehr Individualisierung ein Reich der Freiheit, der persönlichen Kompetenz, der Motivation und Leistungssteigerung sowie der individuellen Autonomie auftut? Werden sich hier positive Modernisierungstendenzen beschleunigen, die schon seit dem Beginn der Neuzeit und der Aufklärung zu beobachten sind? Werden Politik, Wirtschaft und Gesellschaft gleichermaßen von der „Single-Gesellschaft" profitieren?

Oder behalten Pessimisten recht: Gefährden Tendenzen hin zur „Single-Gesellschaft" Konsens, Sozialpolitik und Gemeinsinn? Werden Einsamkeit, Berechnung, Egoismus und Haltlosigkeit zunehmen? Wird die Wohnungs- und Verkehrsversorgung immer schwieriger? Werden die gesellschaftlichen Gruppierungen und die Bekanntenkreise der einzelnen immer unsteter und wechseln je nach Situation? Werden auch in einigen Jahrzehnten unter uns noch Familien leben können oder lautet die Devise „Jeder für sich, niemand für alle?" (SZ vom 17. 9. 1992) Werden politische Maßnahmen und die Planung der eigenen Biographie gleichermaßen unberechenbar werden? Wird Volksparteien die Grundlage entzogen? Zerfällt die Gesellschaft in konkurrierende, hochmobile Individuen? Erleben wir die Erosion der Familie und der Erziehung in Familien?

Diese Fragen zu beantworten, heißt zu sagen, ob Singles letzten Endes „nützlich" oder „schädlich", das heißt problemschaffend oder problemlösend sein werden. Um solche Aussagen treffen zu können, ist es erforderlich, zunächst einmal den Problemhorizont abzustecken, wie er in den nächsten 20 bis 30 Jahren auf uns zukommen wird. Erst vor dem Hintergrund dieser allgemeinen Problementwicklung läßt sich sagen, inwieweit Singles „Nützlinge" oder „Schädlinge" sein werden. – Die allgemeinen

Probleme Deutschlands im Laufe der nächsten Jahrzehnte und der Beitrag von Singles zu ihrer Lösung bzw. Verschärfung kommen im *sechsten* Kapitel zur Darstellung.

Gesellschaftliche Zukunfts- und Problementwicklungen sind auch abhängig von den Maßnahmen, die künftig in Politik, Wirtschaft und Gesellschaft getroffen werden. Nur wenn bekannt ist, wie sich die Handelnden im großen und ganzen entscheiden werden, sind sozialwissenschaftliche Vorausschauen möglich. Die (in Kapitel 6 angestellten) Pro-

gnosen im Hinblick auf allgemeine Problemtendenzen erscheinen nur deshalb vertretbar, weil m. E. insgesamt absehbar ist, wie sich die sozialstrukturellen Problemstellungen für die Gesellschaft entwickeln werden und mit welchen Maßnahmen im Prinzip auf sie reagiert werden muß.

Welche Maßnahmen jedoch getroffen werden sollten, um den „Schaden" abzuwehren und den „Nutzen" zu mehren, den Singles erwarten lassen, ist keinesfalls im voraus klar. – Deshalb sollen im letzten, *siebten* Kapitel Empfehlungen ausgesprochen werden, was in dieser Hinsicht in Politik, Wirtschaft und Gesellschaft zu tun ist. Freilich würde es den Rahmen einer einzelnen Veröffentlichung weit übersteigen, auf so umfassenden Gebieten, wie sie hier angesprochen werden, konkrete Einzelmaßnahmen vorzuschlagen. Vier Gestaltungswege, hin zur „moralischen" Gesellschaft, zur „Partizipationsgesellschaft", zur „solidarischen" Gesellschaft und zur „Mitarbeitsgesellschaft", sollen aber skizziert werden. Sie sollten begangen werden, um das Dasein von Singles für unsere Gesellschaft und das Wirken der Gesellschaft für Singles möglichst vorteilhaft zu gestalten.

2. Was ist ein Single und welche Arten von Singles gibt es?

In den Sozialwissenschaften hat sich in den letzten Jahren eine weitreichende und hilfreiche Konsolidierung von Fachbegriffen herausgebildet:[1]

Mit „Lebens*bedingungen*" sind äußere Rahmenbedingungen menschlicher Existenz bezeichnet, die vom Verhalten und der Wahrnehmung des einzelnen zumindest kurzfristig nicht beeinflußbar sind. Lebensbedingungen sind z.B. Einkommensverhältnisse, Wohn- und Arbeitsbedingungen.

Mit „Lebens*formen*" sind die relativ stabilen Beziehungsgefüge gemeint, die Menschen mit den Mitmenschen verbinden, mit denen sie unmittelbar zusammenleben. Lebensformen sind beispielsweise „normale" Familien, Alleinerziehende, Paare, Alleinlebende.

Unter dem Überbegriff „Lebens*weisen*" versteht man innere Haltungen und/oder äußerlich kenntliche Verhaltensweisen, die typisch für den Alltag von Menschen sind.

- Als „Lebens*stil*" gilt ein bestimmter Aspekt der Lebensweise von Menschen, nämlich die typische Art ihrer Alltagsgestaltung im ganzen. Im einzelnen versteht man darunter die mehr oder minder beständigen Einstellungen eines Menschen und seine damit einhergehenden, immer wiederkehrenden Verhaltensweisen, die sich so oder so ähnlich auch bei anderen Menschen finden. Im Begriff Lebensstil schwingt meist die Vermutung der individuellen Gestaltbarkeit mit. Oft, aber nicht immer, enthält der Begriff Lebensstil auch das Element der „Stilisierung" und der Expressivität, dadurch auch der ausdrücklichen Abgrenzung gegen andere Lebensstile und der Herstellung von Gemeinsamkeit zwischen Menschen gleichen Lebensstils.
- Unter *„Milieu"* versteht man einen weiteren Aspekt der Lebensweise, nämlich die Gemeinsamkeiten (gleiche Werthaltungen und Mentalitäten, organisatorische Bindungen, persönliche Beziehungen) einer Gruppe von Menschen, die ihre (berufliche, städtische etc.) Umwelt in gleicher Weise wahrnehmen und nutzen und so das einzelne Gruppenmitglied prägen. In diesem Sinne gibt es Stadtviertelmilieus, berufliche Milieus, Unternehmens-, Ministeriums- und Universitätsmilieus, gesamtgesellschaftliche Milieus etc. Milieus sind nicht unbedingt wählbar, bieten meist aber Freiräume der Eigenaktivität und -gestaltung.
- Auch der Begriff *„Lebensführung"* richtet sich auf einen Aspekt der Lebensweise, nämlich auf die jeweiligen methodischen Prinzipien der Gestaltung von Alltag und Biographie. Beispiele sind eine gemeinschaftsorientierte, individualistische, asketische, ehrgeizige, strategische, situative oder hedonistische Lebensführung.

Auf der Grundlage dieser mittlerweile in den Sozialwissenschaften weitgehend übereinstimmend gebrauchten Fachkonzepte sollen nun die Begriffe zur „Single-Gesellschaft" erörtert werden.

2.1 Alleinlebende bzw. Einpersonenhaushalte

Alleinlebende sind „Personen, die für sich alleine in einem Haushalt wohnen und wirtschaften".[2] Es können ganz unterschiedliche Gründe sein, die dazu führen, daß Menschen alleine (in Einpersonenhaushalten) leben.

Derzeit leben, wie erwähnt, ca. 16% der Bevölkerung Deutschlands alleine. Alle Singles leben per definitionem alleine bzw. in Einpersonenhaushalten. Aber nicht alle Alleinlebenden sind Singles.

2.2 Singles

Als der Begriff „Singles" in den 70er Jahren aus den USA nach Europa kam, war damit die Lebens*form* des Alleinlebens, aber zugleich auch eine bestimmte Lebensweise gemeint: Als „Singles" galten jüngere Menschen, die statt eine Familie zu gründen oder in einer Paarbeziehung zusammen zu leben, bewußt und freiwillig allein lebten, ohne eine feste Partnerbeziehung zu unterhalten. Häufig klang in diesem Begriff eine noch spezifischere Lebensweise mit: Die „Swinging Singles" vermieden Festlegungen auf Bekannte, Partner und Lebensstile überhaupt, suchten sich Lebensweisen, Freunde und Liebesbeziehungen nach Gutdünken. Ihr Stil bestand gerade im Wechsel. Gute materielle Voraussetzungen machten ihnen dies möglich.

Seit dieser Zeit wurde der Begriff „Single" immer wieder neu definiert.[3] Er hat dabei im ganzen eine immense Ausweitung, um nicht zu sagen eine Inflation erfahren. Heute wird in Deutschland oft schon jeder als „Single" bezeichnet, der allein lebt.[4] Alter, Familienstand, Grad der Freiwilligkeit, Partnerverhältnisse, und vieles andere spielen dabei keine Rolle. Der Begriff „Single" ist darauf und daran, zum Synonym für den statistischen Begriff „Einpersonenhaushalt" zu geraten.

Beide Begriffsbestimmungen, die ursprünglich oft sehr enge, und die neuere, meist sehr weite, sind in dieser Untersuchung nicht nützlich und werden daher auch nicht weiter verwendet. Die ursprüngliche Variante ist zwar recht präzise in ihrem Aussagegehalt. Aber es lassen sich nur wenige Menschen finden, die Singles in diesem Sinne sind. (vgl. Kapitel 3) Das Problem dieser Begriffsabgrenzung ist, daß sein empirischer Gegenstand so klein ist, daß es die Mühe kaum lohnt, darüber eine umfassende Untersuchung durchzuführen. Die neuere „inflationierte" Variante erfaßt zwar einen viel größeren Personenkreis (wie erwähnt sind ein gutes Drittel aller Haushalte Einpersonenhaushalte, worin fast ein Sechstel aller Bewohner Deutschlands lebt). Aber mit diesem Singlebegriff läßt sich kaum mehr etwas begreifen. Er bündelt so unterschiedliche Personenkreise, daß er sozialwissenschaftlich fast sinnlos ist.

Der im folgenden benutzte Begriff „Single" wird daher nicht an die eben skizzierten Konventionen gebunden, sondern mit Blick auf die Zwecke dieser Veröffentlichung eigens definiert. Dabei ist darauf zu achten, daß die Anzahl der erfaßten Personen einerseits genügend groß ist, andererseits deren Eigenschaften im Hinblick auf das Untersuchungsziel möglichst einheitlich sind. Außerdem sollte der gewählte Begriff operationalisierbar sein, das heißt: Er sollte in empirischen Meß- und Forschungsverfahren anwendbar sein.

Im folgenden wird einerseits ein weiter, andererseits ein enger Begriff von „Singles" zugrundegelegt. Beiden ist gemeinsam, daß Single nur der ist, der alleine lebt und haushält, obwohl es hinreichend gesellschaftliche Alternativen hierfür gibt.

Der *weite* Singlebegriff enthält nur die beiden Definitionskriterien Einpersonenhaushalt und Alter. Ihm zufolge *gelten alle diejenigen als „Singles", die 25 bis unter 55 Jahre alt sind und alleine leben und haushalten.* Unerheblich dabei ist,

– ob sie ledig, geschieden, getrennt lebend oder verheiratet sind,
– ob sie „freiwillig" oder durch äußere Umstände „gezwungen" allein leben,
– ob sie kurzfristig, längerfristig oder immer allein leben (wollen),
– ob sie wirtschaftlich eigenständig sind, und wenn ja, ob sie viel oder wenig verdienen,
– ob sie eine feste Partnerschaft unterhalten oder nicht,
– ob sie Kinder außer Haus haben (wer Kinder im eigenen Haushalt hat, ist per definitionem alleinerziehend und kein Single).

Wenn nichts anderes ausdrücklich hinzugefügt wird, findet in der folgenden Darstellung dieses weite Konzept Verwendung. Demnach galten 1992 etwa 8% der erwachsenen Bevölkerung Deutschlands als „Singles". Das waren knapp 10% der Westdeutschen und etwas weniger als 5% der Ostdeutschen.[5] Dieser weite Begriff des „Single" zielt nach den oben angeführten Begriffsbestimmungen im wesentlichen auf eine Lebens*form* und abstrahiert von den meisten Kennzeichen der Lebens*weise*.

Diese Begriffsbestimmung wurde zugestandenermaßen auch aus technischen Gründen gewählt: Eine so definierte Bevölkerungsgruppe ist soziologisch relativ einfach abgrenzbar und kann in unterschiedlich angelegten Untersuchungen übereinstimmend erfaßt werden. Es sind aber vor allem inhaltliche Gründe, die für diesen Begriff des „Single" sprechen: Alleineleben und -haushalten ist das wichtigste Kennzeichen von „Singles" und unerläßliches Definitionsmerkmal. Hinzu kommen die Altersgrenzen: Wer jünger als 25 Jahre alt ist und allein lebt, befindet sich mit großer Wahrscheinlichkeit noch in Ausbildung. Für sein Alleinleben gibt es oft keine Alternative. Er befindet sich noch nicht in jener Lebensphase, in der Gegenmodelle zu einem Single-Dasein vorherrschen, in der andere Gesellschaftsmitglieder üblicherweise wirtschaftlich selbständig in Form von Paaren oder Familien leben. Die Altersgrenze nach unten soll also möglichst viele Personen ausschließen, die einfach noch nicht Gelegenheit haben, anders leben. – Wer 55 Jahre und älter ist und alleine lebt,[6] hat mit großer Wahrscheinlichkeit das Erwerbsleben verlassen. Er lebt häufig allein, weil er verwitwet oder geschieden ist. Er kann im Einzelfall durchaus mit jemandem zusammenleben. Oft hat er dazu jedoch keine Möglichkeit. – Nur die mittlere Altersgruppe umfaßt also jene Menschen, die mit einiger Sicherheit gesellschaftliche Alternativen für die Lebensform des „Single" zur Verfügung haben. Ob sie diese Alternativen auch persönlich haben, ist eine ganz andere Frage. Selbstverständlich sind die gewählten Altersgrenzen insofern grob, als sie manchen Jüngeren oder Älteren, von seinem Alleinleben voll Überzeugten, der durchaus die Möglichkeit hätte, auch anders zu leben, per definitionem als „Single" ausschließen. Noch sind die gesellschaftlichen Verhältnisse aber so, daß sich diese „Definitionsverluste" in Grenzen halten und die Vorteile einfacher Verwendbarkeit dieser Altersgrenzen überwiegen. Ob noch in zehn oder in 20 Jahren mit diesen Altergrenzen oder überhaupt mit Altersgrenzen bei der Begriffsbestimmung von „Singles" gearbeitet werden kann, läßt sich bezweifeln.

Alle anderen oben aufgeführten Definitionskriterien sind demgegenüber unerheblich oder so problematisch, daß im Rahmen der weiten Begriffsbestimmung auf sie verzichtet wurde:

– Der formalrechtliche Familienstand ist soziologisch recht unwichtig. Selbst Verheiratete können als typische Singles leben.
– Die „Freiwilligkeit" des Singledaseins ist objektiv unbestimmbar und subjektiv, als Bekundung durch den einzelnen ermittelt, oft so sehr von Rationalisierungen, Bekundungen mit Blick auf die Erwartungen der Gesellschaft etc. durchtränkt, daß dieses Merkmal in der Forschungspraxis recht wenig tauglich ist.
– „Längerfristigkeit" ließe sich allenfalls als bisherige Dauer des Alleinlebens messen, was diejenigen Singles aber definitorisch ausschließt, die noch keine Gelegenheit hatten, längere Zeit alleine zu leben. Eigene Planungen der Längerfristigkeit als Definitionsmerkmal heranzuziehen, ist empirisch mindestens genau so problematisch wie die „Freiwilligkeit": Die wenigsten Singles planen ihr Alleinleben exakt im voraus. Und wenn sie das tun, und dann doch der/die Richtige kommt, sind Planungen nachweislich schnell vergessen.
– Wirtschaftliche Eigenständigkeit mag für den ein zentrales Begriffskriterium sein, der ausschließlich am „Swinging Single" interessiert ist. Da wir uns keineswegs nur auf diese Gruppe konzentrieren wollen, ist im Rahmen dieser Veröffentlichung bei der Definition des Begriffs „Single" unerheblich, ob, aus welcher Quelle und wieviel Einkommen erzielt wird.
– Manche Studien bestehen darauf, daß alleinlebende Personen, die einen festen Partner haben, nicht als „Singles" zählen. Sie werden als eine bestimmte Form „Nichtehelicher Lebensgemeinschaften" dargestellt, die man mit „Living Apart Together" umschreibt. In dieser Veröffentlichung werden wir auch jene Alleinlebenden, die (angeben,) einen festen Partner (zu) haben, als Singles bezeichnen. Haupt-

sächlich geschieht dies deshalb, weil das Kriterium der Partnerschaft wenig trenn-
scharf ist. Wer als „fester Partner" zählt, ist kaum begründet definierbar und erst
recht nicht exakt meßbar. Sind zwei Personen, die meist zwei Mal wöchentlich zusammen übernachten und keine Vorstellungen haben, wie lange ihre Partnerschaft
dauern wird, „feste Partner"? Subjektive Aussagen auf diesem Gebiet sind oft unzu-
verlässig. Unter anderem deshalb, weil sich mit der bloßen Frage „haben sie einen
festen Partner?" o.ä. sehr unterschiedliche Vorstellungen verbinden, die unterschiedliche Antworten hervorrufen. Außerdem ist es für viele Fragestellungen, z.B.
für die Ermittlung des Wohnungsbedarfs, ganz unwichtig, ob Alleinlebende einen
Partner haben oder nicht.

– Wer Kinder hat, die in einem anderen Haushalt leben, kann durchaus als typischer
 Single leben. Deswegen ist das Kriterium der Kinderzahl unerheblich. Wer Kinder
 im eigenen Haushalt hat, ist kein Single, sondern alleinerziehend. Er gilt im Sinne
 unserer weiten Begriffsbestimmung nicht als Single.

– Allerdings haben Alleinerziehende so vieles mit Singles gemeinsam, daß man sie in
 mancher Hinsicht als „Singles mit Kind" bezeichnen kann. Wir werden daher in
 Teilen der folgenden Darstellung Alleinerziehende im Zusammenhang mit Singles
 betrachten, obwohl wir begrifflich beide Gruppen trennen. Einschließlich der Alleinerziehenden umfaßt die Gruppe der „Singles" i.w.S. etwa 9,5% der volljährigen
 Bevölkerung Deutschlands.

Der weite Begriff des „Single" schließt sehr unterschiedliche Lebensweis-
sen ein. Beispielsweise fällt ein 50jähriger Geschiedener, der sich unglücklich und einsam fühlt, mit dieser Lebensform überhaupt nicht zurecht kommt und nur zu gerne eine neue Partnerin hätte, ebenso unter
den weiten Begriff des „Single" wie die 28jährige Akademikerin, die ihre
Autonomie erfahren will und ihre beruflichen Chancen nicht durch ge-
meinsames Leben mit einem Partner oder gar durch eine Familie schmä-
lern möchte.

Für bestimmte Fragestellungen sind die „Singles", die im eben skizzierten weiten Begriff erfaßt werden, viel zu inhomogen. Deswegen wird im
folgenden auch ein *Begriff des „Single" im engeren Sinne* verwendet. *Ihm
zufolge gilt jede(r) als „Single", der bzw. die alleine in einem Einpersonenhaushalt lebt, 25 bis unter 55 Jahre alt ist, und angibt, keinen festen Partner zu haben
sowie aus eigenem Willen und für längere Zeit alleinleben zu wollen.* Legt man
diesen Begriff zugrunde, so gelten maximal 3% der Bevölkerung Deutschland als „Singles". (s. u. 3.3)

Dieser Begriff des Singles i.e.S. zielt nicht nur auf eine bestimmte äußere Lebens*form* sondern zugleich auf eine bestimmte Lebens*weise*, das heißt
auf bestimmte innere Motive und auf ein bestimmtes Beziehungsverhal-
ten. Einerlei ist auch im Sinne des engen Begriffs der rechtliche Familienstand, die Einkommensart und -höhe sowie die Zahl der Kinder außer
Haus. Nicht gleichgültig ist die Partnerlosigkeit, Freiwilligkeit und beab-
sichtigte Dauerhaftigkeit des eigenen Daseins. Allerdings lädt man sich bei
Verwendung des enggefaßten Begriffs „Single" alle oben erwähnten
empirischen Erfassungsprobleme auf, die mit den Definitionskriterien der
„Partnerlosigkeit", „Freiwilligkeit" und „Längerfristigkeit" einhergehen.

Innerhalb der folgenden erkenntnisleitenden Typologie zur Unterscheidung von vier wichtigen Arten von Singles bezieht sich der enggefaßte Singlebegriff nur auf den partnerlosen Teil der „überzeugten Singles" (Typ III):

Tabelle 1: Typologie der Singles

	freiwillig		erzwungen	
zeitweilig	I	Die Ambivalenten	II	Die Hoffenden
dauernd	III	Die Überzeugten	IV	Die Resignierenden

Quelle: Shostak 1987, S. 358, zit. n. Grözinger 1994, S. 8

2.3 Individualisierung

Der Begriff der Individualisierung sagt nichts über die Lebensform aus. Er konzentriert sich auf einen bestimmten Aspekt der Lebensweise, auf die *Lebensführung.* Wer sein Leben so gestaltet und seine Biographie so ausrichtet, daß er – bewußt oder unbewußt, eigennützig oder selbstlos, freiwillig oder gezwungen – primär seine eigenen Ziele und Wege verfolgt, führt sein Leben individualisiert.

Individualisierte Lebensführungen in diesem Sinne können innerhalb aller Lebensformen und in Gestalt vieler Lebensweisen auftreten. Sie finden sich in Familien wie unter Singles. Dennoch bieten die Lebensformen und die Lebensweisen der Singles anscheinend besonders gute Voraussetzungen für eine individualisierte Lebensführung. Umgekehrt werden Singles häufig als jene angesehen, die eine hochgradig individualisierte Lebensführung betreiben. Singles gelten oft als „Speerspitze" gesellschaftlicher Individualisierungsprozesse. In dieser Studie wird aber nicht unterstellt, daß Singles individualisiert leben, vielmehr wird untersucht, inwieweit sie dies tun. Deshalb werden die Begriffe „Single" und Individualisierung sorgsam getrennt. Individualisierung und Singles sind genausowenig dasselbe wie Alleinlebende und Singles.

Versteht man Individualisierung als einen gesellschaftlichen Prozeß, der dadurch gekennzeichnet ist, daß immer mehr Menschen ihr Leben nach individuellen Gesichtspunkten führen, so sind, Ulrich Beck (1983; 1986, S. 206 ff.) zufolge, drei Aspekte der Individualisierung auseinanderzuhalten:

– Die *Freisetzungsdimension*: Hiermit ist die Herauslösung der individualisierten Menschen aus historisch vorgegebenen Sozialformen und -bindungen, insbesondere aus überkommenen Herrschafts- und Versorgungszusammenhängen gemeint, heute die Loslösung vor allem von Frauen aus ihrer Rolle als Hausfrau und Mutter in der industriegesellschaftlichen Kleinfamilie.

– Die *Entzauberungsdimension*: Individualisierung geht einher mit dem Verlust hergebrachter Sicherheiten der Handlungsorientierung, des Glaubens und der alltagsleitenden Normen. So halten offenkundig viele Männer ihre Verpflichtung zur Ernährerrolle durchaus nicht mehr für selbstverständlich, genausowenig wie viele Frauen ihre Verpflichtung zur Mutterrolle.

– Die *Kontroll- und Reintegrationsdimension*: Obwohl Individualisierung ganz unterschiedliche Lebenslagen, Lebensstile und Lebensläufe der einzelnen[7] mit sich bringt, entstehen immer wieder auch neue gesellschaftliche Einbindungen und Gemeinsamkeiten. So rückten gerade in letzter Zeit Zugehörigkeitsgefühle zu bestimmten Regionen (Wir in ...), zu Selbsthilfegruppen, zu neuen sozialen Bewegungen, zu Mentalitäten und regelrechten Subkulturen, z.B. um neue (Computer-)Technologien, in den Vordergrund der Aufmerksamkeit.

Aufgrund ihrer Definition, die auch Widersprüchliches einschließt, sowie ihres „subjektiven" und graduellen Charakters ist Individualisierung nicht oder nur um den Preis ungebührlicher Vergröberung quantifizierbar. Zahlenangaben über „individualisierte Menschen" sind wenig sinnvoll. Dies schließt empirische Analysen von konkreten Individualisierungsprozessen und diesbezüglichen Bevölkerungsgruppen nicht aus. In dieser Veröffentlichung wird von Individualisierung im Zusammenhang mit Singles immer wieder die Rede sein.

3. Wie viele Singles gibt es und wie leben Singles?

In diesem Kapitel soll eine kurze Bestandsaufnahme der wichtigsten Fakten über Singles vorgenommen werden. Hierbei wird zunächst (3.1) die historische Entwicklung seit der vorindustriellen Gesellschaft bis in die jüngste Zeit skizziert werden. Anschließend (3.2 und 3.3) sollen ausführlicher die Entwicklungen seit dem Zweiten Weltkrieg und die heute vorzufindenden Verhältnisse dargestellt werden.

3.1 Historischer Rückblick

Alleinlebende waren in der vorindustriellen Gesellschaft stets die krasse Ausnahme. Noch während des Kaiserreichs machten die Einpersonenhaushalte nur 6 bis 7% aller Haushalte aus. Und sogar bis zum Vorabend des Zweiten Weltkriegs blieb der Anteil der Alleinlebenden gering. Er erhöhte sich gerade einmal auf 10% der Haushalte.[1] Erst nach dem Weltkrieg begann jener dramatische Anstieg der Alleinwohnenden, von dem in folgenden Abschnitten die Rede sein wird.

Nicht nur die Quantität, auch die Qualität des Alleinlebens war früher völlig anders als heute. Während für moderne Singles das Alleinleben eine oft bewußte, freie Entscheidung ist, entstand das Alleinleben in früherer Zeit durchweg aus Zwangssituationen. Während heute Alleinwohnende häufig als privilegiert gelten, kann kein Zweifel daran bestehen, daß sie in der Vergangenheit erheblichen Nachteilen ausgesetzt waren. Während Alleinlebende heute oft langfristig „echte" Einpersonenhaushalte führen, handelte es sich früher meist um einen kurzzeitig dezimierten Mehrpersonenhaushalt (bei Verwitwung, im Alter, also meist aufgrund von Todesfällen). Lange Zeit alleinlebende „Eremiten", „Jungfern" und „Hagestolze" waren überaus selten.

Vorindustrielle Gesellschaften

Setzt man in der Phase des Mittelalters und der frühen Neuzeit an, so wird deutlich, daß die vielfältigen Gefahren, die das Leben unserer Vorfahren bedrohten, und der Mangel an anderen Schutzvorrichtungen sie dazu zwangen, sich zu Gemeinschaften zusammenzuschließen, wollten sie überleben: zu Kloster- oder Zunftgemeinschaften, vor allem aber zu Ehen, Familien und meist großen Haushalten. Diese erfüllten gegenüber den modernen Privathaushalten wesentlich mehr Aufgaben und hatten erhebliche Schutzfunktionen. Haushalte hatten umfassende, unersetzliche Sozialisations- und sogar Gerichtsfunktionen. Eheliche Haushalte waren der einzige Ort legitimer Sexualität. Haushalte stellten die einzigen „Bildungsanstalten" für große Teile des Volkes dar. Kranke konnten oftmals nur im Haushalt geheilt und Pflegebedüftige nur dort gepflegt werden. Zur Bewältigung all dieser Aufgaben, um also lebensfähig zu sein, mußte der Haushalt eine bestimmte Größe haben. Nur Mehrpersonenhaushalte konnten durch Arbeitsteiligkeit die wirtschaftliche Versorgung sicherstellen. Isoliertes Wirtschaften von Einzelpersonen, z.B. auf einem Bauernhof, war praktisch unmöglich. Nur in seltenen Fällen waren Einpersonenhaushalte wirtschaftlich und gesellschaftlich existenzfähig.

Dies galt für ländliche Bauern- und Heimwerkerhaushalte ebenso wie für das städtische Handwerk. Dies galt für das Mittelalter, aber auch noch im neuzeitlichen Absolutismus. Die zu erfüllenden Aufgaben bewältigte die Familie, aber mehr noch der Haushalt, das „ganze Haus". Hierin lebten keineswegs nur Familienmitglieder, sondern auch das Gesinde bzw. die Gesellen, Stiefkinder, unehelich Geborene von Familienangehörigen, ferne Verwandte, Altenteiler und „Inwohner". Das waren oft Arme, Tagelöhner, die unehelichen Kinder von Mägden etc. Nicht Blutsverwandtschaft allein bildete diese „Familie", sondern das gemeinsame Wirtschaften und Zusammenleben. Kein Wunder also, daß den Herrschenden, später auch dem Staat, sehr daran gelegen war, immer dann, wenn wirtschaftliche „Vollstellen", das heißt leistungsfähige Wirtschaftseinheiten gegeben waren, Ehe, Familie und den Zusammenhalt des „ganzen Hauses" durchzusetzen. Umgekehrt bestand großes Interesse daran, Ehe und Familienbildung zu untersagen, wenn die wirtschaftliche Leistungskraft nicht gesichert war. So wurde beipielsweise im Jahr 1409 den Schneidergesellen in Mainz untersagt, ein selbständiges Hauswesen zu führen.

„Der einzelne lebte also von der Hausgemeinschaft und er lebte für sie. Erst die Zugehörigkeit zu einem Haus öffnete den Zugang zur Gesellschaft, machte den Menschen zum Mitglied der Gesellschaft." (Borscheid 1994, S. 7) Dies galt auch für diejenigen Haushaltsmitglieder, die nicht zur Familie im engeren Sinne zählten, insbesondere für das Gesinde bzw. die Gesellen sowie für unverheiratete, oft entfernte Verwandte. Jene Personen entsprechen denen, die heute das Gros der Singles bzw. Einpersonenhaushalte stellen: jüngere Ledige sowie Witwen und Witwer.

Die Ledigen wurden damals vorwiegend als Arbeitskraft gesehen und entsprechend eingesetzt. Ihnen blieb kaum eine Alternative. Die Möglichkeit, ihr Leben individuell einzurichten und zu gestalten, war denkbar gering. Ihnen wurde Fremdbestimmung und Gemeinschaftsdienst abverlangt, sie kamen nicht in den Genuß von Selbstverwirklichung und He-

donismus. Sie verfügten oft noch nicht einmal über eine eigene Schlaf-
kammer. Im Gegensatz zu heutigen Singles standen die Ledigen früher
kaum jemals einem eigenen Haushalt vor, was ihnen eine gewisse Ent-
scheidungsfreiheit vermittelt hätte. Sie waren stets abhängig und blieben
in das Korsett starrer gesellschaftlicher Normen gepreßt. Sie unterstanden
auch volljährig noch der Gewalt des Hausherrn.

Auch Witwen und Witwer lebten kaum jemals alleine. Auch sie waren
in aller Regel in „das Haus" einbezogen. Im Falle der älteren Witwer und
Witwen beruhte das weniger auf der Sorge der Jüngeren für das Alter als
vielmehr auf demographischen und wirtschaftlichen Gründen: Die Lebenserwartung der Alten war gering. Ihr Alleinleben wäre sehr aufwendig
gewesen.

Im Falle alleingebliebener jüngerer Witwen und Witwer war es geboten, so schnell wie möglich wieder zu heiraten. Die Positionen des Haus-
vaters *und* der Hausmutter mußten für ein erfolgreiches Wirtschaften stets
besetzt sein. Witwen suchten die schnellstmögliche Wiederheirat, weil die
Doppelbelastung aus Hausarbeit und Erwerbsarbeit enorm war. Obendrein untersagten ihnen die Grundherrn die Leitung eines Hofes ebenso,
wie die Zünfte einer Meisterwitwe die selbständige Leitung eines Gewer-
bebetriebes verboten. „Dieser Zwang zur schnellen Wiederverheiratung
hat die Zahl der Witwen und Witwer trotz der hohen Sterblichkeitsrate
in der frühen Neuzeit vergleichsweise niedrig gehalten." (Borscheid 1994,
S. 33)

19. Jahrhundert: Beginn der Industrialisierung

Seit dem späten 18. Jahrhundert wurde das Alter allmählich höher geschätzt. So fanden auch die Sorgen und Nöte der älteren Alleinstehenden
und insbesondere der Witwen mehr Aufmerksamkeit. Ihre materielle
Absicherung war vor allem dann schlecht, wenn (wie im Falle von Beamten, evangelischen Pfarrern, Offizieren) kein Besitz vorhanden war. Deswegen wurde die Witwenversorgung oftmals durch Witwenkassen verbessert. Der Zwang zur Wiederheirat wurde dadurch geringer, vor allem
in der Stadt, weniger auf dem Lande.

Daß Witwen im Laufe des 19. Jahrhunderts immer häufiger allein lebten, hat aber auch mit dem bürgerlichen Familienideal zu tun, das Wiederheiraten aus „Vernunftgründen" feindlich gesinnt war. Vor allem
ältere Witwen mußten sich den Vorwurf gefallen lassen, das Andenken an
ihren verstorbenen Ehemann zu verletzen, wenn sie sich erneut verheirateten. Die Mehrfachheirat geriet in die Nähe der Untreue. Liebesheirat
und Wiederheirat vertrugen sich schlecht. (Borscheid 1994, S. 35)

Die alten Hausgemeinschaften lösten sich im Laufe des 19. Jahrhunderts
mehr und mehr auf. Zuerst in der Stadt: Meister und Kaufleute drängten

Gesellen und Personal aus dem Haus. Sie gingen mit ihrem Familienleben auf Distanz zum Wirtschaften. Aber auch die Gesellen und Bediensteten flohen zunehmend das Haus des Meisters bzw. Arbeitgebers. Die Ideen der persönlichen Freiheit und individuellen Selbstbestimmung mündeten in Forderungen nach einer eigenen Schlafstelle und nach persönlicher Selbständigkeit. Die Abschaffung der Zünfte kam diesen Wünschen der Gesellen entgegen.

Jedoch führte diese Erosion des „ganzen Hauses" keineswegs direkt zum häufigeren Alleinleben. Denn zum einen heirateten nach Aufhebung der Heiratsverbote (1868) immer mehr Gesellen und Arbeiter. Zum andern wohnten auch diejenigen, die ledig blieben, kaum alleine, sondern in aller Regel zur Untermiete. Viele dieser „Schlafgänger" hausten überaus beengt, manche durften die Wohnung nur zur Schlafenszeit nutzen. Verständlicherweise wollten sie das unstete Leben zwischen Kneipe und Schlafstelle bald beenden und drängten in die Ehe. (Vgl. Bachmann 1992, S. 48 und Krüger 1990, S. 20) Ledigenheime erwiesen sich als Mißerfolge.

Insgesamt hatte sich zwar der individuelle Spielraum im 19. Jahrhundert erweitert. Aber die Zahl der Einpersonenhaushalte wuchs kaum, und wenn, dann nur in der Stadt. Der Anteil der Einpersonenhaushalte im Kaiserreich erhöhte sich von 1870 bis 1910 nur von 6,2 auf 7,3% aller Haushalte.

Daß die Zahl der Alleinlebenden im 19. Jahrhundert so langsam wuchs, auch noch im letzten Drittel des 19. Jahrhunderts, als die Industrialisierung in Deutschland rasche Fortschritte machte, hatte zum einen materielle Gründe: Die Einkommen von Arbeitern und Gesellen, zumal von weiblichen, reichten vielfach nicht aus zur Finanzierung einer Wohnung. Obendrein bestand drückender Wohnungsmangel. Deswegen blieb das Alleinwohnen den oberen Schichten vorbehalten. Schlechtergestellte Ledige blieben auf das Untermieterdasein verwiesen.

Zum anderen war es die bürgerliche Moral, auch und gerade die Sexualmoral, die Heim und Familie als Hort der Wohlanständigkeit ansah und Einpersonenhaushalte Lediger aus diesem Grunde nicht guthieß. Sie schienen zum Ausleben der Sexualität außerhalb der Ehe geradezu einzuladen. Dies stand nicht nur im Widerspruch zu damaligen moralischen Standards. Nichteheliche Geburten produzierten und perpetuierten auch faktische Armut. So besaß das Singledasein kaum Chancen auf Anerkennung. Die alte Jungfer und der Hagestolz waren Gegenstand des Spottes und der Karikatur, denen die Ehelosigkeit „als persönliches Versagen angerechnet wurde". (Spiegel 1986, S. 169) Verheiratete galten als die „besseren Menschen". Unverheirateten bot die Gesellschaft des 19. Jahrhunderts nur dann einen vollwertigen Platz an, wenn sie sich in den Dienst der Familie stellten (vor allem Frauen als Dienstpersonal).

„Trotz dieser rigiden Normen hat vor allem die zweite Hälfte des 19. Jahrhunderts den Einpersonenhaushalt junger Männer zwar zähne-knirschend, aber dann doch vereinzelt akzeptiert. Gegenüber den Frauen aber duldete das Bürgertum keine Ausnahme." (Borscheid 1994, S. 43)

In dem Maße, wie alte, auf Bindung und Autorität aufbauende Formen der Hausgemeinschaft im Laufe des 19. Jahrhunderts unterhöhlt wurden – völlig verschwunden waren sie nicht: in großbürgerlichen Haushalten lebten nach wie vor zahlreiche Dienstmädchen und anderes Hauspersonal –, wuchs also keinesfalls der Individualismus. Stattdessen wurden die Werte der Familie gestärkt. Die Norm, verheiratet zu sein, geriet zur Verpflichtung, obwohl Singles in der beginnenden Industriegesellschaft oftmals hätten bestehen können. Im Unterschied zu früheren Strukturen wurde die Familie jedoch nicht nur als Wirtschaftsgemeinschaft, sondern vor allem auch als soziales Netz geschätzt. Im Grunde versuchte das Bürgertum, Solidarität einzuüben und ein Gegengewicht gegen den Egoismus der Wettbewerbsgesellschaft aufzuschichten. Dies war um so wichtiger, als Wanderungen in die Städte und wachsenden Industriezentren ständig soziale Netze zerrissen: „Letztendlich sollte mit der Betonung der Familie der Kapitalismus gezähmt werden." (Borscheid 1994, S. 39)

20. Jahrhundert: Die Zunahme der Einpersonenhaushalte und Singles

Das 20. Jahrhundert ist gekennzeichnet von der Aufweichung des starren bürgerlichen Normgefüges. Hierzu trugen nicht zuletzt die Massenwanderungen vom Land in die Stadt bei. Die Verstädterung lockerte Familienverbände und Generationsbeziehungen. Die anonyme Freiheit der Großstadt, die geringe soziale Kontrolle dort, die Akzeptanz oder sogar Hochschätzung des freien Studentenlebens, all das machte sich in einer höheren Einschätzung des Alleinlebens bemerkbar.

Letzendlich sorgte dann aber erst die Schaffung eines Rentensystems und einer Hinterbliebenenversorgung, die Etablierung des Ruhestandes als einer eigenständigen Lebensphase und die damit zusammenhängende Lebensform des Rentners dafür, daß unter den Menschen im höheren Lebensalter die erste größere Bevölkerungsgruppe von Alleinlebenden entstand. (Bachmann 1992, S. 49 und Borscheid 1994, S. 45)

Die kulturellen Barrieren des 19. Jahrhunderts gegen das Alleinwohnen wurden im 20. Jahrhundert bald eingeebnet. Die materiellen Hindernisse wichen jedoch erst allmählich. In erster Linie war es die Wohnungsnot, die dem Alleinleben noch lange entgegenstand. Im Ersten Weltkrieg und danach ging der Anteil der Einpersonenhaushalte sogar nochmals zurück. Er sank von 7,3% im Jahre 1910 auf 6,7% im Jahre 1925. Erst danach, in den „goldenen Jahren" der Weimarer Republik, erhöhte er sich wieder auf 8,4%. Die steigende Lebenserwartung insbesondere der Frauen, ihr niedrigeres Heiratsalter und die hohe Zahl der Kriegsgefallenen bewirkten, daß es immer häufiger Frauen waren, die in Einpersonenhaushalten lebten. Bei der Reichsgründung wurden knapp zwei Drittel (1870: 63,0%), kurz vor der Ersten Weltkrieg schon mehr als zwei Drittel (1910: 68,5%) und kurz vor dem Zweiten Weltkrieg schon drei Viertel (1939: 74,8%) aller Einpersonenhaushalte von Frauen geführt.

Bis in die 60er Jahre hinein blieb das Alleinleben so eng an den Verlust des Ehepartners und an die Möglichkeit gebunden, die eigene Existenz durch Rentenzahlungen sichern zu können. Alleinlebende waren meist ältere Menschen. Erst seit den 60er Jahren sorgten die Bildungsexpansion, ein verändertes Bildungsverhalten, wachsender Wohlstand und mehr Wohnraum dafür, daß auch jüngere Menschen häufiger allein, das heißt als „Singles" lebten. Der Single ist also ein neues historisches Phänomen. (Bachmann 1992, S. 51)

3.2 Die Häufigkeit von Singles heute

Beginnen wir mit den *Einpersonenhaushalten* insgesamt. Sie reichen, wie erwähnt, weit über die Gruppe der Singles hinaus. Man könnte meinen, Einpersonenhaushalte seien leicht zu zählen. Aber unter anderem sorgen Zweitwohnungen und die unklaren Verhältnisse in vielen Wohngemeinschaften und Wohnheimen dafür, daß auch die Zahl von Einpersonenhaushalten nur ungefähr ermittelt werden kann.

Während des zweiten Weltkriegs bestand etwa jeder 10. deutsche Haushalt nur aus einer Person. Im Jahre 1950 und 1960 war etwa jeder fünfte Haushalt Westdeutschlands ein Einpersonenhaushalt. 1970 wurde schon jeder vierte Haushalt nur von einer Person geführt. Und seit Ende der 80er Jahre machen die Einpersonenhaushalte schon mehr als ein Drittel aller Haushalte Westdeutschlands aus. Obwohl Einpersonenhaushalte in Ostdeutschland (noch) seltener als in Westdeutschland sind, gilt diese Entwicklungstendenz für ganz Deutschland: Im Jahre 1992 waren von den rund 35 Millionen Haushalten in Gesamtdeutschland knapp 12 Millionen Haushalte von Alleinlebenden.

Die folgende Tabelle macht deutlich, daß auch in allen anderen Ländern Europas seit den 60er Jahren die Alleinlebenden immer zahlreicher wurden. Freilich bestehen große Unterschiede. Hinter Schweden, dem Weltspitzenreiter in dieser Hinsicht, liegt West-Deutschland, zusammen mit Dänemark, Norwegen und Finnland, auf dem zweiten Platz der Häufigkeitsskala europäischer Einpersonenhaushalte. Es sind die Länder mit den höchsten Anteilen älterer Menschen, aber es sind mehr noch die wohlhabenden Länder, in denen viele Menschen allein leben.

Abbildung 1: Private Haushalte nach der Zahl der Mitglieder 1871 bis 1990

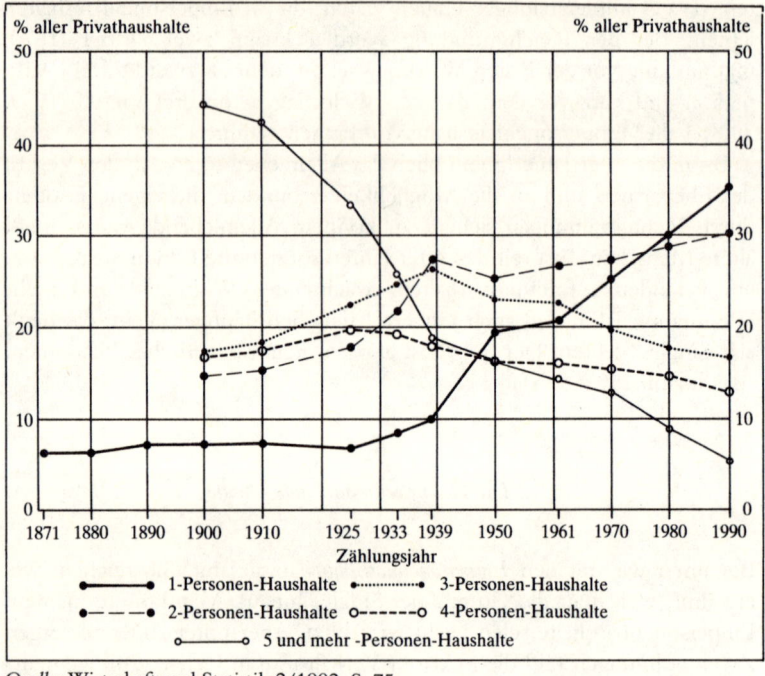

Quelle: Wirtschaft und Statistik 2/1992, S. 75

Tabelle 2: Einpersonenhaushalte in Europa 1960–1990

Einpersonenhaushalte[2] (in % aller Haushalte)				
Um	1960	1970	1980	1990
Belgien	17	19	23	25
Dänemark	20	21	29	35
Deutschland (West)	21	25	31	35
Finnland	22	24	27	34
Frankreich	20	22	25	27
Griechenland	10	11	15	18
Großbritannien	15	18	22	26
Irland	13	14	17	22
Italien	11	13	18	22
Luxemburg	12	16	21	23
Niederlande	12	17	22	29
Norwegen	18	21	28	34
Österreich	20	26	28	30
Portugal	11	10	13	14
Schweden	20	25	33	39
Schweiz	14	20	29	32
Spanien	–	8	10	11

Quelle: Höpflinger 1994, S. 19

Der *Bevölkerungs*anteil der Alleinlebenden ist noch deutlicher angewachsen als ihr Haushaltsanteil. Der Grund liegt in der Abnahme personenstarker Mehrpersonenhaushalte. Im Jahre 1950 lebten erst sieben von hundert Menschen in Westdeutschland allein. Schon 1988 machte die Zahl der in Einpersonenhaushalten Lebenden 16% der westdeutschen Bevölkerung aus.

Wenn der Anteil der Einpersonenhaushalte seit dem Jahre 1960 in Westdeutschland in jedem Jahrzehnt um volle fünf Prozentpunkte angestiegen ist, so mag die Vermutung naheliegen, daß dies mit Singles recht wenig, mit der Alterung der deutschen Bevölkerung und mit der Bildungsexpansion eher viel zu tun habe. Sind es also hauptsächlich die älteren Menschen (besonders die älteren Witwen, die aufgrund der höheren Lebenserwartung und des niedrigen Heiratsalters von Frauen ihre Ehemänner meist überleben) und die alleinlebenden Studierenden, die den drastischen Zuwachs von Einpersonenhaushalten bewirkten?

Eine genauere, nach Altersgruppen unterscheidende Analyse ergibt, daß es im Jahre 1992 in ganz Deutschland mehr als 1 Million Einpersonenhaushalte von *jüngeren* Alleinlebenden (bis unter 25 Jahre alt) gab. Im ganzen hat diese Altersgruppe in Westdeutschland nur durchschnittlich zum Anwachsen der Einpersonenhaushalte beigetragen. Ihr Anteil an den Einpersonenhaushalten beträgt etwa ein Zehntel und hat sich seit Jahrzehnten kaum verändert. Daß die Einpersonenhaushalte von Jüngeren zugenommen haben, ist in der Tat auf die längere (Aus-)Bildung, aber auch auf den stärkeren Wunsch nach Alleinleben und auf die gestiegenen Möglichkeiten dazu zurückzuführen. Daß die alleinlebenden Jüngeren nicht, wie oft angenommen, noch zahlreicher geworden sind, liegt an den kleiner werdenden Geburtsjahrgängen und am immer längeren Verweilen im Elternhaus. (Schneider 1994, S. 119)

Im Jahre 1992 gab es in Gesamtdeutschland gut 4 Millionen Einpersonenhaushalte *älterer* Menschen (mindestens 65 Jahre alt). Der Anteil der Senioren an allen Alleinlebenden Westdeutschlands betrug 1992 knapp vier Zehntel. Er war bis 1980 gewachsen. Seither ist er rückläufig. Seit dieser Zeit tragen die älteren Menschen also *unter*durchschnittlich zur Vermehrung der Alleinlebenden bei. Der Rückgang des Anteils, den die Einpersonenhaushalte Älterer seit 1980 an allen Einpersonenhaushalten einnehmen, ist eine Folge der Altersstruktur: Denn die schwach besetzten Geburtsjahrgänge aus und nach dem Ersten Weltkrieg kamen nach 1980 ins Rentenalter. Dies weist zugleich darauf hin, daß die älteren Menschen in Zukunft wieder mehr (insbesondere in den Jahren 2015 bis 2030) zur Zunahme der Alleinlebenden beitragen werden.

Unabhängig hiervon lebt ein immer größerer Prozentsatz der älteren Menschen allein. Dies ist in erster Linie auf die gestiegene Lebenserwartung zurückzuführen. Wegen der um acht Jahre längeren Lebenserwartung der Frauen und ihres im Vergleich zu Männern niedrigeren Heiratsalters sind drei von vier älteren Alleinlebenden Witwen.

Auch der Anteil, den die 45- bis 65jährigen an den Einpersonenhaushalten einnehmen, blieb seit den 70er Jahren im wesentlichen gleich. Diese Altersgruppe, die nach unserer Definition etwa zur Hälfte aus Singles i.w.S. besteht, hat also auch nur in durchschnittlichem Maße zum Anstieg der Einpersonenhaushalte beigetragen. Hauptgrund für diesen für viele unerwartet geringen Zuwachs ist der Umstand, daß immer weniger Frauen in diesem vergleichsweise jungen Lebensalter Witwen werden. Der Zuwachs an Geschiedenen gleicht dies nicht aus. Die absolute Anzahl der alleinlebenden Frauen in dieser Altersgruppe ist in Westdeutschland sogar zurückgegangen. (Schneider 1994, S. 119)

Was bleibt, ist die Einsicht, daß *der dramatische Anstieg der Alleinlebenden in den letzten Jahren in erster Linie auf die 25- bis 45jährigen zurückgeht*, erst in zweiter Linie auf die jüngeren und auf die 45- bis 65-Jährigen, kaum auf die Senioren, jedenfalls in den 80er Jahren. Der drastische Anstieg der 25- bis 45jährigen Alleinlebenden – ihre Zahl hat sich in Westdeutschland seit 1972 fast verdreifacht – geht vor allem auf das Konto der Frauen: 1972 lebten erst 350000, 1989 schon 1 Million jüngere Frauen im Alter von 25 bis 45 Jahren alleine. Aber auch die Männer haben fast mitgehalten: 1972 gab es erst 700000, 1989 schon 1,7 Millionen alleinlebende jüngere Männer in dieser Altersgruppe. Manche regionalen Daten (Schwarz 1991; Riedmüller/Glatzer/Infratest 1991) sprechen dafür, daß die Zunahme alleinlebender jüngerer Frauen in den letzten Jahren in Teilen Westdeutschlands noch steiler verlief als angegeben.

Dadurch hat sich in den alten Bundesländern der Anteil der Alleinlebenden an den 25- bis 35jährigen von 5,3% (1961) über 7,5% (1972) auf 18,5% (1990) erhöht. Fast jede(r) fünfte Jüngere in Westdeutschland lebte zu Beginn der 90er Jahre alleine. (WiSta 2/1992 und 4/1992)

Ohne der Ursachenanalyse vorgreifen zu wollen: Die Gründe für die Zunahme von Einpersonenhaushalten 25- bis 45jähriger sind vielfältig: längerer Verbleib im Bildungssystem, Aufschub der Familiengründung, steigende Attraktivität des Alleinlebens und die Möglichkeit dazu, gestiegene Scheidungszahlen, Mobilitätszwänge des Arbeitsmarkts etc.

Schon diese Grobübersicht über die wichtigsten Zahlenverhältnisse und ihre Entwicklung in Westdeutschland[3] weist darauf hin, daß es die Singles sind, die den Zuwachs der Alleinlebenden in den letzten Jahren ganz wesentlich trugen. Die Gruppe der Singles wuchs schneller als die Anzahl der Einpersonenhaushalte insgesamt. Und: Je jünger man die Altersgrenze für „Singles" ansetzt, desto deutlicher verlief ihre Zunahme.

*Abbildung 2: Anteil der Einpersonenhaushalte nach Altersgruppen an allen Ein-
personenhaushalten in den Jahren 1961, 1970, 1980 und 1990*

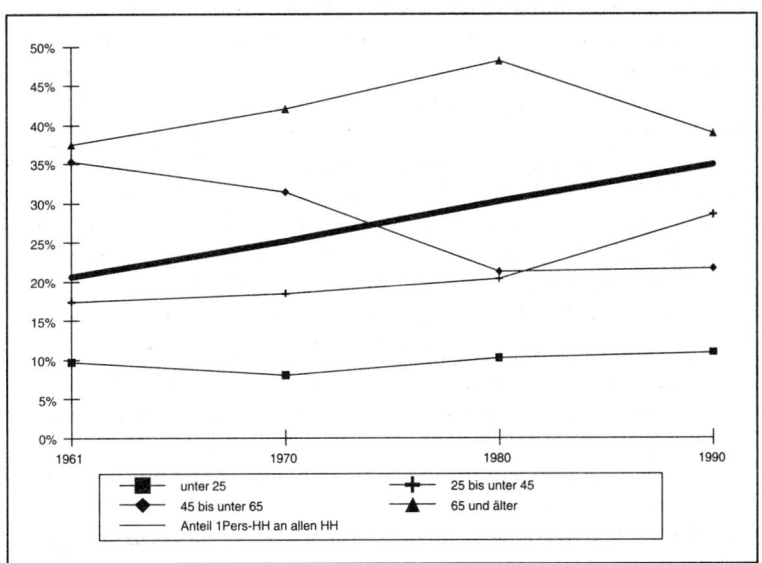

Quelle: Volkszählung 1961, 1970; Mikrozensus 1980, 1990
1961: wohnberechtigte Bev.; später: Bev. in Privathaushalten
Stat. Bundesamt Lange Reihen 104; eigene Berechnungen

Viele Anzeichen weisen darauf hin, daß es nicht nur die Jüngeren, sondern auch die Singles im engeren Sinne sind, die überproportional an
Zahl zugenommen haben. Allerdings fehlen hierfür exakte zeitverglei-
chende Untersuchungen.

Diese Entwicklungstendenz hat einen Stand erreicht, daß dem „Allbus"
(einer sozialwissenschaftlichen Umfrage) zufolge im Jahre 1992 bereits
etwa jeder zwölfte (8,2%) erwachsene Bewohner Gesamtdeutschlands[4] ein
Single war. Insgesamt waren dies etwa 6,5 Millionen Menschen. Hierbei
lebte in den alten Bundesländern schon fast jeder zehnte Volljährige
(9,8%) als Single, in den neuen erst jeder zwanzigste (4,9%). (Allbus
1992)[5] Singles i. e. S. waren knapp 3% der volljährigen Bevölkerung, also
ca. 2,4 Millionen Personen. (vgl. Abschnitt 3.3)

Diese aktuellen Gesamtzahlen zu Singles und erst recht zu Singles i. e. S.
können nach den verfügbaren Zahlen nur ungefähre Daten sein.[6] Alle
Datenquellen, soziologische Studien und amtliche Befragungen, kommen
aber zum eindeutigen Ergebnis, daß Singles immer häufiger zu finden
sind. So lebten dem amtlichen Mikrozensus zufolge in Westdeutschland
im Jahre 1961 erst 2,2% und im Jahre 1990 schon 6,0% der Gesamtbevöl-

kerung (einschließlich Kinder, Jugendliche und Ausländer) als Singles. (WiSta 1992, S. 81)

Den Daten der „Allbus"-Umfrage[7] gemäß wuchsen in Westdeutschland seit dem Jahre 1980 die Anteile von Singles an der erwachsenen Bevölkerung mit deutschem Paß wie folgt:

1980	1982	1984	1986	1988	1990
6,8%	8,1%	8,3%	7,6%	8,7%	10,9%

Die Zunahme von Singles, und in minderem Maße auch der übrigen Alleinlebenden, brachte es mit sich, daß die Zahl der Familienhaushalte inzwischen kleiner ist als die der Einpersonenhaushalte: Im Jahre 1992 gab es in Gesamtdeutschland rund 35 Millionen Haushalte, davon

– knapp 12 Millionen Einpersonenhaushalte,
  worin gut 15,5% der Menschen lebten,
– knapp 11 Millionen Zweipersonenhaushalte,
  worin 31% der Menschen lebten,
– gut 12 Millionen Drei- und Mehrpersonenhaushalte (meist „vollständige" Familien),
  in denen 53% der Menschen lebten.

Die ca. 1,5 Millionen Alleinerziehenden (1992) sind „Singles" (mit Kind) und Familienhaushalte zugleich. Daß Frauen viel häufiger als Männer nach Scheidungen Alleinerziehende werden (in Westdeutschland sind 84% aller Alleinerziehenden Frauen) trägt dazu bei, daß es weniger weibliche als männliche Singles gibt. In Westdeutschland sind mittlerweile 14%, in Ostdeutschland 22% aller Familien mit Kindern bis 18 Jahren Familien von Alleinerziehend. (Stat. Bundesamt 1994, S. 32)

3.3 Lebenslage und soziale Merkmale von Singles

Die Fehlinformationen in der Öffentlichkeit beschränken sich nicht auf die Zahl von Alleinlebenden und Singles. Auch darüber, wie und unter welchen Bedingungen Singles leben, kursieren viele Vorurteile. Selbst da, wo sie sich auf Verhaltensweisen beziehen, betreffen sie nicht nur Nebensächlichkeiten: Auch scheinbar „weiche", nur persönlich interessante Lebensweisen haben oft sehr „harte" und für die Allgemeinheit teure Folgen. Fehlurteile hierüber können arge Probleme erzeugen: So ist die Zahl der Freunde, die Singles haben, spätestens dann interessant, wenn sie im Alter Hilfestellung benötigen; und das Vertrauen auf Netzwerke, die dann nicht halten, kann sozialpolitische Katastrophen nach sich ziehen. Oder: Die „subjektiven" Wohnwünsche von Singles (die oft große Wohnungen in teuren Wohnlagen wünschen und diese oft auch bezahlen können) erweisen sich dann als „objektiv" wichtig, wenn „Experten" und

die von ihnen beratenen Bauherren fälschlicherweise glauben, durch die
Vermehrung von Ein- oder Zweizimmer-Wohnungen den Wohnbedarf
der wachsenden Gruppe von Singles befriedigen zu können.
Die einzelnen Informationen zum Leben der Singles werden nach den
soziologischen Grundkategorien „Lebensbedingungen", „Lebensformen"
und „Lebensweisen" angeordnet, die oben erläutert wurden.

Lebensbedingungen

Demographische Grunddaten

Geschlecht: Singles sind (noch?) in der Mehrheit (58%) Männer. (Allbus
1992).
Familienstand: Der Familienstand der Singles unterscheidet sich erwartungsgemäß klar von dem der Nicht-Singles gleichen Alters. Die große
Mehrheit der Singles ist ledig.

Tabelle 3: Familienstand von Singles und Nicht-Singles

	Verheiratet	Verheiratet getrennt lebend	verwitwet	geschieden	ledig
Singles	0,5	4,5	5,6	19,4	70,1
Andere	70,4	1,2	1,5	3,3	23,7

Quelle: kum. Allbus 1980–1990[8]

Konfession: Die Hälfte (48%) der Singles ist evangelisch. Dies entspricht
etwa dem Durchschnitt der verheirateten gleichaltrigen Bevölkerung.
Aber Singles sind wesentlich seltener katholisch (35%) als gleichaltrige
Verheiratete (45%). Dementsprechend sind Singles doppelt so oft aus der,
meist katholischen Kirche ausgetreten, und gehören doppelt so häufig
keiner Konfession an (17%) wie Verheiratete (8%). (Familiensurvey:
Mächler 1993)
Kinderzahl: Singles leben definitionsgemäß nicht mit Kindern im eigenen Haushalt zusammen. Dennoch hat ein ganz erheblicher Teil von
ihnen, nämlich fast ein Viertel (23,5%) Kinder. (kum. Allbus 1980–1990)[9]

Regionale Verteilung

Die allgemeine Einschätzung geht dahin, daß Singles in der Großstadt
leben. Das stimmt. Mehr als die Hälfte von ihnen (56,6%), aber nur ein
gutes Drittel (38,1%) aller gleichaltrigen Nicht-Singles lebte in den 80 er
Jahren in Städten von mehr als 100 000 Einwohnern. Ein Drittel aller
Singles (33,1%) lebte sogar in den wenigen Städten Deutschlands, die
mehr als eine halbe Million Einwohner hatten. Nur ein gutes Sechstel

(17,3%) der übrigen gleichaltrigen Bevölkerung lebte dort. (kum. Allbus 1980–1990) Innerhalb der Großstädte wohnen Singles besonders häufig in den begehrten Innenstadtrandzonen.

Der Blick auf die Lebensweise von Singles wird zeigen, daß Singles in Großstädten jene Bedingungen vorfinden, die sie brauchen: kurze Wege zu Bekannten, viele Kultur- und Freizeiteinrichtungen, Arbeitsstätten im Dienstleistungsbereich. Zudem werden Singles in Städten eher akzeptiert und erfahren geringere soziale Kontrolle als auf dem Land. Es ist also keine Mode oder Marotte, daß Singles so oft Großstädte bevorzugen. Sie sind ihr adäquates Umfeld.

Diese Großstadtorientierung der Singles trug dazu bei, daß sich 1992 unter den 12,8 Millionen Haushalten, die es in den deutschen Städten von mehr als 100 000 Einwohnern gab, bereits 5,4 Millionen Haushalte von Alleinlebenden befanden. (Stat. Bundesamt, zit. n. Grözinger 1994, S. 13) In den Gemeinden mit weniger als 5000 Einwohnern ist dagegen nicht einmal jeder vierte Haushalt ein Einpersonenhaushalt. In vielen Millionenstädten, wie in München, Hamburg und Stuttgart, machen die Einpersonenhaushalte schon mehr als die Hälfte aller Haushalte aus. Dadurch kann, wie in Stuttgart geschehen, aber nicht nur dort, die Einwohnerzahl einer Großstadt abnehmen, aber trotzdem die Zahl der Haushalte und der Wohnbedarf weiter steil ansteigen. (Gschwind 1994, S. 13)

Einpersonenhaushalte finden sich in Ostdeutschland wesentlich seltener als im Westen. Diese Unterschiede zwischen den alten und den neuen Bundesländern mögen sich bald angleichen. Einstweilen sind sie noch markant. Sie sind nur dann verständlich, wenn man in die Vergangenheit zurückblickt.

In der DDR waren Wohnungen knapp. Das Wohlstandsniveau war niedriger als in Westdeutschland. Die Trennung vom Elternhaus führte meist unmittelbar in die Ehe, denn Wohnungen waren in der Regel nur durch Heirat oder Elternschaft zu erhalten. Familien wurden etwa drei Jahre früher gegründet als in der Bundesrepublik. Rentner reisten zu erheblichen Anteilen nach Westdeutschland aus. Die Lebenserwartung war niedriger. Alle diese Faktoren trugen dazu bei, daß in der DDR weniger Menschen allein lebten als im Westen Deutschlands. In der DDR gab es im Jahre 1981 nur 1,73 Millionen Einpersonenhaushalte, das entsprach 26% aller Haushalte und 10,35% aller (16,7 Millionen) Einwohner. In Westdeutschland fanden sich etwa zur gleichen Zeit, im Jahre 1980, 7,49 Millionen Einpersonenhaushalte, das waren 30,2% aller Haushalte und ca. 12,5% aller Westdeutschen. In den gesamten 70er Jahren war die Zahl der Alleinlebenden in der DDR etwa konstant geblieben. Über die Entwicklung in der DDR in den 80er Jahren liegen uns keine Zahlen vor. Die Zahl der Alleinlebenden dürfte sich jedoch nicht erhöht, eher auf 1,63 Mio erniedrigt haben. (Schneider 1994, S. 121)

Singles waren in der DDR noch seltener, als die Zahlen über Einpersonenhaushalte insgesamt andeuten. Etwa 60% der Einpersonenhaushalte waren Renterhaushalte, also mindestens 20 Prozentpunkte mehr als in der Bundesrepublik.

In der DDR war die Pluralisierung von Lebensformen faktisch, aber auch in den herrschenden Normen, weniger weit fortgeschritten als in der Bundesrepublik. Als in Westdeutschland neben dem Heiraten und der Familiengründung auch schon das unverheiratete Zusammenleben, das Alleinleben oder das Alleinerziehen als üblich angesehen wurden, galten in der DDR nur Ehe und Familie als „normal". Dementsprechend wurde das Dasein von Singles in der DDR bis zuletzt einseitig als Mangelzustand angesehen. Deutlich kommt das in einer Pilotstudie zur Lebenssituation Alleinstehender[10] zum Ausdruck. Die Einschätzung als Defizit zeigt sich gerade deshalb, weil der Verfasser (Pinther 1989) offenkundig bemüht war, Singles im Rahmen dessen, was in der DDR möglich war, als eigenständiger Lebensform gerecht zu werden:

Als Anlaß für die Studie wurde u. a. genannt: „Alleinleben ist in der Regel ein für die Betroffenen weder unproblematischer, noch befriedigender Zustand, oft verbunden mit (mitunter lebenslangem) Verzicht auf Partnerschaft. Das unterscheidet alleinstehende Bürger gravierend von den anderen! Da eine Befriedigung kommunikativer, insbesondere aber emotionaler plus sexueller Bedürfnisse weitgehend an dauerhafte Partnerbeziehungen gebunden ist, dürfte für die Mehrheit ein eingeschränktes Erleben von Geborgenheit, Intimität, von anderen Formen gemeinschaftlicher Lebensgestaltung und Zielstellungen zutreffen. Überhaupt besteht – gegenüber in Partnerschaft lebenden Personen – ein Defizit an sozialen Beziehungen." (Pinther 1989, S. 2 f.)
Aus den Untersuchungsergebnissen wurden die folgenden Empfehlungen abgeleitet: „Das Ziel gesellschaftlicher Bemühungen muß primär darin bestehen, Alleinstehende bestmöglich zu integrieren, keine Isolation aufkommen zu lassen, ihre Lebensweise zu akzeptieren. (...) ,Alleinstehend' sollte demnach beiderseitig als eine normale Form des Lebens angenommen werden! (...) Der Umgang mit Alleinstehenden gebietet Takt, Aufmerksamkeit, Würdigung ihrer speziellen Situation, aber weder Hervorhebung noch Benachteiligung!" (Pinther 1989, S. 23)

Auch in den neunziger Jahren sind in den neuen Bundesländern Alleinlebende noch seltener zu finden als in Westdeutschland. Während im Westen 1992 schon 35% aller Haushalte Einpersonenhaushalte waren, waren es den neuen Bundesländern erst ca. 28%. Während in den alten Bundesländern von den 30- bis 40jährigen im Jahre 1990 knapp 20% alleine lebten (WiSta 4/1992, S. 225), und ca. 10% Singles im engeren Sinne waren (Bachmann 1992), waren dies in den neuen Bundesländern weniger als die Hälfte dieser Anteile. Auch in den Großstädten Ostdeutschlands finden wir Singles nur halb so oft wie in den Großstädten Westdeutschlands. Beispielsweise lebten 1990 in Bremen 22%, in Hamburg 26%, in Westberlin 27% der 30-bis 40jährigen als Singles i. e. S. – in Ostberlin aber nur 12%. (Bachmann 1992)

Aber auch in den neuen Bundesländern ist das Alleinleben auf dem Vormarsch. (Schlemmer 1994, S. 11) Zudem ist Vorsicht bei der Interpretation der kleineren Zahlen von Singles in Ostdeutschland geboten: Viele, die dort nicht in Einpersonenhaushalten wohnen, sondern zusammen mit ihren Kindern oder noch bei ihren Eltern, sind sozialpsychologisch durchaus als Singles einzuordnen. Denn Alleinerziehende finden sich infolge höherer Scheidungszahlen in Ostdeutschland häufiger und Wohnungen sind knapper als in Westdeutschland.

Trotz des Zuwachses manifester Singles und der Alltäglichkeit „latenter" Singles wird im Osten die im Westen oft als attraktiv geltende Lebensform Single immer noch meist negativ bewertet. Sie wird eher als Notausstieg aus unglücklichen Beziehungen denn als gewähltes Schicksal akzeptiert. 69% der Bevölkerung im Westen, 84% der Bevölkerung im Osten halten die Familie fürs Glücklichsein nach wie vor für nötig. (Schlemmer 1994)

Altersverteilung

Unter den Alleinlebenden finden sich besonders viele jüngere und ältere Menschen. Im Jahre 1990 war fast ein Fünftel (19,5%) aller Alleinlebenden Westdeutschlands zwischen 25 und 35 Jahre alt und fast zwei Fünftel (38,9%) waren 65 Jahre und älter. Die Altersverteilung der Alleinlebenden insgesamt ist also „zweigipflig".

Die Singles hingegen konzentrieren sich auf die jüngeren Jahrgänge. Allein die Altersgruppe der 25- bis 35jährigen umfaßt die Hälfte aller Singles. Die 35- bis 55jährigen machen nicht mehr als die andere Hälfte aus. Wie oben dargestellt, ist es gerade die jüngere Altersgruppe von Singles, die seit etwa drei Jahrzehnten besonders stark wächst. (WiSta 2/1992, S. 81)

Diese Konzentrationstendenzen in der Altersverteilung legen die Frage nahe, wie lange Singles Singles bleiben. Sollten Singles das ganze Leben über Singles bleiben, so wird sich der hohe Anteil der Singles unter den Jüngeren auch im mittleren und hohen Lebensalter fortsetzen. Nach derzeitigem Stand wäre dann damit zu rechnen, daß langfristig ein Fünftel der Gesamtbevölkerung Singles sein wird. Bei weiterhin wachsender Neigung der Jüngeren zum Alleinleben wäre dies in noch größerem Ausmaß der Fall. Sollte das Singledasein jedoch nur eine Lebensphase darstellen, so können wir die Konzentration der Singleexistenzen unter Jüngeren als eine Erscheinung „zurückstufen", die hauptsächlich bestimmte Lebensphasen betrifft, in erster Linie die jüngerer Erwachsener.

Abgesehen von diesen quantitativen Zukunftsaspekten ist es auch für viele qualitative Fragestellungen (von Wohnungsfragen bis hin zur Alterssicherung) von grundlegender Bedeutung, wie lange Singles Singles bleiben.

Dauer des Single-Daseins

Die Meinungen hierzu sind geteilt: Während bestimmte Sozialforscher zu wissen glauben, daß es sich beim Singletum lediglich um eine biographisch vorübergehende Erscheinung handelt, sind andere der Auffassung, daß das Alleinleben mittlerweile eine eigenständige und dauerhafte Lebensform neben anderen darstellt.

Die bislang verfügbaren Daten erlauben es noch nicht, die Grundfrage nach der Dauer des Single-Daseins exakt zu beantworten. Hierzu sind Längsschnittuntersuchungen notwendig. Dafür kommt als einzige Datenquelle in Deutschland nur das „Sozio-ökonomische Panel" in Frage. Dieses reicht jedoch erst 8 Jahre zurück. Unsere[11] Auswertungen zeigen, daß von den Singles des Jahres 1991

- die Hälfte (47%) schon mindestens 6 Jahre lang allein lebte,
- ein weiteres Fünftel (18%) schon 4–5 Jahre lang Singles war und
- nochmal ein Fünftel (20%) immerhin schon 2–3 Jahre lang einen Einpersonenhaushalt führte.
- Nur 15% aller im Jahre 1991 anzutreffenden Singles waren fürs erste „Kurzzeitsingles" und lebten erst 1 Jahr oder weniger alleine.[12]

In aller Vorsicht, weil wir Singles erst 8 Jahre lang auf ihrem Lebensweg zurückverfolgen können, kann man diese Daten so interpretieren, daß ein ganz erheblicher Teil der Singles zumindest eine recht lange Lebensphase allein lebt.

Ein Überblick über die Bevölkerung zeigt, daß von allen 25- bis 55jährigen mittlerweile schon ein Fünftel (21%) schon einmal längere Zeit allein gelebt hat, davon die Hälfte max. 3 Jahre lang, die andere Hälfte länger. Erwartungsgemäß haben von den Akademikern schon wesentlich mehr, nämlich mehr als ein Drittel (37%), schon einmal als Single gelebt, gut die Hälfte (ein Drittel) davon länger als vier (sechs) Jahre.[13]

Diese ersten Eindrücke, daß es sich bei Singles zu großen Teilen um Gesellschaftsmitglieder handelt, die dauerhaft einen anderen Lebensentwurf verwirklichen als diejenigen, die sich für Ehe (ggf. und Familie) entscheiden, verdichten sich, wenn man erfährt, daß von den ehemaligen Singles überproportional viele ihren Lebensweg als unverheiratete Paare fortsetzen. Von denjenigen, die im Jahre 1991 in nichtehelichen Lebensgemeinschaften zusammenlebten, war fast die Hälfte (45%) einmal längere Zeit Single. Dagegen haben unter den Ehepaaren ohne Kinder und Ehepaaren mit Kleinkindern des Jahre 1991 nur ein gutes Fünftel längere

Singleerfahrung.[14] Diese Befunde weisen darauf hin, daß sich unterschiedliche Typen der Lebensgestaltung relativ klar unterscheiden lassen. (vgl. 4.2)

Bildung

Die weitverbreitete Auffassung, der zufolge vor allem Personen mit höherer (Aus-)Bildung als Singles leben, trifft in der Tendenz zu. Im Mittel der 80er Jahre hatten 32% der Singles, aber nur 21% der übrigen Bevölkerung gleichen Alters das Abitur vorzuweisen. Nur ein gutes Drittel der Singles (38,7%), dagegen über die Hälfte (51,2%) der Nicht-Singles im Alter von 25 bis 55 Jahren verfügte über einen Volks- bzw. Hauptschulabschluß.

Abbildung 3: Allgemeinbildende Schulabschlüsse von Singles und Nicht-Singles

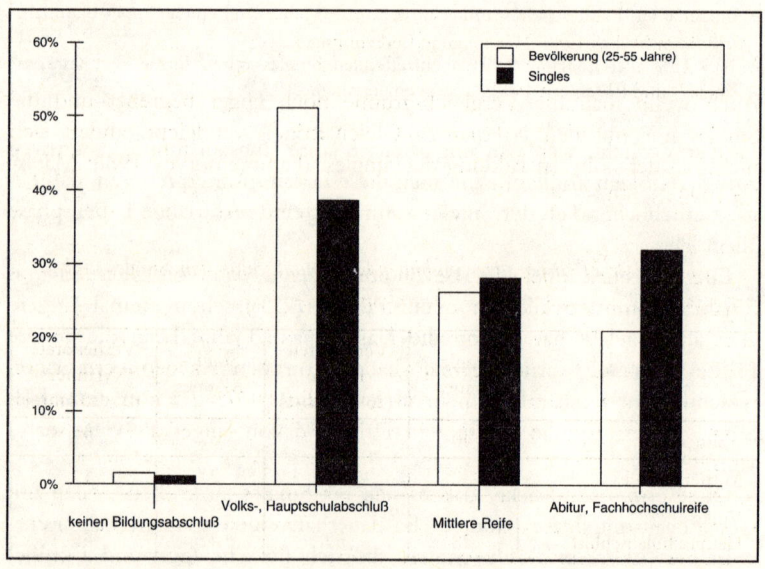

Quelle: kum. Allbus 1980–1990; eigene Berechnungen

Ähnlich sieht es bei den *Berufsausbildungsabschlüssen* aus: Singles haben durchweg eine bessere Berufsausbildung als die gleichaltrige Bevölkerung:

Abbildung 4: Berufsbildungsabschlüsse von Singles und Nicht-Singles

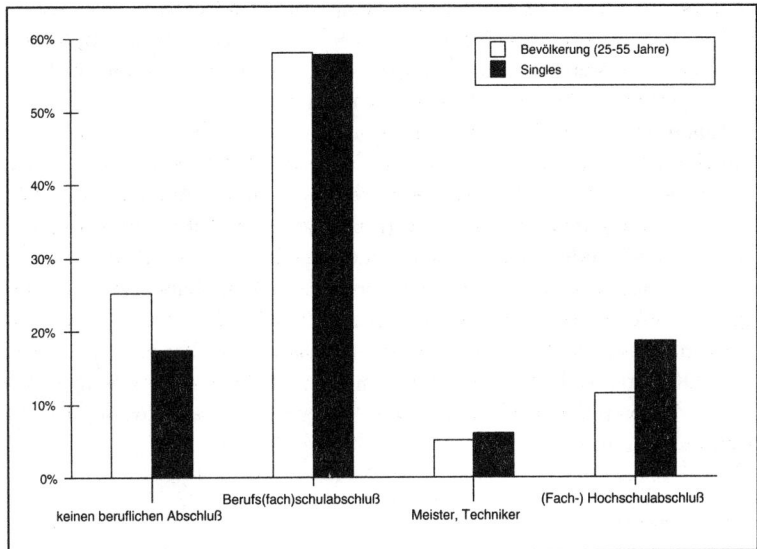

Quelle: kum. Allbus 1980–1990; eigene Berechnungen

Auch wenn man die Vergleichsgruppe noch enger begrenzt und die Singles nur mit den *verheirateten* Gleichaltrigen vergleicht, ändert sich nichts an der höheren Bildung der Singles. (Familiensurvey 1988: Mächler 1993, S. 59)

Tabelle 4: Höchster allgemeinbildender Schulabschluß von Singles und Nicht-Singles

	Single-Frauen	Verheiratete Frauen (25–55 Jahre)	Single-Männer	Verheiratete Männer (25–55 Jahre)
Abitur	40	16	37	25
Mittlere Reife	32	32	21	19
Volks-, Hauptschulabschluß	28	52	42	56

Quelle: Familiensurvey 1988: Mächler 1993, S. 60

Hierbei ist der Bildungsvorsprung der Single-Frauen vor den gleichaltrigen verheirateten Frauen wesentlich größer als der der Single-Männer vor den verheirateten Männern. Die Single-Frauen weisen sogar eine deutlich höhere Bildung als die Single-Männer auf. Unter den Männern finden sich auch zahlreiche mit geringer Bildung, kaum aber unter Frauen. Als Singles lebende Männer haben zwar eine höhere Bildung als verheiratete Männer, aber ihre Bildungsabschlüsse reichen quer über das Bildungsspektrum, während weibliche Singles sich zu ganz überproportional hohen Anteilen aus Hochgebildeten zusammensetzen.

Einen vergleichsweise hohen Bildungsabschluß zu haben, erhöht nicht nur die Wahrscheinlichkeit, sich für ein Leben als Single zu entscheiden, sie steigert auch die Neigung, sich weiterzubilden. Auch dies gilt für Frauen noch mehr als für Männer. (Krüger 1990, S. 140 f.; Mächler 1993, S. 61) Die Gründe, die so viele gebildete jüngere Frauen dazu bewegen, alleine zu leben, liegen zum einen darin, daß hochgebildete Frau im allgemeinen keine Männer mit niedrigerer Bildung als Partner wünschen, zum anderen bedeutet die Lebensform der Familie für Frauen ein wesentliches Karrierehindernis, für Männer nicht. Allerdings gelingt es auch den hochgebildeten Single-Frauen nur in Grenzen, diese Karrierepläne zu realisieren. (s. u.)

Erwerbstätigkeit

Wer im Alter zwischen 25 und 55 Jahren allein lebt, muß in aller Regel wirtschaftlich für sich selbst sorgen. Singles sind daher besonders häufig Erwerbspersonen. Das heißt, sie sind öfter als andere erwerbstätig. Sie sind aber auch öfter als andere arbeitslos. Singles sind den Mechanismen des Arbeitsmarkts – übrigens auch vielen anderen öffentlichen Einrichtungen – enger und direkter ausgesetzt, als dies beispielsweise diejenigen sind, die in Familiengemeinschaften leben. Singles müssen ihre Erfolge und die Früchte ihrer Karriere mit niemandem teilen. Singles können aber auch ihre Mißerfolge und ihre Arbeitslosigkeit mit niemandem teilen.

Vier Fünftel der Singles, aber nur die Hälfte der übrigen Bevölkerung und knapp zwei Drittel der übrigen gleichaltrigen Bevölkerung waren in den 80er Jahren erwerbstätig. Nur jeder 50. der Gesamtbevölkerung (und nur jeder 40. im Alter zwischen 25 und 55 Jahren) war zur gleichen Zeit arbeitslos. Aber mehr als jeder 20. Single (5,6%) suchte eine Arbeitsstelle. (kum. Allbus 1980–1990)[15]

Diese direkte Anbindung an den Arbeitsmarkt gilt für weibliche Singles noch mehr als für männliche. Dadurch – aber auch in vielem anderen – unterscheiden sich weibliche Singles von nicht alleinlebenden Frauen viel deutlicher als männliche Singles von männlichen Nicht-Singles. Nur 13,1% der weiblichen Singles sind keine Erwerbspersonen (d.h. weder erwerbstätig noch arbeitslos). Aber fast zwei Drittel (62,6%) (kum. Allbus 1980–1990) der weiblichen Nicht-Singles und immerhin noch mehr als die Hälfte (53%) (Familiensurvey 1988: Mächler 1993) der gleichaltrigen verheirateten Frauen stehen nicht im Erwerbsleben.

Es paßt schließlich ins Bild von den eng an den Beruf gebundenen Singles, daß Singles nur ganz selten (6,7%) (kum. Allbus 1980–1990) teilzeiterwerbstätig sind. Dadurch unterscheiden sich insbesondere die weiblichen Singles deutlich von den gleichaltrigen nicht alleinlebenden Frauen. Von diesen arbeiten mehr als ein Viertel weniger als 35 Stunden in der Woche.

Berufsstruktur

Die oftmals gut gebildeten und ausgebildeten, nicht durch Familientätigkeiten beanspruchten Singles können, so sollte man meinen, auf der Leiter beruflichen Erfolgs zügig nach oben klettern. Gemessen daran ist die berufliche Stellung der Singles auf den ersten Blick im Vergleich zu anderen Bevölkerungsgruppen etwas „enttäuschend". Singles sind nur wenig besser gestellt als gleichaltrige Erwerbstätige, die nicht allein leben. Singles arbeiten besonders häufig als qualifizierte und leitende Angestellte.

Tabelle 5: Berufliche Stellung von Singles und Nicht-Singles

Berufliche Stellung (nur Erwerbspersonen und frühere Erwerbstätige)	Singles	Bevölkerung 25–55 Jahre alt	Gesamtbevölkerung ab 14 Jahre
Un-/angelernte Arbeiter	11,0	9,6	11,7
Vor-, Facharbeiter, Meister	20,5	20,4	22,7
Ausführende Angestellte	12,8	18,8	18,8
Qualifizierte Angestellte	33,2	28,8	24,6
Leitende Angestellte	9,3	7,2	5,6
Beamte	5,9	6,7	6,2
Freie Berufe	1,4	1,5	1,3
Selbständige und mithelfende Familienangehörige	5,4	6,8	7,4

Quelle: Repräsentativbefragung agis 1991[16]

Bevor man die verbreitete Auffassung von den beruflich erfolgreichen Singles ganz verwirft, sollte man allerdings berücksichtigen, wie jung Singles in der Regel sind. Die Hälfte von ihnen ist, wie gesagt, zwischen 25 und 35 Jahre alt. In diesem Lebensalter schon überdurchschnittliche Berufskarrieren aufzuweisen, bestärkt doch wieder das Bild vom „Karriere-Single".

Auch in dieser Hinsicht bestehen unter Singles große Unterschiede zwischen Männern und Frauen. Bei den Männern ist eine gewisse Polarisierung erkennbar: Zwar sind viele erfolgreich im Beruf, aber – verglichen mit gleichaltrigen Verheirateten – arbeiten auch überdurchschnittlich viele als un- und angelernte Arbeiter. Insgesamt sind nicht alleinlebende Männer etwas erfolgreicher als Single-Männer. Bei den Single-Frauen dominiert der Berufserfolg, ganz deutlich im Verhältnis zu gleichaltrigen, nicht alleinlebenden Frauen, nur schwach im Vergleich zu männlichen Singles, während die Single-Frauen (trotz besserer Bildung) hinter den nicht alleinlebenden Männern um einiges zurückbleiben.

Die Gründe hierfür liegen, neben den bekannten, Frauen oft hinderlichen Mechanismen des Arbeitsmarkts, darin, daß Männer durch Paarbeziehungen und Familienstrukturen häufig Entlastung, Motivation und Begünstigung erfahren, Frauen hingegen Belastungen (z.B. durch Hausarbeit) und Vorurteilen (z.B. im Hinblick auf erwartete Schwangerschaft und Führungsqualitäten) ausgesetzt sind.

Tabelle 6: Berufliche Positionen von Singles und Nicht-Singles

	Single-Frauen	Verheiratete Frauen (25–55 Jahre)	Single-Männer	Verheiratete Männer (25–55 Jahre)
gehobene Dienstleistungsberufe	29	20	26	30
Kleine Selbständige	3	7	5	5
Technische Angestellte	0	1	2	6
Mittlere Angest./ Beamte	44	33	18	22
Einfache Angest./ Beamte	11	20	5	3
Facharbeiter	4	5	29	26
Un-/angelernte Arbeiter	9	15	14	8

Quelle: Familiensurvey 1988: Mächler 1993, S. 63

Der relative Erfolg von Singles im Berufsleben mag Gründe haben, die in ihrer Lebensform und Lebensweise sowie in ihrer Motivation liegen. Der Erfolg von Singles gründet sich aber auch darauf, daß Singles in die „richtigen", zukunftsreichen, nämlich in die Dienstleistungsberufe drängen. Verglichen mit gleichaltrigen Erwerbstätigen arbeiten Singles deutlich seltener im primären (Landwirtschaft, Forsten) und im sekundären Sektor (Gütererzeugungsberufe). Singles sind etwas häufiger als andere in Büro- und Handelsberufen und viel häufiger in wissenschaftlichen und leitenden Technikberufen tätig. (kum. Allbus 1980–1990)

Einkommensverhältnisse

In der Öffentlichkeit gelten Singles als einkommensstark. Gelegentlich so sehr, daß Singles von vornherein als „Gutverdienende" *definiert* werden. (Pöschl 1990; vgl. Bachmann 1992) Von manchen Sozialwissenschaftlern werden dagegen die Einkommensverhältnisse der Singles nicht so günstig eingestuft.

Wieviel die Singles nun tatsächlich verdienen, ist aus mehreren Gründen wichtig:

– Es sind unter anderem die Einkommensverhältnisse, die erkennen lassen, wieso immer mehr Menschen als Singles leben. Denn: Wirtschaftlich gesehen stellen Einkommensverhältnisse den zentralen Bestimmungsgrund für den Lebensstandard dar. Mag auch der Lebensstandard nicht alles sein, was zum Single-Dasein verlockt: Die Attraktivität der Lebensform „Single" beruht nicht zuletzt auf dem erreichbaren Konsumniveau.

– Einkommensverhältnisse sind auch sozialpolitisch von Gewicht. Von ihnen hängt unter anderem ab, wieviel Steuern Singles zahlen (können) und wie viele Singles wegen Einkommensarmut zu Sozialhilfeempfängern werden.

– Aus sozialpsychologischer Sicht werden die vermuteten oder realen Einkommensverhältnisse von Singles zu wichtigen Argumenten, sowohl für diejenigen, die Singles nicht schätzen (und sie wegen überhöhter Einkommen, Parasitentum oder oberflächlicher Konsumhaltung kritisieren) als auch für diejenigen, die das Dasein von Singles begrüßen (aber sie wegen ihrer hohen Lebenshaltungskosten eher bemitleiden).

Der Blick auf die Einkommens*quellen* zeigt zunächst, daß Singles erwartungsgemäß deutlich häufiger als Verheiratete oder als der Bevölkerungsdurchschnitt von eigener Erwerbstätigkeit, von Arbeitslosengeld und -hilfe sowie von Sozialhilfe leben. Wesentlich seltener kommen die Einkommen von Singles – das ist nach den obigen Angaben über die Altersgrenzen und über die Erwerbstätigkeit von Singles auch nicht überraschend – aus Rentenzahlungen und aus Unterhaltszahlungen von Angehörigen. Auch hier zeigt sich also, daß Singles weitgehend auf sich gestellt bzw. direkt von gesellschaftlichen Einrichtungen abhängig sind.

Nun zur *Einkommenshöhe:* Unter „Einkommen" läßt sich sehr Unterschiedliches verstehen: unter anderem das persönliche Bruttoeinkommen, das persönliche Nettoeinkommen und das sog. „bedarfsgewichtete Pro-Kopf-Haushaltseinkommen" (Äquivalenzeinkommen). Was hiervon als „Einkommen" gelten soll, hängt letzten Endes davon ab, was man wissen will:

– *Persönliche Bruttoeinkommen* besagen etwas über die jeweilige Belastbarkeit durch Steuern und Sozialversicherungsbeiträge und etwas über das Entlohnungsgefälle innerhalb der Berufshierarchie (zum Beispiel über die Bezahlung eines Mannes um Vergleich zu einer Frau, oder eines Ingenieurs verglichen mit einem Facharbeiters) ohne Berücksichtigung der jeweiligen Lebens- und Familienform. Bruttoeinkommen geben nur bedingt Auskunft über „Einkommensgerechtigkeit" und keinen Aufschluß über den Lebensstandard.

– *Persönliche Nettoeinkommen* sind politisch sicherlich die bedeutsamste Einkommenskategorie. Denn sie sind für den einzelnen direkt erfahrbar und vergleichbar. Sie besagen daher etwas über die wahrgenommene „Einkommensgerechtigkeit" unter Berücksichtung von beruflicher Stellung und Lebensform. In sie sind zudem, unmittelbar ausgewiesen und sichtbar, „Gerechtigkeitsfaktoren" (Steuerklassen, -freibeträge etc.) eingearbeitet. Persönliche Nettoeinkommen sagen jedoch nichts über den Lebensstandard aus. Mag sein, daß nur eine Person, mag sein, daß eine große Familie von einem persönlichen Nettoeinkommen lebt.

– Hier hilft das *Äquivalenzeinkommen* weiter. Es gibt einigermaßen zureichende Auskunft über die jeweiligen finanziellen Möglichkeiten. Das Äquivalenzeinkommen ist ein Pro-Kopf-Haushaltseinkommen, wobei die Einkommen von Mehrpersonenhaushalten nach oben gewichtet werden,[17] um zu berücksichtigen, daß die Gemeinkosten vom größeren Haushalten niedriger sind als die kleiner Haushalte.

Die folgende Tabelle[18] zeigt, daß die persönlichen *Brutto*einkommen von Singles deutlich höher sind als die von Gleichaltrigen, die in anderen Lebensformen leben. Ihr Vorsprung vor den unverheirateten Paaren ohne Kinder und vor den Ehepaaren ohne Kinder, den nächsten in der Verdiensthierarchie, ist beträchtlich.

Tabelle 7: Einkommen in verschiedenen Lebensformen 25- bis 55jähriger (in DM)

Lebensformen 25- bis 55jähriger	Jahres-Bruttoeinkommen pro Monat			Nettoeinkommen im letzten Monat		
	insg.	Männer	Frauen	insg.	Männer	Frauen
Partner- und kinderlose Erwachsene, die im elterl. Haush. leben	2676	2775	2348	1431	1474	1934
Alleinlebende	4336	4809	3640	2551	2461	1924
Unverh. Paare ohne Kinder	3912	4356	3553	2127	2288	1869
Ehepaare ohne Kinder	3816	4773	2939	2199	2724	1571
Paare, jüngstes Kind bis 3 Jahre	2876	4793	874	1602	2918	412
Paare, jüngstes Kind 4–6 Jahre	3244	5815	1003	1980	3469	873
Paare, jüngstes Kind 7–12 Jahre	3517	5759	1341	2080	3446	1070
Paare, jüngstes Kind 13+ und in Ausbildung	3390	5505	1427	1921	3150	1233
Paare, jüngstes Kind 16+ und nicht mehr in Ausbildung	3588	5100	2130	1971	2733	1862
Alleinerziehende	3531	5957	2841	1714	3256	1999

Quelle: SOEP-West, 8. Welle, 1991

Die vorstehende Tabelle zeigt ferner, daß die Singles auch im Hinblick auf die persönlichen *Netto*einkommen an der Spitze aller Lebensformen der 25–55jährigen stehen, mit geringem Vorsprung vor den Ehepaaren ohne Kinder, mit deutlicherem Vorsprung vor anderen Lebensformen. Wie erwähnt, ist das Nettoeinkommen die am deutlichsten wahrnehmbare Einkommenskategorie und beeinflußt das Gerechtigkeitsempfinden besonders stark. In diese Vergleiche 'der persönlichen Brutto- und Nettoeinkommen sind auch die Nicht-Erwerbstätigen einbezogen, da es primär die Lebensform ist, die z.B. die persönlichen Einkommenschancen von Hausfrauen schmälert und es manchen Frauen nahelegt, als Single zu leben.

Schließt man die Nicht-Erwerbstätigen aus der Betrachtung aus und unterscheidet dann unter den Erwerbstätigen zwischen Singles und Nicht-Singles, so werden die Singles im *persönlichen Nettoeinkommen* von den männlichen Nicht-Singles im Alter zwischen 25 und 55 Jahren überholt, nicht jedoch von den weiblichen Nicht-Singles. Ein Vergleich der persönlichen Nettoeinkommen von erwerbstätigen männlichen und weiblichen Singles und (gleichaltrigen) Nicht-Singles ergibt folgendes Bild:
– Nicht-Single-Männer verdienen mehr als Single-Männer
– Single-Männer verdienen mehr als Single-Frauen
– Single-Frauen verdienen wesentlich mehr als Nicht-Single-Frauen[19]

Hierbei verteilen sich die Einkommen der männlichen Singles stärker über das gesamte Einkommensspektrum. Die Einkommen der weiblichen Singles konzentrieren sich im oberen Mittelfeld.

Tabelle 8: Individuelles Nettoeinkommen 1988 von erwerbstätigen männlichen und weiblichen Singles (in %)

	bis 1200 DM	1200–2000 DM	2000–3000 DM	ab 3000 DM
männl. Singles	21	26	35	18
weibl. Singles	24	38	29	9

Quelle: Familiensurvey 1988: eigene Berechnung

Die persönlichen Nettoeinkommen besagen allein schon deshalb wenig über die jeweiligen finanziellen Möglichkeiten, weil unterschiedlich viele Menschen damit haushalten müssen. Wenn man dagegen die *bedarfsgewichteten Pro-Kopf-Haushaltseinkommen (Äquivalenzeinkommen)* untersucht, nähert man sich den finanziellen Lebensbedingungen schon eher an. In dieser Hinsicht fallen die Single-Männer knapp, die Single-Frauen deutlich hinter die Spitzenreiter, die verheirateten und unverheirateten Paare ohne Kinder zurück. Sie stellen sich aber immer noch deutlich besser als

alle Typen von Familien mit Kindern unter 16 Jahren[20], verdienen auch
mehr als die Verheirateten insgesamt.[21]

*Abbildung 5: Monatliches bedarfsgewichtetes Pro-Kopf-Haushaltseinkommen
von Singles und Nicht-Singles 1991 (in %)*

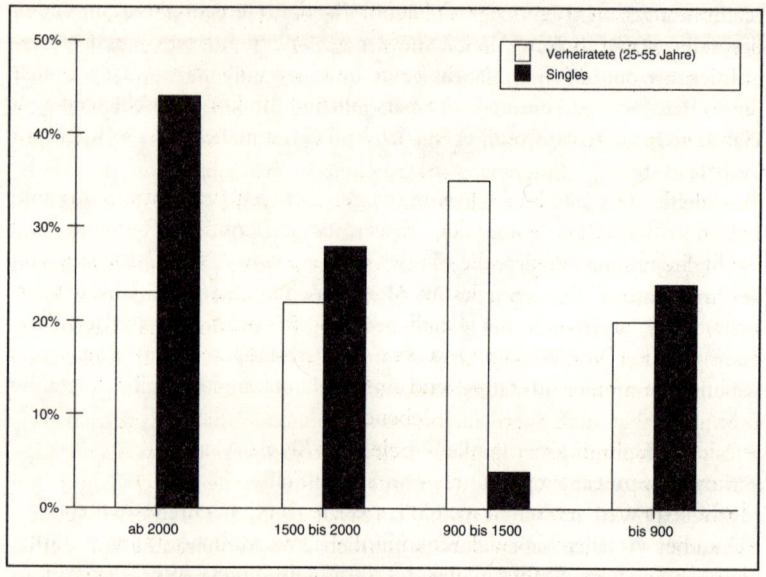

Quelle: Familiensurvey 1988: Mächler 1993, S. 56

Einkommen unterhalb der *Armuts*grenze sind von besonderer Bedeutung
für die Betroffenen und haben hohe gesellschaftspolitische Brisanz.

Die obenstehenden Zahlen (in Tabelle 7) deuten schon an, daß Alleinerziehende finanziell nicht allzu gut gestellt sind. Die Einkommensverteilung von Alleinerziehenden weist eine starke Besetzung der unteren Ein-
kommensgruppen auf. Dies betrifft vor allem Frauen, die sechs Siebtel der
Alleinerziehenden stellen. Männliche Alleinerziehende sind gehäuft in
bessergestellten Einkommensstufen zu finden. So ist es auch nicht erstaunlich, daß gut ein Fünftel (1991: 21,3%) aller Alleinerziehenden Sozialhilfe (laufende Hilfe zum Lebensunterhalt außerhalb von Einrichtungen)
bezieht. (Hauser/Hübinger 1993, S. 186) Unter den „echten" Singles
(ohne Kind im eigenen Haushalt) spielt Armut nur bei einem kleinen
Anteil männlicher Singles eine Rolle.

Wohnverhältnisse

Die Mitglieder „postindustrieller" Dienstleistungsgesellschaften sind in der
Regel wohlhabend, informiert und sozialstaatlich abgesichert. Deshalb

werden den Menschen über Einkommen, (Aus-)Bildung und Ansehen hinaus, also jenseits dieser berufsnahen Ressourcen, weitere Lebensbedingungen wichtig: zu Hause, in der Freizeit, in der Umwelt und in der Öffentlichkeit. Eine besonders hervorgehobene Rolle spielt hierbei die Wohnung. Sie war schon immer eine stark mit Emotionen und (Un-)-Sicherheitsgefühlen besetzte „Heimat". Heute stellt sie zudem einen Ort der Selbstverwirklichung, der Ausformung der eigenen Individualität, der Stilisierung der eigenen Lebensweise und des persönlichen Rückzugsraums dar. In ganz besonderem Maße gilt dies für Singles: Sie verbringen viel Zeit in ihrer Wohnung. Die Wohnung ist für Singles „Sanatorium und Tankstelle", „Spielwiese der eigenen Individualität", in der Wohnung leben Singles nicht selten ihre „fiktive Familie" aus. (Soltau 1993, S. 94 ff.)

Singles wohnen überproportional oft zur Miete. Nur ca. 20% haben Wohneigentum. Das ist etwa die Hälfte des Durchschnittswertes. (Hübl 1994) Man wird nicht fehlgehen mit der Vermutung, daß das häufig niedrige Alter von Singles und ihre wenig in die Zukunft festlegende Lebensführung hierfür maßgebend sind.

Singles, aber auch ältere alleinlebende Menschen, haben vergleichsweise große Wohnungen. Singles[22] belegen keineswegs überwiegend Ein-Zimmer-Appartements; sie bewohnten schon in den 80er Jahren im Mittel 2,53 Wohnräume. (Droth/Dangschat 1985, S. 174) Verwitwete im Alter über 60 Jahre haben durchschnittlich 2,68 Wohnräume zur Verfügung. Eine halbe Million der Einpersonenmieterhaushalte (8%) und 600 000 Einpersoneneigentümerhaushalte (42%) leben sogar in Wohnungen mit vier und mehr Zimmern. (Hübl 1994)

Es führt in die Irre, darauf hinzuweisen, daß nur 15% der Mietwohnungen kleine Ein- und Zweizimmerwohnungen sind und Einpersonenhaushalte, die ja 35% aller Haushalte ausmachen, somit in große Wohnungen ausweichen müßten. Von den Singles jedenfalls sind die großen Wohnungen keine widerwillig hingenommenen Fehlallokationen infolge Mangels an kleinen Wohnungen. Singles, nicht so sehr die älteren Alleinlebenden, *wollen in großen Wohnungen leben*, die wenn möglich in den begehrten Innenstadtrandzonen gelegen sind. Darin sind sich alle Untersuchungen einig. (Droht und Dangschat 1985, S. 175; Weber und Gaedemann 1980) Dieser Umstand ist von großer Bedeutung für die Wohnbaupolitik. (vgl. Kapitel 6.2)

Innerhalb der Wohnungen kommt es Singles – dies ist nicht erstaunlich – sehr auf Telekommunikationsmittel an. Telefon, Fax und Anrufbeantworter sind die „Nabelschnur zur Welt". (Soltau 1993) Weniger bekannt ist, daß Singles sehr häufig große Küchen und Tische besitzen (wollen), auch wenn diese gar nicht so häufig genutzt werden. Auch dies weist schon äußerlich auf die ambivalenten Einstellungen (s. u.) vieler

Singles hin, in denen neben Autonomiebestrebungen „latente Partner-schaften" und die „fiktive Familie" großen Raum einnehmen.

Lebensformen

Herkunft

Singles sind weitgehend auf sich allein gestellt, jedenfalls was das Zusammenleben mit Mitmenschen betrifft, und verfolgen oftmals einen individuellen Lebensentwurf. Dies schließt nicht aus, daß sie dennoch von dem finanziellen, kulturellen und sozialen „Kapital" geprägt sind, das sie von ihrem Elternhaus übernommen haben. Vielfach bestehen in dieser Hinsicht ganz bestimmte Vermutungen, daß Singles nämlich aus vergleichsweise begüterten, gebildeten und mit guten sozialen „Beziehungen" versehenen Elternhäusern stammen und gerade deshalb in der Lage sind bzw. sich in der Lage fühlen, auf sich selbst gestellt zu leben. Erste Hinweise darauf, ob diese Annahme zutrifft, vermitteln Daten zur sozialen Herkunft von Singles.

Die Väter von Singles üb(t)en deutlich häufiger als die Väter gleichaltriger Nicht-Singles Berufe in den *Wirtschaftsbereichen* Büro/Handel/Dienstleistungen und Wissenschaft/Technik/Leitungsfunktionen aus. Entsprechend seltener waren die Väter in den Bereichen Gütererzeugung und Landwirtschaft/Forsten/Fischerei tätig. (kum. Allbus 1980–1990) Was sich hier schon andeutet, wird beim Blick auf die *berufliche Position* der Väter von Singles bestätigt: Singles haben Väter aus gehobeneren Berufsgruppen als der Bevölkerungsdurchschnitt. Die Väter von Singles waren seltener als Arbeiter und „kleine" Selbständige, dagegen häufiger als mittlere Angestellte und Beamte sowie in gehobenen Dienstleistungsberufen tätig als die Väter gleichaltriger nicht Alleinlebender. (kum. Allbus 1980–1990)[23]

Die empirische Sozialforschung stützt sich bei Herkunftsdaten in der Regel auf die Berufe der Väter. Aber erstens ist die (Aus-)Bildung der Eltern für die Übermittlung vieler Fertigkeiten und Einstellungen mindestens so wichtig wie die Berufstätigkeit und zweitens sind es die Mütter, die wesentliche Erziehungsleistungen vollbringen: Wie die folgende Tabelle zeigt, verfügen die Mütter und Väter von Singles häufiger über mittlere und höhere Schulabschlüsse als die Eltern der (gleichaltrigen) nicht Alleinlebenden.

Insgesamt sind die Eltern von Singles also höher gebildet, beruflich höher gestellt und eher im Dienstleistungssektor tätig (gewesen) als die Eltern von gleichaltrigen Nicht-Singles.

Tabelle 9: Allgemeine Schulabschlüsse der Mütter und Väter von Singles und Nicht-Singles

	Mütter von Nicht-Singles (25–55 Jahre alt)	Mütter von Singles	Väter von Nicht-Singles (25–55 Jahre alt)	Väter von Singles
keinen dieser Abschlüsse	35,6	33,1	5,2	7,6
Volks-, Hauptschule	51,6	50,0	71,8	61,0
mittlere Reife	9,4	11,4	11,1	15,5
Abitur, (Fach-) Hochschulreife	3,2	5,4	11,9	16,0

Quelle: kum. Allbus 1980–1990[24]

Weibliche Singles unterscheiden sich, was die Bildung und die Berufstätigkeit der Mütter angeht, sehr viel deutlicher von (gleichaltrigen) weiblichen Nicht-Singles als männliche Singles von (gleichaltrigen) männlichen Nicht-Singles. Die Mütter von weiblichen Singles haben auffällig häufig eine höhere Bildung und sind berufstätig (gewesen). Vermutlich waren es nicht zuletzt die über die Familie hinausreichenden Erfahrungen der Mütter, die Töchter zu ihrer Lebensform und -weise als Singles motivierten.

Auf- und Abstieg

Wer aus einem überdurchschnittlich hoch gestelltem Elternhaus kommt, hat – statistisch gesehen – eher die Chance ab- als aufzusteigen. Gleichwohl ist der Eindruck verbreitet, daß es sich bei Singles mehrheitlich um Aufsteiger handelt, daß viele nicht zuletzt zum Zwecke des Aufstiegs als Singles leben.

Auf Aufstiegs*motive* soll später eingegangen werden. Die schieren Daten besagen, daß Singles, verglichen mit nicht Alleinlebenden gleichen Alters, etwas häufiger Aufsteiger im Vergleich zu ihren Eltern sind (vertikale Inter-Generationen-Mobilität). Dies gilt für den Bildungsaufstieg mehr als für den Berufsaufstieg und für den Aufstieg von weiblichen Singles mehr als für den Aufstieg der Singles-Männer. So hat jeder 7. Single, aber nur jeder 10. gleichaltrige Nicht-Single einen um drei Stufen höheren Bildungsabschluß als der eigene Vater aufzuweisen. Männliche Singles haben besonders häufig den gleichen beruflichen Rang wie ihre Väter und seltener höhere Berufspositionen als die Väter. Die weiblichen Singles hingegen können häufiger als gleichaltrige weibliche Nicht-Singles auf eine Berufsposition verweisen, die um wenigstens zwei Stufen höher ist als die ihres Vaters. (kum. Allbus 1980–1990)

Es gibt empirische Hinweise dafür, daß nicht wenige Singles schon Bildungs- und Berufsaufsteiger in der zweiten Generation sind. (agis 1991) Nachdem ihre Eltern die Aufstiegsmöglichkeiten in der Wiederaufbauphase nach dem Zweiten Weltkrieg genutzt hatten, ergreifen sie die Möglichkeiten der Bildungsexpansion und der Ausweitung von Dienstleistungstätigkeiten im Übergang Deutschlands zur Dienstleistungsgesellschaft.

Die Gründe für diese teilweise überdurchschnittlichen Aufstiege liegen zum einen in der Lebensform der Singles selbst. Dies gilt insbesondere für weibliche Singles. So haben Frauen ohne Kinder zwar etwas schlechtere Berufschancen als Männer ohne Kinder und mit Abstand schlechtere Chancen als Männer mit Kindern, aber sie haben deutlich bessere Karrierechancen als Frauen mit Kindern. (Tölke 1993) Angesichts der recht guten Qualifikation vieler Single-Frauen ergeben sich so keine geringen Aufstiegschancen. Zum andern richten weibliche wie männliche Singles ihre Berufsziele mehrheitlich auf die aussichtsreichen neuen technischen und insbesondere auf die Dienstleistungsberufe und können daher relativ häufig Aufstiege verbuchen.

Partnerschaften

Als „Singles" werden in dieser Veröffentlichung alle Alleinlebenden im Alter von 25 bis unter 55 Jahren aufgefaßt, einerlei ob sie feste Partner haben oder nicht. Denn für viele Fragestellungen ist es unerheblich, ob Singles fest liiert sind. Zudem läßt es sich nicht genau ermitteln, wie viele Singles „Partner" haben. (vgl. 3.2) Trotzdem sind, unter anderem um die Kontakte von Singles und die für sie erwartbaren Hilfestellungen einschätzen zu können, Anhaltspunkte über die Häufigkeit fester Partnerschaften hilfreich, selbst dann, wenn sie vage sein sollten.

Die Spannweite der Befragungsergebnisse erstreckt sich von einem gutem Drittel[25] der Singles, die angeben, einen „festen Partner" bzw. eine „feste Partnerin" zu haben, über ein Viertel[26] und ein Fünftel[27] bis hin zu einem Sechstel[28]. Qualitative intensive Interviews fördern durchweg höhere Anteile an Singles mit Partnern zutage als die eben zitierten quantitativen Studien mit ihren vergleichsweise groben kurzen Fragen. Qualitative Intensivstudien kommen zum Ergebnis, daß etwa die Hälfte aller Singles in fester Partnerschaft lebt.[29] – Längst nicht jeder „Single" ist also wirklich allein.

Diese Partnerschaften dauern jedoch nicht allzu lange. Zwei Drittel der Singles geben an, mit ihrem Partner nicht länger als zwei Jahre zusammenzusein. Vier Fünftel haben ihren festen Partner nicht länger als fünf Jahre. Dies spricht dafür, daß „Living Apart Together" hierzulande (noch?) eine eher instabile Beziehungsform ist. Entweder man lebt als Single allein und ist dabei unter Umständen mit einem Partner liiert, den man noch nicht allzulange kennt, oder aber man zieht bei länger andauernder Partnerschaft zusammen, sehr oft unverheiratet.

Was diese Fakten andeuten, bestätigen die nachfolgenden Untersuchungen der Motive von Singles: Vieles spricht dafür, daß auch Singles den Wunsch nach Partnerschaft, Geborgenheit und Vertrautheit haben, oft zugleich mit dem Wunsch nach Autonomie und Selbstverwirklichung. Aber insbesondere bei weiblichen Singles liegt die Meßlatte oft hoch. Sie gehen dann relativ wenige Kompromisse ein. Das erschwert Beziehungen.

Sexualität

Die relativ kurze Dauer der Partnerschaften von Singles legt die Frage nach dem sexuellen Verhalten nahe. Vor dem Hintergrund von HIV-Infektionen und AIDS gewinnt diese Frage an Brisanz. Inwieweit stimmen verbreitete Meinungen, die Singles entweder häufig wechselnden Geschlechtsverkehr und ständige Suche nach neuen sexuellen Erfahrungen nachsagen, oder aber Impotenz, Kälte, sexuelle Abartigkeit? Treffen Eindrücke zu, denen zufolge weibliche Singles nur im Rahmen einer festen Partnerschaft oder wenigstens auf der Grundlage einer emotionalen und vertrauten Beziehung an Sexualität interessiert, männliche Singles dagegen auch für „Gelegenheitssex" aufgeschlossen sind? (Krüger 1990, S. 157, 161; Bachmann 1992, S. 224)

Die sexuelle Grundorientierung der Singles im Alter von 30 bis 40 Jahren *ohne Partner* geht aus der folgenden Abbildung hervor:

Abbildung 6: Sexuelle Grundorientierung von 30- bis 40jährigen Singles

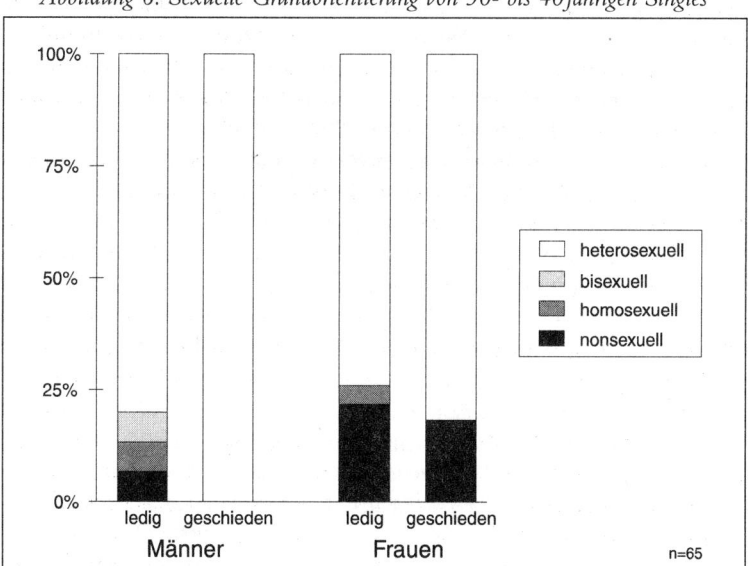

Quelle: Bachmann 1992, S. 225

Was die Intensität der Einstellung zur Sexualität betrifft, so hat die gleiche qualitative Befragung (Bachmann 1992, S. 224 ff.) ergeben, daß
- etwa 40% der weiblichen ledigen Singles i.e.S. ein Leben ohne Sexualität für sehr unbefriedigend halten,
- weitere 40% sexuelle Erfahrungen als eher unwichtig einstufen,
- eine Minderheit von ca. 20% an Sexualität überhaupt nicht interessiert ist.

Das Bild vom „sexbetonten" alleinlebenden Mann trifft ein Stück weit auf die geschiedenen, aber nicht auf die ledigen Singles i.e.S. zu. Nur 28% der männlichen ledigen Singles i.e.S. ist Sexualität so wichtig, daß sie ein Leben ohne Sexualität für sehr unbefriedigend halten. Die Mehrheit von ihnen ist sexuellen Kontakten zwar nicht abgeneigt, sie weist ihnen jedoch keinen zentralen Stellenwert zu.

Nach diesen Einstellungen erstaunt es nicht, daß „anonyme", gelegentliche Sexualkontakte für Singles nicht typisch sind. (Bachmann 1992, S. 226) Sexualität im Rahmen von Partnerschaften, die in aller Regel „sexuelle Treue" einschließen, dominiert bei weitem. (Weber/Gaedemann 1980; Bachmann 1992, S. 227) Dem entsprechen auch Zahl und Häufigkeit von Sexualkontakten, die geringer sind, als man sie häufig von Alleinlebenden erwartet: 35% der Singles geben zwei oder mehr Sexualpartner pro Jahr an.[30] Mehr als die Hälfte der befragten Singles berichtete von maximal sechs Intimpartnern in den letzten fünf Jahren. (Weber und Gaedemann 1980, S. 71) Hierbei stehen bei ledigen und geschiedenen Männern instrumentellere Einstellungen, bei ledigen Frauen Emotionalität im Vordergrund. Geschiedene Frauen unterhalten auffällig häufig eine sexuelle Beziehung zu einem verheirateten Mann. Gerade dessen anderweitige Bindung gilt ihnen als „zweckmäßig" zur Aufrechterhaltung ihrer Eigenständigkeit. (Bachmann 1992, S. 228)

Angesichts der verbreiteten öffentlichen Einschätzung ist das Verhalten von Singles im Hinblick auf AIDS-Risiken von besonderem Interesse. Unsere Teilauswertung der Studien „AIDS im öffentlichen Bewußtsein der BRD"[31], die 1987–1990 von der Bundeszentrale für gesundheitliche Aufklärung in Auftrag gegeben wurden, ergab keine spektakulären Ergebnisse:

Zunächst zum Sexualverhalten: Viel mehr Alleinlebende (47%) als gleichaltrige andere (14%) halten es erwartungsgemäß für möglich, in den nächsten Monaten eine Person kennenzulernen, mit der sie sexuell intim werden könnten. Deutlich weniger Alleinlebende (67%) als andere (90,0%) sind im letzten Jahr sexuell intim gewesen. Mehr als einen Sexualpartner im letzten Jahr hatten 25,3% der Singles und nur 4,7% der Zusammenlebenden.

Dann zur AIDS-Prophylaxe: Doppelt soviele Singles wie Nicht-Singles, aber auch nur 10% der Singles, hatten sich über AIDS beraten lassen. Ihren Kenntnisstand zu AIDS und zum AIDS-Schutz schätzen die Singles nicht besser ein als andere. Gemessen an einer Testfrage („Kann jemand andere eigentlich mit AIDS anstecken, wenn diese Krankheit bei ihm noch nicht ausgebrochen ist, oder ist das nicht möglich?"), wissen Singles aber etwas besser Bescheid: Drei Viertel von ihnen bejahten die Frage, sieben Zehntel der Nicht-Singles. Einen AIDS-Test selbst gemacht hatten in der zweiten Hälfte der 80er Jahre aber nur unwesentlich mehr Singles (11,1%) als diejenigen, die mit anderen zusammenleben (8,9%).

Netzwerke

Wieviele Bekannte und Verwandte Singles haben und welche Aufgaben diese erfüllen, ist sowohl für Singles als auch für die Gesellschaft von ausschlaggebender Bedeutung. Alleinlebende sind auf Beziehungsnetze angewiesen, bei alltäglichen Gesprächen und kleinen Hilfeleistungen, erst recht in Notfällen.

Wie viele Bekannte haben Singles?

Alle Untersuchungen stimmen darin überein, daß Singles in der Regel nicht isoliert leben, sondern im Gegenteil relativ große „Netzwerke" unterhalten. Dies trifft besonders für jüngere Singles und für Singles mit Partnern zu. Westdeutsche Singles mit Partnern haben im Durchschnitt ein Kontaktnetz von 7,4 Personen. Singles ohne Partner haben durchschnittlich Beziehungsnetze von 5,8 Personen. Das sind fast so große Netzwerke wie die von Ehepaaren (6,9 Personen) und von Befragten in nichtehelicher Partnerschaft (7,1). (Schlemmer 1994, S. 79) Der Personenkreis, zu dem „enge gefühlsmäßige Bindungen bestehen", woher also Hilfeleistungen der verschiedensten Art zu erwarten sind, ist bei Singles sogar etwa 2–3 mal so groß wie bei Personen, die in Mehrpersonenhaushalten leben. (Bien 1990, zit. n. Schneider 1994, S. 119; vgl. Diewald 1990 und Keupp 1987) Nach den gegenwärtig verfügbaren Daten haben ältere Alleinlebende weniger Bekannte als Singles im jüngeren und mittleren Alter. (Bertram 1993a, 1993b) Dies kann zweierlei bedeuten: Entweder nimmt auch in Zukunft die Zahl der Bekannten von Singles mit deren Alter ab. Demnach wäre das Abbröckeln der Netzwerke von Singles ein Alterseffekt. Vor allem Singles ohne Kinder könnte dadurch im Alter Isolation drohen. Oder: Die jüngere Generation von Singles hat heute mehr Bekannte als Alleinlebende früherer Generationen und ist mehr darauf bedacht, diese Netzwerke zu erhalten. Demzufolge wäre die heute festzustellende Erosion der Netzwerke mit wachsendem Alter von Singles ein Generationeneffekt, der sich in der nächsten Generation verlieren wird. Welche der beiden Interpretationen zutrifft, ist derzeit mangels geeigneter Längsschnittuntersuchungen nicht empirisch zu klären.

Wer sind die Bekannten von Singles?

In den Bekanntschaftsnetzen von Singles nehmen erwartungsgemäß die selbst hergestellten und selbst aufrechterhaltenen Beziehungen einen wesentlich größeren Anteil ein als unter den Bekannten von gleichaltrigen Nicht-Singles. (Mächler 1993, S. 97 ff.)

Ist dieser empirische Befund nicht allzu überraschend, so war schon weniger zu erwarten, daß sich Singles von ihrer Herkunftsfamilie keineswegs weiter gelöst haben als Verheiratete, sei es mit oder ohne Familie. Singles weisen sogar einen engeren Bezug zu ihren Eltern als Verheiratete auf. Dies zeigt sich sowohl im Hinblick auf „objektiv" feststellbare Kontaktaufnahmen[32] als auch hinsichtlich „subjektiver" Einschätzungen, wer „zur Familie gezählt" wird. (Mächler 1993, S. 93)

Verwandtschaftsbeziehungen und Nachbarschaftsbeziehungen nehmen bei Singles dagegen einen deutlich geringeren Umfang ein als bei nicht Alleinlebenden. So unterhalten sich mit Nachbarn mehrmals in der Woche nur ein gutes Drittel (36%) der Singles, aber mehr als die Hälfte (53,3%) der gleichaltrigen Bevölkerung. (agis 1991)

Die Dominanz der selbst hergestellten und gepflegten Bekanntschaften bestätigt der Blick auf die folgenden „Gesellungsstile"[33] von Singles im Vergleich zu Nicht-Singles:

Abbildung 7: „Gesellungsstile" von Singles und Nicht-Singles

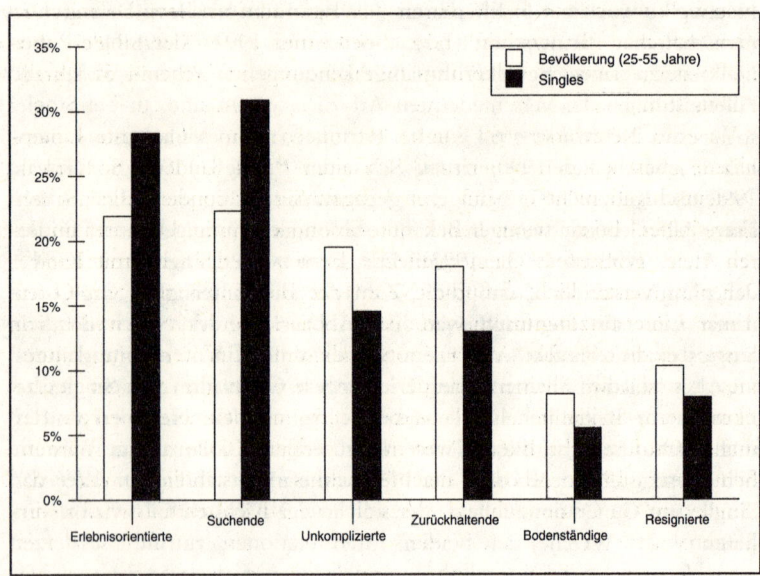

Quelle: agis 1991

Wegen des hohen Anteils, den selbst hergestellte Beziehungen in ihren Kontaktnetzen haben, sind Singles gezwungen, regelrechte Bekanntschaftsstrategien zu entwickeln und eine „Bekanntschaftskultur" aufzubauen. (Jaeggi 1992) Singles müssen stets „Arbeit" in ihre Beziehungen investieren. Sie tun gut daran, ihre Bedürfnisse und Interessen dabei auf mehrere Menschen zu verteilen. Dies kann man wegen der Zweckhaftigkeit dieser Bemühungen und aufgrund der Instrumentalisierung von Mitmenschen verurteilen. Es fällt jedoch auf, daß Singles es lernen, Freundschaften zu pflegen, wenn sie es gelernt haben, allein zurecht zu kommen. Dies haben sie vielen Nicht-Singles voraus.

Welche Aufgaben erfüllen die Bekannten und Netzwerke?

Singles verbringen die alltägliche Freizeit und führen Gespräche besonders häufig mit selbstgewählten Bekannten. Diese erledigen auch die kleineren alltäglichen Hilfsdienste. Bei gravierenden Problemen dagegen, etwa bei längerer Krankheit, oder bei größeren finanziellen Problemen, greifen auch Singles auf Verwandtschaftsnetze und Eltern zurück. „So scheinen für ‚Ernstfälle' des Lebens, für Notlagen, in denen – meist langfristige – konkrete materielle Hilfe gebraucht wird, Verwandte eine fast unersetzliche Ressource zu sein." (Mächler 1993, S. 100)

Singles messen jedoch Bekannten mehr Bedeutung bei als Verwandten. Offenbar entspringt diese Gewichtung eher den alltäglichen Kommunikationswünschen und Bedürfnissen, und weniger eventuellen Notfällen: Freunde und Bekannte hielten im Jahre 1992 63,8% der Singles für „wichtig", jedoch nur 53,4% der gleichaltrigen übrigen Bevölkerung. Die Verwandtschaft als „wichtig" bezeichneten nur 21,9% der Singles, aber 29,4% der übrigen Bevölkerung im Alter zwischen 25 und 55 Jahren. (Allbus 1992)

Was die Netzwerke von Singles betrifft, so gibt es markante Unterschiede zwischen den neuen und den alten Bundesländern. So sind in Ostdeutschland nicht die jüngeren ledigen Singles sondern die „Scheidungssingles" im mittleren Lebensalter besonders häufig. Darunter finden sich viele, großenteils alleinerziehende Frauen als „Singles mit Kind". Daher ist verständlich, daß die Netzwerke dieser „Singles" im Osten primär Unterstützungsfunktionen haben. Dies zeigt sich auch deutlich daran, daß die „Singles", die am notwendigsten auf Unterstützung angewiesen sind, die Alleinerziehenden nämlich, auch die größten Netze rekrutieren. Schließlich spielt die Familie in den Netzwerken der Singles Ostdeutschlands eine wesentlich größere Rolle als im Westen. (Schlemmer 1994) All dies macht nochmals verständlich, wieso das „Singletum" in Ostdeutschland wesentlich negativer beurteilt wird als im Westen.

Unterschiede nach dem Geschlecht

An vielen Stellen der bisherigen Darstellung wurde auf Unterschiede zwischen den Lebensbedingungen und Lebensformen von weiblichen und männlichen Singles hingewiesen. Überblick man die bisherige Darstellung, so fällt aber auf, daß diese geschlechtsspezifischen Unterschiede in vieler Hinsicht geringer sind als die Unterschiede zwischen Singles und gleichaltrigen Nicht-Singles. Dies liegt zum einen daran, daß sich weibliche Singles von weiblichen Nicht-Singles krass unterscheiden: in der Herkunft, in der Bildung, in der Erwerbstätigkeit und der Arbeitszeit, im Berufsstatus, in ihren Bekanntenkreisen u. v. a. m.

Zum andern rühren die vergleichsweise geringen Unterschiede zwischen männlichen und weiblichen Singles daher, daß sich weibliche Singles dem „männlichen Normalmodell" in einem erheblichem Maße angeglichen haben. „Es sieht ganz danach aus, als müßten sich Männer weniger rigide von anderen abgrenzen, um ihre beruflichen und privaten Interessen durchzusetzen." (Soltau 1993, S. 44; vgl. Mächler 1993, S. 70 ff.; Krüger 1993)

Lebensweisen

Als „Lebensweisen" werden (vgl. Kap. 2) die typischen Denk- und Verhaltensmuster von Menschen bezeichnet. In fortgeschrittenen, das heißt wohlhabenden, wohlfahrtsstaatlich abgesicherten und gebildeten Industriegesellschaften kommt den Lebensweisen der Menschen immer größere Bedeutung zu. Aufgrund gewachsener Wahlmöglichkeiten stellen die typischen Denk- und Verhaltensstile der Gesellschaftsmitglieder immer weniger eine zwangsläufige Reaktion auf äußere Gegebenheiten (Herkunft, Beruf, Einkommen, Wohnumgebung, etc.) dar. Sie werden mehr und mehr gewählt. Diese Lebensweisen und -stile geraten ihrerseits zu immer wichtigeren Bestimmungsgründen alltäglicher praktischer Verhaltensweisen, wie z. B. des Wahlverhaltens, des Konsumverhaltens, des beruflichen Verhaltens usw.

Dementsprechend kommen im folgenden zunächst die eher grundsätzlichen, das heißt verhaltenserklärenden Lebensweisen zur Darstellung. Danach folgen die konkreteren Ausformungen des Alltagsverhaltens und -denkens von Singles.

Trotz gestiegener Wahlfreiheiten, individuelle Formen des Denkens und Handelns auszubilden, stehen die zuvor dargestellten äußeren Lebens*bedingungen* und zwischenmenschlichen Lebens*formen* von Singles keinesfalls beziehungslos neben deren Lebens*weisen*. Einerseits ziehen nämlich bestimmte Lebensbedingungen und -formen bestimmte Denk- und Verhaltensweisen nach sich. So schlägt sich der Beruf eines Computerfachmanns und eventuell auch sein Leben in einer „Computersubkultur" auch in seiner Mentalität nieder. Andererseits können bestimmte Motive und Lebensweisen von Menschen als „Ursachen" dafür gelten, daß diese Personen früher oder später in gewisse Lebensbedingungen und -formen geraten. Wer z. B. besonderen Wert auf seine Unabhängigkeit legt, wird nicht selten zum Single werden. Lebensbedingungen und Lebensformen werden somit nur dann voll verständlich, wenn auch die Lebensweisen von Menschen bekannt sind.

Motive der Lebensführung

Zunächst soll auf die Frage eingegangen werden, wieso Singles allein leben. Damit wird zugleich nach dem Selbstverständnis, nach dem Grade der Freiwilligkeit und danach gefragt, ob Singles im Bewußtsein leben, „abweichende" von „normalen" Lebensentwürfen zu verfolgen, und wenn ja, wie sie dazu stehen.

Zunächst ist festzustellen, daß Singles aus sehr unterschiedlichen Motiven heraus allein leben. Es macht also im Hinblick auf die Motive der Lebensführung wenig Sinn, von „den" Singles zu sprechen. Sodann muß vorausgeschickt werden, daß die wenigsten Singles von vornherein vorhatten, als Singles zu leben. Vielmehr bilden sich Motive zum Alleinleben nach sehr unterschiedlich verlaufenen Erfahrungen, biographischen Prozessen und Lebensphasen heraus. Schließlich plant nur eine Minderheit von Singles ihren Lebensentwurf für immer. Die meisten lassen das Ende offen.

Im folgenden wird eine Auswahl der sozialwissenschaftlich herausgearbeiteten Motivationstypologien von Singles wiedergegeben. Die Typologien kommen vor allem deswegen zu heterogenen Ergebnissen, weil sie auf verschiedenen Ebenen angesiedelt sind und ganz unterschiedliche Zielrichtungen verfolgen. Sie widersprechen sich deshalb nicht notwendigerweise, sondern zeigen, wie unterschiedlich und zugleich vielschichtig die Motive sind, die dazu führen, daß Singles als Singles leben.

Eva Jaeggi (1992) unterscheidet „*Die Vorsichtigen*", „*Die Hoffenden*" und „*Die Zufriedenen*":
Die *Vorsichtigen* haben schon eine, oft langjährige Partnerschaft hinter sich und sind nach dem Trennungsschmerz bereit, Vor- und Nachteile des Zusammenlebens mit Anderen abzuwägen und drängen nicht unter allen Umständen in eine neue Partnerschaft. Vielmehr überlassen sie es dem Zufall, ob sich etwas ergibt oder nicht. Die Vorsichtigen haben sich vom traditionellen „Ehe-"Dasein befreit und sind sich der Eigenverantwortlichkeit für sich selbst bewußt. Sie kommen gut mit sich allein zurecht. (S. 228 f.)

Die *Hoffenden* zeichnen sich dadurch aus, daß sie meist nur kurze oder gar keine Partnerschaften hinter sich haben, und im allgemeinen eine positive Einstellung gegenüber ihrer Lebensform zeigen. Ihr gegenwärtiges Leben ist gut organisiert, sie sind nicht unbedingt unzufrieden, hoffen jedoch auf eine zukünftige Partnerschaft. (S. 229)

Die *Zufriedenen* stellen die am ehesten typischen Singles dar. Sie haben ihre Lebensform bewußt gewählt, haben nie eine Partnerschaft kennengelernt und bedauern dies auch nicht. Sie sind mit sich selbst beschäftigt, so daß sie gar keine Partnerschaft anstreben. (S. 229f.)

Heide Soltau (1993) unterscheidet sechs Arten von Singles:
– Die Experimentierfreudigen
– Die Autonomisten
– Die Aussteigerinnen
– Die Unzufriedenen
– Die Suchenden
– Die Abgeklärten

Die *Experimentierfreudigen* sind zwischen Anfang 20 und Anfang 30, unverheiratet und wollen es vorerst auch bleiben. Eine feste Freundin/festen Freund können sie sich jedoch vorstellen. Sie verstehen ihr Alleinleben als Phase, wollen erst einmal selbstbestimmt und unabhängig leben, offen und flexibel bleiben, sich selbst erfahren und ausprobieren. Sie sind in einer Aufbruchstimmung, sagen sich, daß sie „noch nicht fertig sind". Auch die Experimentierfreudigen kennen Stimmungstiefs, diese sind jedoch kein Grund für sie, die eigene Wohnung aufzugeben. (S. 26ff.)

Die *Autonomisten* sind zwischen Anfang 30 und Ende 40. Sie leben aus Überzeugung allein, haben oft schlechte Erfahrungen mit Ehe/Partnerschaft gemacht, würden trotzdem aber auch Neues wagen. Für viele Autonomisten nimmt die Arbeit einen wichtigen Stellenwert ein, oft sind sie beruflich sehr erfolgreich, zwar häufig „Privilegierte", aber keine ausgesprochenen Karrieretypen. Gerade Frauen, die ihrer typischen Rolle entfliehen, sich ganz auf sich, Arbeit, Hobbies konzentrieren wollen, finden sich unter den Autonomisten. (S. 36ff.)

Bei den *Aussteigerinnen* handelt es sich um Frauen, die Mann, „Kind und Kegel" zurücklassen, um ein neues Leben zu beginnen. Bisher haben sie eher bieder und „normal" gelebt. Nun lassen sie alles hinter sich, oft ohne finanzielle Absicherung oder neue Liebe. Sie genießen die neue Phase ihres Lebens und sind zufrieden, selbstkritisch, aber zufrieden. (S. 49ff.)

Bei den *Unzufriedenen* beherrscht trotz schlechter Ehe/Partnerschaftserfahrungen die Suche nach dem idealen Lebenspartner große Teile des Denkens und Tuns. Sie wollen nicht alleine wohnen oder sich etwa mit ihrem Single-Leben auseinandersetzen. Trotz gelegentlicher Aktivitäten spüren sie eine innere Leere, die Unstrukturiertheit ihres Lebens und warten darauf, daß sich etwas ändert. (S. 61 ff.)

Das Alleinleben der *Suchenden* war meist nicht angestrebt, sie sehen es jedoch als Übergangsphase an, als Chance für die eigene Entwicklung, als Selbsterfahrung. Sie haben oft Partnerschaften hinter sich, haben aber nie aufgehört, beruflich oder privat Neues auszuprobieren. Für viele ist der Job sehr wichtig, trotzdem führen sie oft kein Leben in geregelten Bahnen und sind nicht völlig überzeugt vom Alleinleben. (S. 71 ff.)

Die *Abgeklärten*, meist im Alter zwischen 40 und Anfang 60, hatten vorher schon Erfahrungen mit dem Partnerschafts- oder Familienleben; es war ursprünglich eine andere Lebensplanung vorhanden. Jetzt möchten sie ihre Lebensform, ihre Selbständigkeit nicht mehr aufgeben. Sie stehen zu ihrem Alleinleben, können sich mit sich selbst auseinandersetzen, mit sich alleine sein. Der Beruf und andere Aktivitäten sind für sie sehr wichtig. (S. 82 ff.)

Für *Sybille Weber* und *Claus Gaedemann* (1980) kristallisieren sich vier Typen von Singles heraus: „Egoistische Singles", „Defensive Singles", „Distanzierte Singles" und „Offensive Singles".

Egoistische Singles sind auf sich selbst zentriert, sie nutzen die Liebe aus, um andere zu beherrschen, erwarten von ihrem Partner, daß er sich „bedingungslos anpaßt und unterordnet". Sie wollen andere auf sich verpflichten, ausnützen, kontrollieren, haben kein eigenes Selbstwertgefühl aufgebaut und benutzen den Partner, um sich selbst zu ergänzen. Prototyp: „Swinging Single". (S. 35 ff.)

Defensive Singles haben sich oft in einer zurückliegenden Beziehung von anderen leiten lassen, haben selten eigene Entscheidungen getroffen. Das Single-Leben stellt für sie einen Reifungsprozeß dar, die Chance „Autonomie, Übernahme von Verantwortung und Aktivität" für sich zu entdecken. (S. 43)

Distanzierte Singles haben offenbar keine Probleme mit ihrem Alleinsein, bewältigen Einsamkeit, Ängste, Trauer spielend. So scheint es zumindest. In Wirklichkeit verdrängen sie diese Gefühle lediglich, können sich und ihre Identität nicht finden, haben die Suche eigentlich schon aufgegeben. Oftmals haben sie schon schlechte Erfahrungen mit Partnerschaften gemacht. (S. 43 f.)

Offensive Singles leben ihre Gefühle und Ängste aus, versuchen, ihre erkannten „schlechten Seiten" zu ändern und gestalten ihr Leben bewußt. (S. 46)

Ronald Bachmann (1992) hält drei Motivationstypen auseinander: *Lonely Singlehood*, *Creative Singlehood* und *Ambivalent Singlehood*.

Die *Lonely Singles* zeichnen sich durch ihre völlige Unzufriedenheit mit ihrer jetzigen Partnerlosigkeit aus. Ihr Ziel ist die möglichst schnelle Überwindung dieser Lebensform, die für sie keine Alternative zu Ehe oder Partnerschaft darstellt. Sie lehnen ihren Zustand ab, fühlen sich sozial desintegriert und einsam, haben Lebensbewältigungsprobleme. Sie sehen ihre Lebensform als defizitär an, streben nach einer „normalen", „richtigen" Lebensform mit Ehe und Kindern. Sie bilden eine Minderheit unter den Singles. Es zeigen sich große Unterschiede zwischen (ledigen oder geschiedenen) Männern und Frauen. Die am höchsten von der Lonely Singelhood betroffene Gruppe stellen die geschiedenen Männer dar, mit Abstand gefolgt von den geschiedenen Frauen. Am wenigsten davon betroffen sind die ledigen Männer (S. 195 ff.)

Creative Singles sind „in einem emotionalen, sexuellen und ökonomischen Sinne nicht exklusiv auf eine andere Person hin orientiert und ohne ständige Suche nach einer partnerschaftlichen Bindung". (S. 191) Sie stehen ihrer Lebensform durchweg positiv gegenüber und können sich nicht vorstellen, ihre Unabhängigkeit einzutauschen gegen Einschränkungen durch einen Partner. Autonomie und persönliche Freiheit stellen den Mittelpunkt ihres Lebens dar. Aber auch diese „experimentierfreudigen, offensiven und selbstbewußten Alleinstehenden" (S. 191) sind in der Minderheit. Zuzuordnen zu dieser Gruppe sind besonders die geschiedenen Frauen, aber auch ledige Männer sind hier stark vertreten.

Zu den *Ambivalent Singles* rechnet Bachmann den größten Teil der Singles gemäß seiner Definition, der partnerlos Alleinlebenden im Alter zwischen 30 und 40 Jahren. Die Ambivalent Singles sehen die Vorteile und Attraktivität ihrer Lebensform (Eigenbestimmung, persönliche Freiheit), fühlen sich „nicht auf eine Bindung angewiesen, um eine glückliches und zufriedenes Leben realisieren zu können". (S. 204) Andererseits sehen sie ihre Lebensform als Übergangsphase, wollen nicht für immer auf eine Partnerschaft verzichten, wobei die manchmal hochgeschraubten Erwartungshaltungen gegenüber potentiellen „Kandidaten" eine gewisse Schwierigkeit erkennen lassen. Ambivalent Singles wären ohne weiteres (aber nach Überlegung) bereit, ihre Lebensform zu ändern.

Mit Blick auf Freunde und Bekannte entwickelte R. Bachmann (1992) eine weitere Motivations-Typologie von Singles: Er unterscheidet

- eine Mehrheit von unterstützungsorientierten Singles: Für sie sind Freunde als sozialer Rückhalt wichtig, jedoch nicht immer und zu jeder Zeit.
- gemeinschaftsorientierte Singles: Sie brauchen den engen Kontakt zu Freunden unbedingt.
- bindungsorientierte Singles: Sie richten das Augenmerk auf zukünftige Partner und legen nicht viel Wert auf andere Beziehungen. Und
- autonomiebetonte Singles: Ihnen geht Unabhängigkeit vor Freundschaften. Sozialkontakte entstehen allenfalls im Berufsleben.

Um diese Vielfalt von Beweggründen zu ordnen, erscheint es hilfreich, zwei Polaritäten aufzuzeigen:

Üblicherweise geht man davon aus, daß etwa die Hälfte der Singleexistenzen *„freiwillig"*, die andere Hälfte *„unfreiwillig"* zustande kommt. (Schreiber 1978; Höhler 1989; Schneider 1994, S. 120) Dies bedeutet jedoch nicht, daß eine Hälfte der Singles sich im Bewußtsein der Unfreiwilligkeit und Perspektivelosigkeit verzehrt und diesen Zustand so bald wie möglich beenden möchte. Dies bedeutet genauso wenig, daß die andere Hälfte der Singles einen freiwillig und bewußt praktizierten Individualismus lebt, den sie als Lebensperspektive verfolgt. Beide Extremhaltungen finden sich auch bei Singles nur bei einer Minderheit. Das erste Extrem der leidenden Unfreiwilligkeit trifft man noch am ehesten bei geschiedenen Männern und als Anpassungsreaktion bei gerade geschiedenen Frauen. Das zweite Extrem ist bei vielen ledig gebliebenen, akademisch gebildeten Männern und bei einigen geschiedenen Frauen zu finden, im Unterschied zu manchen Erwartungen dagegen ziemlich selten unter Frauen, auch dann wenn sie hochgebildet und berufsorientiert sind. „Die *Frauen* unter den Singles erweisen sich als weniger radikal in ihrem Freiheitsstreben als die ledigen Männer". (Bachmann 1992, S. 138)

Die große Mehrheit der Singles, auch der Singles i.e.S., weist Motive der Lebensführung zwischen diesen beiden Polen auf. „Die große Mehrheit (85%) aller Singles (i.e.S.; S. H.) möchte für die eigene Zukunft eine (erneute) Partnerbindung nicht ausschließen, – auch wenn teilweise mehr oder weniger große Vorbehalte gegen ihre konkrete Realisation bestehen." (Bachmann 1992, S. 139) Ausgeprägte, bewußte, freiwillige Individualisierungsbestrebungen weist nur eine Minderheit auf, die zwischen 15% (Bachmann 1992, S. 139) und einem Drittel (Mackensen/Meyer/Schulze 1988) aller Singles i.e.S. angesetzt wird.

Hierbei gilt es, biographische Prozesse bei jenen Singles zu beachten, die über längere Zeit alleinleben. Häufig ist nach einer anfänglichen Phase der Euphorie eine Ernüchterung oder aber nach der ersten Verzweiflung ein „Sich-Einrichten" zu beobachten. In beiden Fällen tritt eine Stabilisierung ein, in der immer mehr positive Erfahrungen berichtet werden, in der die Erfahrung einer positiven beruflichen Entwicklung gemacht wird, in der Chancen der individuellen Entwicklung gesehen und genutzt werden, in der – auch wenn meist das Ideal oder wenigstens die Möglichkeit der Partnerschaft offengehalten wird – die Ansprüche an Partner wachsen und die Kompromißbereitschaft sinkt. (Meyer/Schulze 1989, S. 83f.)

Die zweite Polarität, in der sich die Motive von Singles bewegen, ist die zwischen Rationalität und Emotionalität, zwischen Zweckdenken und Sehnsüchten. Auf der einen Seite sind es „harte" *Nutzenkalkulationen*, die Singles Singles werden lassen. Viele gut ausgebildete Frauen erkennen zum Beispiel, daß sie ihre beruflichen Pläne ohne „Familienbande" schneller realisieren können. Viele Singles schrecken davor zurück, in Partnerschaften und Familien ständige Kämpfe und „Zitterpartien" zwischen fraglosem Vertrauen und Zusammenhelfen einerseits und Tauschmentalität (Wenn ich das tue, dann mußt Du dieses tun...), wenn nicht Egoismus andererseits auszutragen. Da ziehen sie die Gewißheit vor, im Alleinleben die Früchte eigener Bemühungen auch selbst ernten zu können, auf niemanden angewiesen zu sein und auf niemandes Solidarität hoffen zu müssen. Auf der anderen Seite ist es ironischerweise die überaus „romantische" *Gemeinschaftssehnsucht*, das innere Verlangen nach bedingungslosem Zusammenstehen, das Singles an- und umtreibt und sie oft doch wieder allein läßt. Denn es ist für sie nicht zu verwirklichen, gerade nach längerem Alleinleben und gerade in den großstädtischen Milieus, in denen Singles häufig leben.

Im Unterschied zur vorhin skizzierten Polarität zwischen Unfreiwilligkeit und Freiwilligkeit bewegen sich viele Singles in der Regel nicht irgendwo in der Mitte zwischen Zweckrationalität und emotionaler Gemeinschaftssehnsucht, sondern tragen beide Pole in sich, und das sehr intensiv. Was bei denjenigen, die mit anderen leben, in ständigen Kompromissen gegenseitig relativiert wird, steht bei vielen Singles unvermittelt nebeneinander. Da beide Prinzipien, sowohl die Nutzenkalkulation als auch die Gemeinschaftssehnsucht, für sich im Grunde instabil und als Grundlage von Vergemeinschaftungen und Vergesellschaftungen nicht geeignet sind, sind auch Motivationen, die beide Prinzipien „pur" in sich tragen, nicht stabil. Sie stellen bestenfalls eine labile und immer wieder aufs neue austarierte „Balance des Glücks" (Meyer/Schulze 1989) dar.

Im Grunde läuft diese Motivationslage den in modernen Gesellschaften lange Zeit beobachteten institutionellen und personellen Ausdifferenzierungstendenzen entgegen: Singles tragen sowohl die rationale Rolle in sich, die herkömmlicherweise Männern angesonnen wird, als auch die „emotionale Frauenrolle".

Einen weiteren, damit eng verwandten, aber nicht identischen Zwiespalt leben viele Singles i.e.S. zwischen Autonomie und Gemeinschaft: Auf der einen Seite schätzen sie die erfahrenen persönlichen Freiheiten des Alleinlebens, auf der anderen Seite die Ideale von Liebe und Zweisamkeit; dazwischen tut sich der Graben der im Laufe der Zeit offenbar immer schwieriger werdenden Bindungsrealisation auf. Auch in dieser Hinsicht werden „Balancen des Glücks" gesucht, in denen individuelle Autonomieansprüche und partnerbezogene Nähebedürfnisse austariert sind. (Bachmann 1994)

Dieses Nebeneinander von Kalkulation und Emotion, von Autonomie- und Partnerschaftsbestrebungen äußert sich unter anderem darin, daß Singles sowohl im Beruf als auch im privaten Lebensbereich „Erfolg" haben wollen. Singles sind in aller Regel weder vorrangig beruflich noch vorrangig privat orientiert. Damit widersprechen ihre empirisch nachweislichen Motivationen manchen Vorurteilen: „Berufliche Karriere statt ‚neue Liebe' ist kein verbreitetes Konzept." (Bachmann 1994)

Einsamkeit? Unzufriedenheit?

Bestimmte Publikationen (z. B. das Nachrichtenmagazin Focus vom 6. 12. 1993) wollen wissen, daß Singles in aller Regel einsam und unzufrieden sind. Dies nehmen vor allem diejenigen an, die Ehe und Familie hochhalten. Andere, die der Meinung sind, daß Partnerschaft und Familie in unserer Gesellschaft überschätzt werden, feiern das Singledasein als befreiend und beglückend. (Jaeggi 1992)

Einsamkeit und Unzufriedenheit gehen nicht notwendigerweise Hand in Hand. Beginnen wir mit der *Einsamkeit.* Sie ist gerade unter Alleinlebenden ein mit persönlichen Wunsch- und gesellschaftlichen Wertvorstellungen schwer befrachtetes Thema. Aussagen von Singles zum Thema „Einsamkeit" sind „mit Vorsicht zu genießen". Gültige und zuverlässige empirische Befunde sind deshalb schwierig zu erlangen. Dennoch: Die verfügbaren Resultate stimmen darin überein, daß mehr Singles einsam sind als Nicht-Singles.

Jüngere Singles fühlen sich zwar kaum einsamer als Gleichaltrige in anderen Lebensformen. Aber in der Altersgruppe der 30–60 jährigen Alleinwohnenden fühlen sich 40% einsam, von den in Familie und Ehe lebenden Personen nur 11%.[34] Es sind offenkundig häufiger Frauen als Männer, die einsam sind (oder bereit sind, dies zuzugeben). Die Wochenenden stellen hierbei besondere Problemzeiten dar. Ein Viertel aller Männer unter den Singles, die Hälfte aller Frauen gibt an, besonders an Wochenenden einsam zu sein. (Weber/Gaedemann 1980, S. 137) Telefonieren, Lesen, Schlafen, hektische Betriebsamkeit gelten als Hausmittel gegen Einsamkeit. Aber andererseits fühlen sich große Teile der Singles alles andere als einsam. Die Streuung bis in die Extremwerte hinein ist also vergleichsweise groß.

Während Einsamkeit einen „subjektiven" (das heißt hier: vom Bewußtsein der Menschen abhängigen) Tatbestand darstellt, ist „Isolation" eine „objektive" Größe. Sie hängt von der Zahl der Bekannten ab und besagt wenig über Gefühle der Einsamkeit. Wie die o. a. Daten zu den Netzwerken von Singles schon zeigten, haben Alleinlebende im ganzen überdurchschnittlich viele Bekannte. Der Prozentsatz der Singles, die höchstens einen Bekannten nannten, die man also als weitgehend isoliert bezeichnen kann, liegt bei jüngeren Singles um ca. 12%, bei älteren etwa bei 30%, wenn Kinder vorhanden sind, bei 19%. Dies sind keineswegs besonders hohe Werte. Zum Vergleich: von den kinderlosen Verheirateten im Alter über 35 Jahren sind etwa 40% isoliert. (Mächler 1993, S. 106)

Es gibt eine Gruppe von „Singles", über deren Einsamkeit und Isolation wenig bekannt ist. Dazu zeichnet sie von sich selbst ein zu heroisches Bild: die Vielarbeiter, auch wenn sie mit anderen zusammenleben. Ihre Arbeitswut gerät oft zum Teufelskreis, weil die sozialen Kontakte vernachlässigt werden, worauf wiederum die Flucht in die Arbeit erfolgt. „Ehemänner, die damit prahlen, eine 70-Stunden-Woche zu haben, betrachte ich als Alleinstehende." (M. Zimmer, Frankfurter „Arbeitsstelle Alleinstehende" zit. n. Badische Neueste Nachrichten, 30. 4. 1994)

Kommen wir nun zur *Unzufriedenheit.* Sie wird oft mit Einsamkeit gleichgesetzt. Indessen kann sie, muß aber nicht die Folge von Einsamkeit und Isolation sein. Viele Unzufriedene finden sich – kaum erstaunlich – unter den Singles, die erst seit kurzem aus einer Partnerschaft ins Alleinleben getreten sind (Bachmann 1994) sowie unter jüngeren und älteren, finanziell schlecht gestellten Singles. (agis) Sie empfinden die Nachteile des Single-Daseins sehr intensiv: Es gibt niemanden, mit dem sie die alltäglichen Arbeiten, Verpflichtungen und Entscheidungen teilen können, niemand springt in Zeiten großer Arbeitsbelastung ein, bei keiner Entscheidung können sie sich auf Unterstützung verlassen. Besonders Männer, die zuvor nicht allein lebten und Hausarbeiten nur in geringem Umfang leisten mußten, sind aus diesem Grunde unzufrieden. Frauen, vor allem jene, die zuvor in Partnerschaften lebten, sind nach einer Anpassungszeit besonders häufig zufriedene Singles. Sie genießen nicht nur die Vorteile der Single-Existenz schlechthin: Zeitautonomie und freie Einteilung von Aufgaben, sie fühlen sich zudem von Hausarbeiten entlastet und können Hausarbeiten ggf. zugunsten anderer Tätigkeiten vernachlässigen. (Meyer/Schulze 1989, S. 91 f.)

Werthaltungen und Grundeinstellungen zu einzelnen Lebensbereichen

Unter „Werthaltungen" werden in den Sozialwissenschaften üblicherweise nicht „Grundwerte" wie Menschenwürde, Solidarität etc. verstanden sondern konkretere „Vorstellungen vom Wünschenswerten" (Kluckhohn 1962). Dies können Sollvorstellungen sein, die z.B. pflichtorientiertes Verhalten, Güterbesitz oder Möglichkeiten der Selbstverwirklichung als wünschenswert erscheinen lassen. Von diesen generellen *Werthaltungen* sind die gezielteren *Einstellungen* zu unterscheiden, die den Menschen z.B. im Hinblick auf die Familien, die Arbeit, Politik oder Freizeit ganz bestimmte Zustände als wünschenswert erscheinen lassen.

Als *„Wertewandel"* wird in den Sozialwissenschaften die Ablösung von materialistischen, Pflicht- und Ordnungswerten durch „postmaterialistische" Selbstverwirklichungs- und Kommunikationswerte, aber auch deren gegenseitige Ergänzung und Durchmischung verstanden.[35] Es geht also nur teilweise um einen Wandel, oft genug geht es um die Ausweitung und um die Entstehung ganz unterschiedlicher Kombinationen von Wertvorstellungen: Die Gesellschaftsmitglieder wollen nicht mehr nur Güter besitzen und Sekundärtugenden genügen, sie wollen auch ihre eigenen Vorstellungen realisieren, ihre Persönlichkeit weiterentwickeln und mit Mitmenschen auch jenseits von Funktionserfüllungen kommunizieren. Statt abstrakter Pflichterfüllung erstreben sie zunehmend Aufgabenerfüllung nach ihren eigenen Vorstellungen. Dieser – sehr mißverständlich so genannte – „Wertewandel" ist mittlerweile in seinen Ausmaßen, Grenzen und Auswirkungen ausgiebig erforscht. Obwohl er nicht jene umfassenden Ausmaße hat, wie weithin angenommen, sind weitreichende, kaum zu überschätzende Konsequenzen zu beobachten: im Arbeitsleben, in der Familienbildung, in politischen Einstellungen usw.

Als Gründe für diesen „Wertewandel" werden

– erstens die Wohlstandsentwicklung nach dem Zweiten Weltkrieg genannt, die für nachwachsende Generationen die Befriedigung von materiellen und Sicherheits-Bedürfnissen selbstverständlich erscheinen und so Bedürfnisse nach Entfaltung der eigenen Person in den Vordergrund treten ließ, (Inglehart 1977, 1989)
– zweitens ein historisches Zusammentreffen von Strukturwandlungen in Deutschland (gleichzeitig Bildungsexpansion, Geburtenrückgang, Wohlstandsexplosion etc.) verantwortlich gemacht, (Klages 1984)
– drittens auf Fehlentwicklungen der modernen Industriegesellschaft und dementsprechende Protesthaltungen der Menschen hingewiesen. (Raschke 1985).

Inwieweit diese konkurrierenden Ursachenvermutungen jeweils zutreffen, läßt sich nicht eindeutig empirisch nachweisen. Man wird jedoch nicht fehlgehen mit der Annahme, daß sie alle drei, abgestuft in ihrer Wirksamkeit gemäß der o.a. Reihenfolge, den „Wertewandel" herbeiführten.

Singles gelten – wie wir sehen werden, mit einigem Recht – als „Speerspitze" des Wertewandels. Alle Untersuchungen stimmen darin überein, daß Singles zu einem signifikant höheren Anteil „postmaterialistische" Werthaltungen als die Bevölkerung im ganzen und auch als die gleichaltrige Bevölkerung vertreten. Den *„Allbus"*-Umfragen der Jahre 1980 bis 1990 zufolge gelten 39,3% der Singles als „Postmaterialisten" und 15,5% als „Materialisten". Unter den gleichaltrigen nicht Alleinlebenden befanden sich dagegen nur 28,4% „Postmaterialisten" und 20,1% „Materialisten". Der *Familiensurvey* kam 1988 zum Ergebnis, daß 43% der Singles „Postmaterialisten" und nur 9% „Materialisten" sind. Der große Rest verteilt sich auf Mischtypen. Unter den gleichaltrigen Nicht-Singles fanden sich nur 30% Postmaterialisten und 11% Materialisten. Die höheren Postmaterialismuswerte der Untersuchung aus dem Jahre 1988 sind gut erklärbar: Der Anteil von „Postmaterialisten" und von (sehr unterschiedlichen) „Mischtypen" wächst in der Bevölkerung von Jahr zu Jahr. Da die Daten des Familiensurveys jünger sind als die meisten Allbus-Befragungen, erbringen sie höhere Werte.

Singles streben also, dies ist festzuhalten, wesentlich öfter nach persönlicher Selbstverwirklichung und Kommunikation und deutlich seltener nach Ordnung, Pflichterfüllung und Sicherheit als der Durchschnitt der gesamten wie auch der gleichaltrigen Bevölkerung. Trotz oder gerade wegen ihrer vorrangig „postmaterialistischen" Werthaltungen sind Singles jedoch nicht weniger als andere Gruppen an materiellen Gütern interessiert. Diese materiellen Werthaltungen bleiben jedoch üblicherweise verborgen. Viele Singles setzen Einkommen und Besitz als selbstverständlich voraus. Ihre materiellen Werte tauchen dann aus dem Latenten schnell ins Manifeste empor, wenn ihre Befriedigung gefährdet ist. Dies gilt für männliche Singles mehr als für weibliche. Unter männlichen Alleinlebenden im Alter von 25 bis 55 Jahren waren im Mittel der 80er Jahre volle 41,7% (1990: 48%) „Postmaterialisten" und nur 13,7% „Materialisten" anzutreffen. Weibliche Singles waren in den 80er Jahren nur zu 35,9% „Postmaterialistinnen" und zu 18,1% „Materialistinnen".[36] Allerdings sind auch Männer in der Gesamtbevölkerung bzw. in der gleichaltrigen Bevölkerung zu höheren Grade „Postmaterialisten" als Frauen.

Die Neigung zu „postmateriellen" Werthaltungen ist unter jüngeren Singles sehr viel größer, unter den älteren kaum größer als bei der übrigen gleichaltrigen Bevölkerung: Von den 25- bis 29jährigen Singles zählte in den 80er Jahren die Hälfte (50,8%) zu den „Postmaterialisten", von den gleichaltrigen Nicht-Singles nur 35,0%. Von den 30- bis 39jährigen Singles waren immerhin noch 45,2% „Postmaterialisten", von den gleichaltrigen Nicht-Singles nur 29,7%. Von den Singles im Alter von 40 bis einschließlich 54 Jahren rechnet man noch ganze 21,4% zu den „Postmaterialisten". Das waren kaum mehr als die 18,7% der „Postmaterialisten" unter den gleichaltrigen nicht Alleinlebenden.[37] Wir wissen, daß diese Unterschiede der Werthaltungen bis zu einem gewissen Grade tatsächlich eine Altersfrage sind. Jüngere Menschen sind stets etwas „postmaterialistischer" als ältere. Dieser altersbedingte Teil der betont „postmaterialistischen" Werthaltungen jüngerer Menschen verliert sich naturgemäß mit zunehmendem Alter. Andernteils sind die gezeigten Unterschiede der Werthaltungen verschiedener Altersgruppen aber auch eine Generationenfrage. Die „postmaterialistischen" Werte der Jüngeren entstanden durch das Aufwachsen im Wohlstand und in Sicherheit. Dieser Teil der postmaterialistischen Einstellungen der „Wohlstandskinder" bleibt wohl im Alter erhalten.

In der Öffentlichkeit steht der Begriff „Wertewandel" nicht selten für „Werteverfall", „Nihilismus" und anomische (normlose) Gewaltbereitschaft. Die sozialwissenschaftliche Analyse des „Wertewandels" kann dies nicht stützen. Weder sind die Begriffe „Postmaterialismus" und „Selbstverwirklichung" und deren Operationalisierungen überhaupt geeignet, den Verfall von Grundwerten und Anomie zu erfassen. Noch bestätigen die empirischen Resultate des „Wertewandels" diese pauschalen Deutungen: Wer „Selbstverwirklichung" für wünschenswert hält, kann durchaus „Werte", auch leistungsorientierte und sogar solidarische, bejahen und praktizieren. Inwieweit er das tut, ist eine empirische Frage, auf die in den folgenden Abschnitten eingegangen wird. Diejenigen in der öffentlichen Diskussion, die die unbestreitbaren und – wie wir sehen werden, fürs erste auch unabweislichen – Tendenzen des „Wertewandels" automatisch mit kulturkritischen Behauptungen vom „Werteverfall" in eins setzen, verbauen sich und ggf. auch anderen eine differenzierte Beurteilung sowie eine produktive, zukunftsweisende Nutzung des „Wertewandels". (vgl. Kap. 7)

Was die *konkreteren Einstellungen* betrifft, so bekunden Singles häufig einen ausgeprägten *Hedonismus*. Sie äußern, Spaß haben zu wollen, genießen zu wollen, im Hier und Jetzt leben zu wollen usw. So bejahten 63,8% von ihnen die Aussage: „Ich haben großes Verständnis für Leute, die nur tun, wozu sie gerade Lust haben." Von der gleichaltrigen Gesamtbevölkerung taten dies nur 58,4%.[38] Diese Haltung gilt eigentlich als typisches Einstellungsmuster von Jüngeren in der Lebensphase der „Postadoleszenz" (das sind vor allem Studierende). Ob die Singles, die ja größtenteils wesentlich älter sind, tatsächlich durchweg nach dem Lustprinzip leben, kann man angesichts des beruflichen Engagements und der sozialen „Beziehungsarbeit" vieler von ihnen bezweifeln. Vermutlich handelt es sich oft um die Suche nach einem Ausgleich der beruflichen Belastungen und um Fluchtwünsche aus dem Angewiesensein auf eigene berufliche Existenzsicherung. Man möchte vor sich selbst flexibel erscheinen und sich nicht auf das Joch der Erwerbsarbeit allein festlegen.

Ein ähnliches Bild ergeben differenziertere Analysen von „Mischtypen" zwischen Materialismus und Postmaterialismus. In einer Studie wird unterschieden zwischen „Konventionalisten", „Resignierten", „Realisten", „Hedonistischen Materialisten" und „Idealisten". (Gensicke 1994) Diese Untersuchung berücksichtigt nicht nur das Entweder-Oder und Zwischenstellungen zwischen Materialismus und „Postmaterialismus" sondern auch die besonderen Kombinationen der jeweils mehr oder minder stark ausgeprägten Wertedimensionen. So vertritt z. B. der „Realist" sowohl starke Selbstentfaltungs- wie auch betonte Pflicht- und Akzeptanzwerte. Eine Auswertung aus dem Jahre 1990[39] ergab, daß sich unter den „Idealisten" besonders viele und unter den „Konventionalisten" sehr wenige Singles befinden. Neuere Befunde aus dem Jahre 1993[40] deuten darauf hin, daß auch unter „Hedonistischen Materialisten" immer mehr Singles zu finden sind. „Idealisten" und „Hedonistische Materialisten" sind beide stark an Selbstverwirklichungswerten und wenig an Pflicht-

und Akzeptanzwerten orientiert. Bei „Idealisten", also vielen Singles, sind die Entfaltungswerte vor allem nach außen, auf Engagement und Kritik gerichtet, bei den „Hedonistischen Materialisten", also vielen jüngeren Singles, auf Konsum und das eigene Wohlergehen. „Konventionalisten", das sind Singles selten, halten viel von Pflicht und Akzeptanz, wenig von Selbstentfaltung.

Wer „postmaterialistischen" Werthaltungen anhängt, also traditionale Pflicht- und Ordnungswerte eher ablehnt, weist selten intensive *religiöse Einstellungen* auf. Dies zeigt sich auch am Beispiel der Singles: Mehr als die Hälfte von ihnen (und nur ein Drittel der übrigen gleichaltrigen Bevölkerung) hält Religion und Kirche eher für unwichtig. Singles gehen deutlich seltener in die Kirche als die übrige Bevölkerung im Alter zwischen 25 und 55 Jahren. Ein Drittel der Singles geht nie zur Kirche. Das sind doppelt so viele „Kirchenmuffel", als unter gleichaltrigen Nicht-Singles[41] bzw. unter Verheirateten[42] zu finden sind.

Zu ihrer auf Autonomie und Selbstverwirklichung ausgerichteten Werthaltung paßt, daß Singles – wie erwähnt – relativ selten der katholischen Kirche mit ihrem Anspruch hoher Amtsautorität angehören, dafür doppelt so oft konfessionslos sind (1988: 17%) wie gleichaltrige Verheiratete (8%).[43]

Zwei Drittel (63,9%) derer, die mit anderen in einem gemeinsamen Haushalt zusammenleben, waren in den 80er Jahren der Meinung, daß man eine *Familie* braucht, um Glück zu erfahren.[44] *Immerhin drei von zehn Singles (29,7%) sind der gleichen Auffassung.* Dies gibt uns einen weiteren Anhaltspunkt über die (Mindest-)Zahl der „unfreiwilligen" Singles. Vier von zehn Singles (42,5%) meinten, daß man ohne Familie genau so glücklich sein könne wie mit Familie. Das waren doppelt so viele (22,3%) wie unter den Nicht-Singles. *Und nicht einmal jeder 14. Single (6,9%) glaubte, daß man alleine glücklicher sei als mit Familie.* Ähnlich verhält es sich mit der Wichtigkeit, die einer eigenen Familie und eigenen Kindern zugemessen wird: Vier Fünftel (82,8%) der gleichaltigen Nicht-Singles, aber immerhin auch 40,9% der Singles sind davon überzeugt, daß es wichtig sei, eine eigene Familie und Kinder zu haben. Als „unwichtig" bezeichnen eine eigene Familie und Kinder 17,2% der Singles und nur 3,9% der gleichaltrigen anderen. Diese Grundeinstellungen zur Familie zeigen, daß wenigstens ein Drittel aller im Alter von 25 bis 55 Jahren Alleinlebenden keineswegs von dieser Lebensform überzeugt ist. Nimmt man hinzu, daß vier von zehn Singles unentschiedene Meinungen vertreten und hierbei die Rationalisierung der eigenen Lebensform viele an der Bekundung ihrer Hochschätzung von Familie gehindert haben dürfte, so erscheinen die oben angeführten Befunde aus anderen Studien bestätigt, denen zufolge etwa die Hälfte der Singles durchaus „unfreiwillig" allein lebt.

Häufig wird angenommen, daß Singles überdurchschnittlich „fortschrittliche" Einstellungen zu *Frauen und ihren Chancen* verfechten. Dies ist nicht so. Unter Singles ist die Meinung, daß Frauen für Politik oder gesellschaftliche Führungsaufgaben nicht geeignet seien, erstaunlicherweise genau so weit verbreitet wie in der gesamten gleichaltrigen Bevölkerung. Der Aussage „Politik ist Männersache" stimmten 32% der Singles und 31% der 25- bis 55jährigen Bevölkerung zu. Daß Frauen „genauso wie Männer geeignet (sind), führende Positionen in der Gesellschaft einzunehmen", bejahten 77,8% der Singles und sogar 80,1% der gleichaltrigen Bevölkerung. (agis 1991)

Deutlichere Einstellungsunterschiede finden wir erst, wenn der Privatbereich von Frauen zur Debatte steht: Gut zwei Drittel (68,8%) der Bevölkerung, aber drei Viertel (75,7%) der Singles waren in den 80er Jahren der Auffassung, daß die Abtreibung den Frauen freigestellt werden sollte. (kum. Allbus 1980–1990) Noch klarere Abstände zeigen sich, wenn die Rolle der Frau direkt angesprochen wird. Die Aussage: „Eine Frau findet ihre Erfüllung in erster Linie in der Familie", bejahte nur ein gutes Drittel der Singles, die Hälfte (50,4%) der gleichaltrigen Bevölkerung und 57,7% der Gesamtbevölkerung über 14 Jahren. (agis 1991) Hier deutet sich bereits ein Eindruck an, der sich später noch verdichten wird: Die „Progressivität" und „Non-Konformität" der Singles und ihrer Einstellungen konzentriert sich auf den Privatbereich.

Diese Tendenz zeigt sich auch darin, daß Singles mehr als die übrige Bevölkerung Freizeit und Erholung für „sehr wichtig" halten. 44% der Singles und nur 35,9% der anderen bezeichnen diesen Lebensbereich als „sehr wichtig". Beruf und Arbeit hingegen sind Singles genau so wichtig wie denjenigen, die in Mehrpersonenhaushalten leben. Jeweils vier von zehn (40,7%) stuften ihn in den 80er Jahren als sehr wichtig ein. Diese Befunde weisen darauf hin, daß Annahmen nicht zutreffen, die Singles zugunsten der Freizeitorientierung eine innere Distanz zur Erwerbstätigkeit nachsagen.

Zugehörigkeit zu Milieus und Lebensstilgruppierungen

Noch in den 70er Jahren galten Schichten (unter „bürgerlichen" Sozialwissenschaftlern) und Klassen (unter gesellschaftskritischen und marxistischen) als die grundlegenden Gruppierungen der Sozialstruktur von Industriegesellschaften. Nahezu alles Denken und Verhalten, vom Kirchgang und der Kindererziehung über den Konsum bis hin zur Kriminalität, von der Parteipräferenz über die politische Teilhabe bis zum Wahlverhalten, wurde in Zusammenhang mit der Schicht- bzw der Klassenzugehörigkeit gesehen.

Unterscheiden Sozialwissenschaftler heute die wichtigsten Gruppen innerhalb der Sozialstruktur fortgeschrittener Industriegesellschaften, so beziehen sie sich immer häufiger auf Unterschiede der Milieuzugehörigkeit[45] und der Lebensstile, um die zentralen Gruppen auseinanderzuhalten. Denn mehr als die „objektiven" Einkommens- und Berufsränge, auf die Klassen- und Schichtmodelle im wesentlichen zielen, entscheidet heute die Zuordnung zu „subjektiven" Milieu- und Lebensstilgruppierungen über die Denk- und Verhaltensweisen von Menschen in fortgeschrittenen Industriegesellschaften. In dem Maße, in dem Gesellschaftsmitglieder wohlhabender, informierter und sozialstaatlich besser abgesichert werden, sinkt die Bedeutung von „objektiven" Bedingungen und Ressourcen (z. B. Einkommensverhältnissen) ihres Handelns. Das Wahl-, Berufs-, Konsum- und Erziehungsverhalten und viele andere Tätigkeiten der Mitglieder „postindustrieller" Gesellschaften ist in steigendem Maße von „subjektiven" Werthaltungen, Einstellungen, Meinungen und Verhaltensroutinen bestimmt, die die Grundlage der Zugehörigkeit zu Milieus und Lebensstilgruppierungen bilden.

Sowohl Milieu- als auch Lebensstilmodelle – sie überschneiden sich in der Forschungspraxis nicht selten – stellen Synthesen aus mehreren Dimensionen von Werthaltungen, Einstellungen, Verhaltensbereichen etc. dar. Es sind also Werthaltungen eines Menschen zwischen Materialismus und Postmaterialismus, seine Einstellungen zu Politik und Familie, bestimmte Meinungen zu Sachfragen sowie bestimmte Verhaltensmuster in Freizeit und Konsum, die zusammengenommen Aufschluß über die Milieu- und Lebensstilzugehörigkeit eines Menschen geben. Die folgende Übersicht verdeutlicht, welche sozialen Milieus unterschieden werden, welche Bevölkerungsgruppen sich darin besonders häufig finden und welche Werthaltungen und Lebensstile vorherrschen.

Die sozialen Milieus in Deutschland (West): Kurzbeschreibungen

Das Konservative gehobene Milieu
Die **soziale Lage** dieses Milieus ist durch folgende Faktoren geprägt: Die Menschen verfügen über eine überdurchschnittlich hohe Formalbildung, man findet häufig Akademiker, die vielfach als leitende Angestellte und Beamte, als Selbständige und Freiberufler dem hohen und höchsten Einkommensklassen angehören. Deutlich unterrepräsentiert sind die jüngeren Generationen, überdurchschnittlich häufig vertreten sind Rentner und Pensionäre.
Charakteristische **Lebensziele** der Menschen des Konservativen gehobenen Milieus bestehen darin, gewachsene Strukturen und „humanistische Traditionen" zu bewahren. Aufgrund ihres ausgeprägten Elitebewußtseins legen sie großen Wert auf eine anerkannte gesellschaftliche Stellung. Materieller Erfolg gilt als selbstverständlich, wird aber nicht zur Schau gestellt. Vielmehr bevorzugt man einen distinguierten Lebensrahmen, der es ermöglicht, ein harmonisches Familienleben und ein auch individuell erfülltes Privatleben zu führen.

In ihrem **Lebensstil** sind die Menschen dieses Milieus an Traditionen orientiert, die kenntnisreich und stilsicher gepflegt werden. In allen Lebensbereichen werden hohe Qualitätsmaßstäbe angelegt, und was sich mit diesem Lebensstil nicht vereinbart, lehnt man als oberflächlich und übertrieben ab.

Das Kleinbürgerliche Milieu

Soziale Lage: In diesem Milieu finden sich überwiegend Menschen, die nach der Hauptschule eine berufliche Ausbildung absolviert haben. Zumeist sind es kleine und mittlere Angestellte und Beamte sowie kleine Selbständige und Landwirte, die entsprechend geringe bis mittlere Einkommen erwirtschaften. Auch in diesem Milieu sind Rentner und Pensionäre deutlich überrepräsentiert.

Lebensziele: Die Angehörigen dieses Milieus möchten vornehmlich an traditionellen Werten wie Disziplin und Ordnung, Pflichterfüllung und Verläßlichkeit festhalten. Auch in materieller Hinsicht werden „bleibende Werte" hoch geschätzt: Man möchte seinen Besitz mehren, wirtschaftliche Sicherheit erlangen und, falls möglich, den Lebensstandard erhöhen. Dies allerdings ohne Risiko und sozialen Ehrgeiz: Im Zweifelsfall, erst recht in Krisenzeiten, orientiert man sich am Status quo und versucht, den erreichten bescheidenen Wohlstand abzusichern und weiterhin in geordneten Verhältnissen zu leben.

Lebensstil: Die Menschen des Kleinbürgerlichen Milieus sind an Selbstbeschränkung gewöhnt und notfalls zum Verzicht bereit. Sicherheit, Ordnung und Sauberkeit werden hochgeschätzt. Man bevorzugt zeitlos-gediegene Produkte, lebt unauffällig und paßt sich soweit als möglich den Konventionen und Gegebenheiten an.

Das Traditionelle Arbeitermilieu

Soziale Lage: Auch die Angehörigen dieses Milieus haben mehrheitlich nach der Hauptschule eine Berufsausbildung erhalten. Jedoch sind sie hauptsächlich in industriellen Branchen als Facharbeiter, an- oder ungelernte Arbeiter beschäftigt. In der Regel erzielen sie kleine bis mittlere Einkommen. Und auch dieses Milieu weist einen überdurchschnittlich hohen Anteil von Rentnern auf.

Lebensziele: Sein gutes Auskommen zu haben und einen befriedigenden Lebensstandard zu erreichen, gilt im Traditionellen Arbeitermilieu als wesentliches Ziel. Man strebt einen sicheren und dauerhaften Arbeitsplatz an, nicht zuletzt auch mit Blick auf materielle Absicherung im Alter. Die Menschen dieses Milieus sind bescheiden und passen sich an Notwendigkeiten an. Traditionelle Arbeiterkultur wird hier noch geschätzt und gelebt: Man möchte bei Freunden, Kollegen und Nachbarn anerkannt und in eine überschaubare Gemeinschaft integriert sein.

Lebensstil: Die Angehörigen dieses Milieus sind an Sparsamkeit und einfache Lebensweise gewöhnt. Aufgrund ihrer pragmatischen Sicht der eigenen sozialen Lage erheben sie nur bescheidene Konsumansprüche. Sie lassen sich weder von Prestigedenken noch von Trends oder Moden leiten; vielmehr werden solide und haltbare Produkte bevorzugt.

Das Traditionslose Arbeitermilieu

Soziale Lage: Diesem Milieu gehören überwiegend Menschen mit geringer Formalbildung an. Ungelernte und angelernte Arbeiter sind überrepräsentiert, entsprechend auch die unteren Einkommensschichten, und es herrscht hohe Arbeitslosigkeit.

Lebensziele: Nichts ist den Angehörigen dieses Milieus wichtiger, als den Anschluß an die breite Mittelschicht zu halten. Deren Konsumstandards (Video, Auto) werden daher hochgeschätzt; man möchte als „normal" und „bürgerlich" gelten, mithalten und als Angehöriger der „breiten Mitte" anerkannt werden.

Lebensstil: Aufgrund ihrer begrenzten finanziellen Möglichkeiten leben die Angehörigen des Traditionslosen Arbeitermilieus meist „von der Hand in den Mund" und häufig über ihre Verhältnisse. Ihr Konsumstil ist spontan, impulsiv greifen sie neue Trends und Moden auf. Man konzentriert sich auf das Hier und Heute und vernachlässigt Daseins- und Altersvorsorge, da man die Zukunft aus seinen Gedanken verdrängt.

Das Neue Arbeitnehmermilieu

Soziale Lage: Bei einem Altersschwerpunkt unterhalb von 25 Jahren zählen die Angehörigen dieses Milieus überwiegend zur jungen Generation. Durchweg haben sie zumindest den Realschulabschluß erreicht, und viele von ihnen sind Auszubildende, Schüler und Studenten. Als Facharbeiter sind sie häufig in Schrittmacherindustrien beschäftigt; vielfach arbeiten sie als qualifizierte Angestellte oder als Beschäftigte im Öffentlichen Dienst.

Lebensziele: Die Grundhaltung der Menschen dieses Milieus ist zugleich hedonistisch und realitätsbezogen: Das Leben möchte man sich so angenehm wie möglich gestalten, und man möchte sich leisten können, was einem gefällt. Aber die „Neuen Arbeitnehmer" sind auch flexibel in ihren Ansprüchen, was sie davor bewahrt, über ihre Verhältnisse zu leben. Geistig und fachlich möchte man sich kontinuierlich weiterentwickeln, lebenslänglich lernen, um nicht irgendwann stehenzubleiben. Hochgeschätzt werden kreative, verantwortungsvolle Berufe, in denen man eigenständig handeln kann.

Lebensstil: Die Angehörigen dieses Milieus verfügen über kein geschlossenes Weltbild und fühlen sich Traditionen nicht verpflichtet. Vielmehr sind sie aufgeschlossen für Neues, stiltolerant und mobil. Als „Mainstreamer" der jungen Freizeitkultur neigen sie zu „konventionellem Modernismus" im Konsum. High Tech gilt ihnen als selbstverständliche Komponente - in der Freizeit ebenso wie im Beruf.

Das Aufstiegsorientierte Milieu

Soziale Lage: Wer diesem Milieu angehört, hat häufig einen mittleren Schulabschluß oder die Hauptschule mit abgeschlossener Berufsausbildung absolviert. Es sind zumeist Facharbeiter und qualifizierte Angestellte, auch – kleinere – Selbständige und Freiberufler, die in der Regel mittlere bis hohe Einkommen erzielen.

Lebensziele: Der berufliche und soziale Aufstieg bildet den zentralen Lebensinhalt der Menschen dieses Milieus. Man will sich hocharbeiten, vorzeigbare Erfolge erzielen, den Durchschnitt übertrumpfen und soziales Ansehen genießen. Entsprechend kommt dem Prestigekonsum ein hoher Stellenwert zu (Auto, Urlaub, exklusive Freizeitaktivitäten).

Lebensstil: Die Menschen dieses Milieus orientieren sich an den Standards gehobener Schichten. Man möchte berufliche und soziale Rollenerwartungen erfüllen und pflegt einen prestigeträchtigen Konsumstil, bei dem Statussymbolen besondere Bedeutung zukommt.

Das Technokratisch-liberale Milieu

Soziale Lage: Die Menschen dieses Milieus verfügen über eine überdurchschnittlich hohe Formalbildung. Zumeist sind es Schüler und Studenten, qualifizierte und leitende Angestellte und Beamte sowie mittlere und größere Selbständige und Freiberufler. Hohe und höchste Einkommen sind im Technokratisch-liberalen Milieu überrepräsentiert.

Lebensziele: Wer diesem Milieu angehört, ist von dem Wunsch nach intensivem Leben, nach neuen Erfahrungen, nach Wachstum und Entwicklung seiner Persönlichkeit erfüllt. Man strebt Erfolg, einen hohen Lebensstandard und – berufliche –

Selbstverwirklichung an. Karriere und Leben werden zielbewußt geplant – Glück gilt als „machbar". Aber man möchte sich auch Freiräume schaffen und bewahren, in denen man „die schönen Dinge des Lebens" genießen kann.
Lebensstil: Die Menschen dieses Milieus empfinden ein starkes Bedürfnis nach individueller Selbstdarstellung. Als Konsumenten häufig Trendsetter, pflegen sie vielfach einen avantgardistischen Stil, den sie mit Souveränität und Kennerschaft kultivieren. Ihre Alltagsbewältigung ist nicht selten auch durch spielerische Momente geprägt: Man versucht, das Leben nicht allzu ernst zu nehmen, und möchte sich nicht „zu Tode schuften".

Das Hedonistische Milieu
Soziale Lage: Bei einem Altersschwerpunkt zwischen 20 und 30 Jahren zählen die Angehörigen dieses Milieus zur jungen Generation. Menschen mit geringer Formalbildung – „Abbrecher" – sind überrepräsentiert. Entsprechend findet man, neben vielen Schülern und Auszubildenden, einen hohen Anteil an Arbeitslosen, un- und angelernten Arbeitern sowie ausführenden Angestellten („Jobber"). Überwiegend verfügt man über kleine bis mittlere Einkommen.
Lebensziele: Demonstrativ lehnen die Menschen des Hedonistischen Milieus Werte wie Sicherheit und Geborgenheit ab. Es sind radikale Individualisten, die Werte wie Freiheit, Ungebundenheit und Spontaneität favorisieren. Man möchte das Leben genießen, intensiv leben und sich von den „Spießern" unterscheiden.
Lebensstil: Da die Menschen dieses Milieus bewußt im „Hier und Jetzt" leben, wird die Lebensplanung häufig vernachlässigt. Spontan ist auch der Konsumstil, eher unkontrolliert der Umgang mit Geld. Man hat Freude an einem „guten Leben", an Luxus und Komfort, wobei Originalität, Unverwechselbarkeit und „Echtheit" als wichtige Stilkriterien gelten.

Das Alternative Milieu
Soziale Lage: Deutlich überrepräsentiert sind Menschen der höchsten Bildungsstufen. Zu diesem Milieu gehören viele Schüler und Studenten, qualifizierte Angestellte, Beamte im höheren Dienst und Freiberufler. Überdurchschnittlich häufig werden sowohl geringe als auch hohe Einkommen erzielt.
Lebensziele: Selbstverwirklichung, Entfaltung der Persönlichkeit gelten als wichtige Lebensziele. Man möchte intensive zwischenmenschliche Beziehungen pflegen und am kulturellen und politischen Leben teilnehmen. Die Menschen dieses Milieus sind „postmateriell" orientiert, sie lehnen äußerliche Werte ab und möchten sich – privat und gesellschaftlich – für den Aufbau einer menschengerechten Welt engagieren.
Lebensstil: Die Menschen des Alternativen Milieus leben umweltbewußt. Möbel, Kleidung und Nahrung fertigt man gern selbst an; vielfach zieht man sich in „alternative Idyllen" zurück. Größte Wertschätzung genießen Stilmerkmale wie Individualität und „Authentizität".

Quelle: Becker/Becker/Ruhland 1992, S. 90–98

Die folgende Abbildung vermittelt einen Eindruck von der Milieustruktur der Bevölkerung Westdeutschlands im Jahre 1991. Die darauf folgende Übersicht zeigt, daß bestimmte ältere Milieus, so beispielsweise das „Kleinbürgerliche Milieu" und das „Traditionale Arbeitermilieu", seit Jahren abnehmen. So ist nur noch jeder 20. Bewohner Westdeutschlands[46] seinem Denken und Verhalten zufolge ein „typischer Arbeiter". Andere „neue" Milieus, etwa das „Aufstiegsorientierte Milieu", das

„Hedonistische Milieu", aber auch das problematische „Traditionslose Arbeitermilieu", wachsen hingegen deutlich an.

Abbildung 8: Die Sozialen Milieus in Deutschland (West):
Soziale Stellung und Grundorientierung

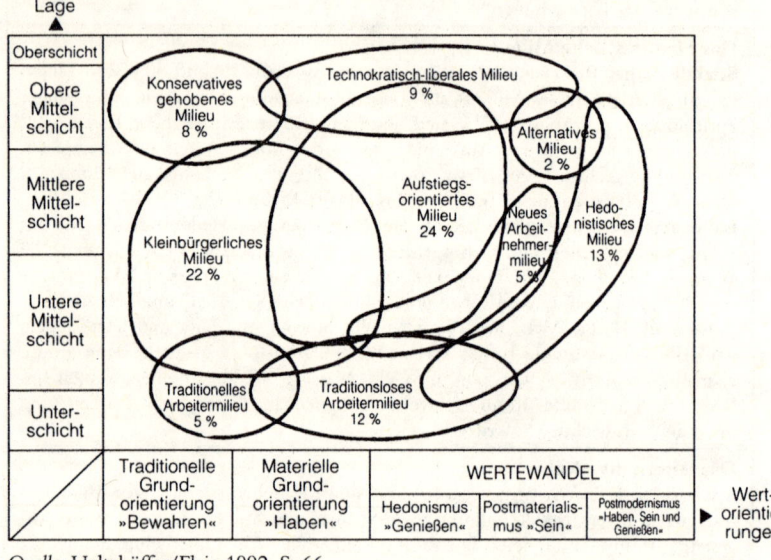

Quelle: Ueltzhöffer/Flaig 1992, S. 66

Tabelle 10: Milieustruktur der westdeutschen Bevölkerung –
Entwicklung 1982 bis 1990

	1983	1984	1985	1986	1987	1988	1989	1982	1990
Konservatives gehobenes Milieu	9%	9%	9%	9%	9%	9%	8%	8%	7%
Kleinbürgerliches Milieu	28%	28%	28%	26%	26%	25%	25%	24%	24%
Traditionelles Arbeitermilieu	10%	10%	10%	9%	9%	8%	7%	7%	6%
Traditionsloses Arbeitermilieu	9%	9%	9%	10%	10%	11%	11%	12%	13%
Aufstiegsorientiertes Milieu	20%	21%	20%	23%	24%	24%	25%	25%	26%
Technokratisch-liberales Milieu	9%	9%	9%	10%	10%	9%	9%	9%	9%

	1983	1984	1985	1986	1987	1988	1989	1982	1990
Hedonistisches Milieu	10%	9%	10%	10%	11%	11%	12%	12%	13%
Alternatives Milieu	4%	4%	4%	3%	3%	3%	3%	3%	2%

Quelle: Ueltzhöffer/Flaig 1992, S. 67

Die folgende Übersicht zeigt, daß Singles dem „Traditionellen Arbeitermilieu", dem „Aufstiegsorientierten Milieu", dem „Technokratisch-Liberalen Milieu", dem „Hedonistischen Milieu", dem „Alternativen Milieu" und dem „Neuen Arbeitnehmermilieu" zum Teil deutlich häufiger angehören als die (gleichaltrige) Gesamtbevölkerung. Singles werden dagegen dem „Traditionellen" und dem „Traditionslosen Arbeitermilieu", dem „Kleinbürgerlichen Milieu" und dem „Konservativ gehobenen Milieu" signifikant weniger häufig als andere zugerechnet. Sieht man vom „Traditionellen Arbeitermilieu" und dem „Alternativen Milieu" einmal ab, wo Singles schwach überrepräsentiert sind, so konzentrieren sich Singles also in den „moderneren" und wachsenden Milieus.

Tabelle 11: Milieu-Zugehörigkeit von Singles und Nicht-Singles

	Singles	Bevölkerung 25 bis unter 55 Jahre	Gesamtbevölkerung ab 14 Jahre
Konservativ gehobenes Milieu	2,4	5,3	7,2
Kleinbürgerliches Milieu	5,2	18,6	24,0
Traditionelles Arbeitermilieu	5,9	5,3	5,6
Traditionsloses Arbeitermilieu	11,7	14,0	12,3
Aufstiegsorientiertes Milieu	28,8	28,0	23,3
Technokratisch-liberales Milieu	12,4	9,2	8,2
Hedonistisches Milieu	22,2	11,9	12,3
Alternatives Milieu	4,7	2,6	2,1
Neues Arbeitnehmermilieu	6,6	5,2	5,1

Quelle: agis 1991

Im Unterschied zu Milieutypologien, die vor allem auf den jeweiligen Kombinationen der (latenten) *Werthaltungen* und *Einstellungen* von Menschen beruhen, entstehen Lebensstiltypologien in erster Linie auf der Grundlage der (manifesten) regelmäßigen *Verhaltensweisen*, *Zugehörigkeiten* und *Bewertungen* von Personen (= expressive, interaktive und evaluative Dimension von Lebensstilen).[47, 48] Die den folgenden beiden Abbildungen zugrundeliegenden Typologien zeigen die Verteilung der Bevölkerung West- und Ostdeutschlands auf 9 typische Lebensstile:

Abbildung 9: Lebensstile in Westdeutschland★

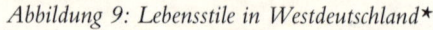

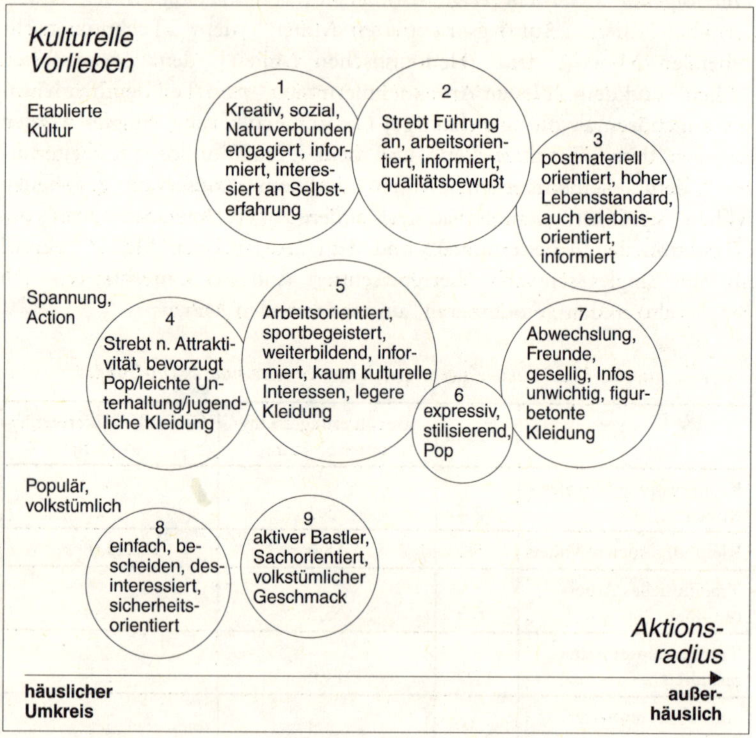

Kulturelle Vorlieben

Etablierte Kultur

1
Kreativ, sozial, Naturverbunden, engagiert, informiert, interessiert an Selbsterfahrung

2
Strebt Führung an, arbeitsorientiert, informiert, qualitätsbewußt

3
postmateriell orientiert, hoher Lebensstandard, auch erlebnisorientiert, informiert

Spannung, Action

4
Strebt n. Attraktivität, bevorzugt Pop/leichte Unterhaltung/jugendliche Kleidung

5
Arbeitsorientiert, sportbegeistert, weiterbildend, informiert, kaum kulturelle Interessen, legere Kleidung

6
expressiv, stilisierend, Pop

7
Abwechslung, Freunde, gesellig, Infos unwichtig, figurbetonte Kleidung

Populär, volkstümlich

8
einfach, bescheiden, desinteressiert, sicherheitsorientiert

9
aktiver Bastler, Sachorientiert, volkstümlicher Geschmack

Aktionsradius

häuslicher Umkreis   **außerhäuslich**

★ Die Größe der Kreise entspricht in etwa dem Anteil der jeweiligen Lebensstilgruppe in der Bevölkerung (Befragte bis zu 61 Jahren)

Quelle: Wohlfahrtssurvey 1993: A. Spellerberg 1994

Die Singles (hier erhoben als erwachsene Alleinlebende bis zu einem Lebensalter von 40 Jahren) in Westdeutschland konzentrieren sich auffällig im

– Lebensstiltyp 3; dieser läßt sich skizzieren durch die Stichworte: postmateriell orientiert, hoher Lebensstandard, auch erlebnisorientiert, gut informiert; Singles stellen allein 61% der diesem Typ Zugehörigen;
– und im Typ 7: Abwechslung, Freunde, gesellig, Informationen sind eher unwichtig, figurbetonte Kleidung; Singles machen 56% dieses Typs aus.

Abbildung 10: Lebensstile in Ostdeutschland*

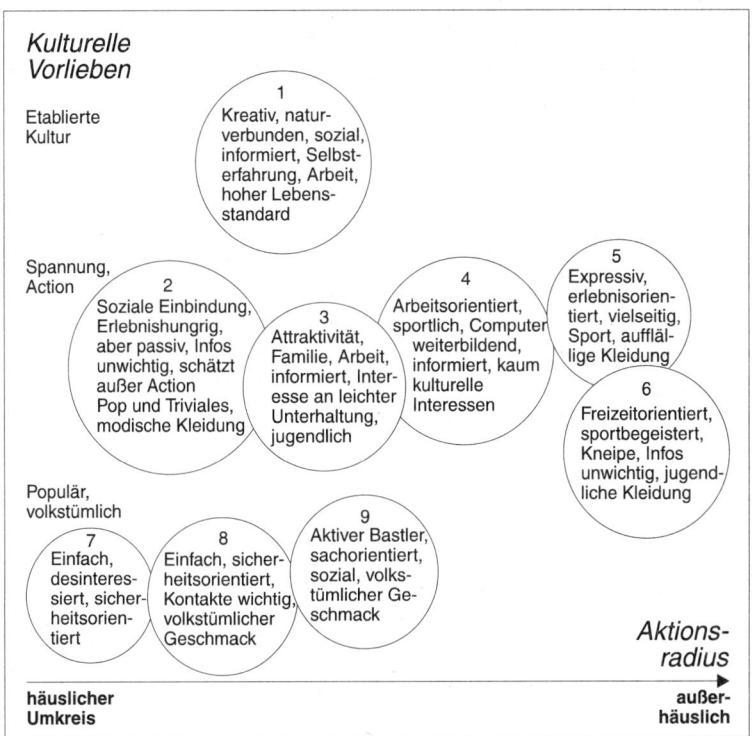

* Die Größe der Kreise entspricht in etwa dem Anteil der jeweiligen Lebensstil-gruppe in der Bevölkerung (Befragte bis zu 61 Jahren)

Quelle: Wohlfahrtssurvey 1993: A. Spellerberg 1994

Besonders niedrige Konzentrationen von Singles finden sich in den Ty-pen 8 (einfach, bescheiden, desinteressiert, sicherheitsorientiert) und 9 (aktiver Bastler, sachorientiert, volkstümlicher Geschmack). In diesen beiden Typen sind jeweils nur 1% Singles enthalten.[49]

Die Singles Ostdeutschlands finden sich zu hohen Anteilen in Typ 6 (expressiv, erlebnisorientiert, vielseitig, Sport, auffällige Kleidung). Singles machen allein 53% der Menschen in Ostdeutschland mit diesem Lebens-stil aus. Singles meiden Typ 3 (kreativ, naturverbunden, sozial, informiert, Selbsterfahrung, Arbeit, hoher Lebensstandard), Typ 8 (einfach, sicher-heitsorientiert, Kontakte wichtig, volkstümlicher Geschmack) und Typ 9 (aktiver Bastler, sachorientiert, sozial, informiert, volkstümlicher Ge-schmack). Von diesen Lebensstilgruppierungen stellen sie jeweils weniger als 1% der Zugehörigen.[50]

Wie man sieht, lassen sich klare Unterschiede des Lebensstils zwischen Singles und Menschen in anderen Lebensformen herausfiltern. Wer bestimmte Lebensstile pflegt, lebt auffällig häufig als Single. Und umgekehrt: Die Lebensform Single, wie im übrigen auch andere Lebensformen, prägt den Lebensstil in entscheidender Weise.

Inhaltlich stimmen die von Singles häufig gelebten bzw. gemiedenen Lebensstile sehr gut mit den o.a. Wertorientierungen und Milieuzugehörigkeiten überein. Hier zeigt sich, daß die Forschungsresultate der soziokulturell ausgerichteten Sozialstrukturforschung in hohem Maße konsistent sind. Konkretere Meinungen und Verhaltensweisen in Beruf, Politik und Freizeit lassen sich daher unter Hinweis auf die typischen inneren Haltungen und sozio-kulturellen Gruppenzugehörigkeiten von Singles relativ gut erklären.

Im folgenden wird auf einige besonders wichtige Bereiche des Denkens und Verhaltens etwas näher eingegangen:

Politische Einstellungen

Beginnen wir mit den eher abstrakten politischen Gesinnungen von Singles, um schließlich am Ende auf ihre konkreten Einstellungen zu bestimmten Sachfragen einzugehen:

Politik und öffentliches Leben sind Singles ungefähr genau so wichtig oder so unwichtig wie der übrigen Bevölkerung insgesamt. Vergleicht man sie jedoch mit der gleichen Altersgruppe, mit der 25- bis 55jährigen Bevölkerung also, so findet man, daß den Singles Politik und öffentliches Leben weniger wichtig als den altersgleichen nicht Alleinlebenden sind. Dies bestätigt aufs Neue, daß sich Singles auf Beruf und Privatleben konzentrieren.[51]

Singles äußern zwar etwas überdurchschnittlich oft „sehr starkes" und „starkes" politisches Interesse. Allerdings bleiben diese Bekundungen meist folgenlos. Singles gehören kaum häufiger einer politischen Partei an als die 25- bis 55jährigen, die mit anderen zusammenleben. (Singles: 4,5%; andere 4,0%) Sie nehmen auch kaum häufiger an Bürgerinitiativen teil. (Singles: 1,3%; andere: 1,1%) (kum. Allbus 1980–1990)

Im Zeitraum zwischen 1980 und 1990 hatten Singles deutlich seltener als andere die Absicht, der CDU/CSU ihre Stimme zu geben. Sie neigten etwas überdurchschnittlich zur SPD und etwas unterdurchschnittlich zur FDP. Singles äußerten erheblich häufiger als andere die Absicht, für die Grünen zu stimmen.

Abbildung 11: Wahlabsicht 1980–1990 zu Bundestagswahlen

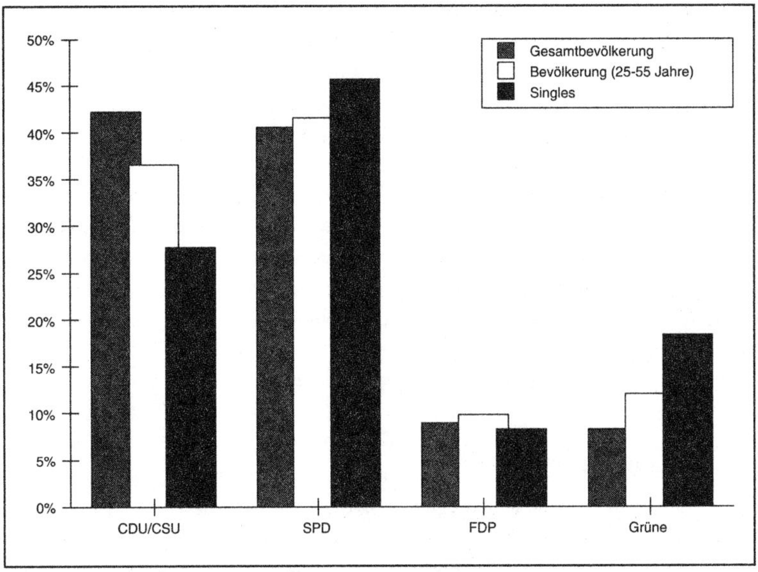

Quelle: kum. Allbus 1980–1990

Versucht man mittels einer Bündelung typischer politischer Einstellungen die „Politikstile"[52] zu umreißen, denen Singles anhängen, so findet sich die Mehrheit der Singles bei Politiktypen, deren Eintreten für soziale Reformen über dem Durchschnitt liegt: bei den „Sozialintegrativen", bei den „Radikaldemokraten", bei den „Skeptisch-Distanzierten" und bei Teilen der „Gemäßigt-Konservativen".

Tabelle 12: „Politikstile" von Singles und Nicht-Singles

	Singles	Bevölkerung 25 bis unter 55 Jahre	Gesamtbevölkerung ab 14 Jahren
Sozialintegrative	18,9	14,8	12,8
Radikaldemokraten	16,4	12,9	10,8
Skeptisch-Distanzierte	20,2	18,3	17,7
Gemäßigt-Konservative	17,8	17,1	17,6
Traditionell-Konservative	8,4	12,4	13,8
Enttäuscht-Apathische	10,1	12,6	13,4
Enttäuscht-Aggressive	8,3	11,9	13,8

Quelle: agis 1991

Singles neigen etwas mehr als der Bevölkerungsquerschnitt zur Kritik an politischen Eliten, zu Zweifeln an der Leistungsgerechtigkeit unserer Gesellschaft, zur Bekundung von Solidarität mit sozial Schwächeren, zur sozialstaatlichen Orientierung, zur Bereitschaft zur Integration ethnischer Minderheiten, zu einer demokratischen Kultur, die von Meinungsvielfalt, sachlicher Auseinandersetzung und direkten Beteiligungsmöglichkeiten gekennzeichnet sein soll. (agis 1991)

Singles drücken diese Einstellungen aber eher in Wahlentscheidungen als in praktischen Handlungen und politischen Beteiligungen aus. Politische (und im übrigen auch soziale) Betätigungen von Singles sind kaum umfangreicher als in der übrigen Bevölkerung. Hierzu paßt auch, daß sich Singles recht gewerkschaftsfreundlich geben, allerdings nicht häufiger Mitglied einer Gewerkschaft (19,7%) als die gleichaltrige Bevölkerung (20,3%) sind. (agis 1991)

Berufliche Leistungsbereitschaft

In Teilen der älteren sozialwissenschaftlichen Literatur (z.B. Hondrich/Schumacher 1988) wird auf die hohe Leistungsmotivation von Familienvätern hingewiesen und daraus der Umkehrschluß gezogen, daß Singles der beruflichen Leistungsmotivation wenig förderlichen Einflüssen ausgesetzt sind. Auch die vergleichsweise hohen Selbstverwirklichungswerte unter Singles könnten zur Annahme verleiten, daß es mit der beruflichen Leistung von Singles nicht weit her ist.

Das Gegenteil dieser Mutmaßungen ist richtig. Singles haben eine ausgeprägte Berufsorientierung. (Schneider 1994, S. 120) Sie setzen sich, eine Tätigkeit vorausgesetzt, die ihren Neigungen entspricht und die Weiterentwicklung ihrer Persönlichkeit ermöglicht, sehr stark beruflich ein. Beruf und Arbeit ist ihnen wichtiger als der übrigen Bevölkerung. (kum. Allbus 1980–1990) Singles sind überdurchschnittlich lange (pro Woche) berufstätig: 95% von ihnen, und nur 84% der gleichaltrigen Bevölkerung, (kum. allbus 1980–1990) und gar nur 77% der gleichaltrigen Verheirateten, (Mächler 1993) arbeiten mehr als 35 Stunden in der Woche. Singles sind zudem „außerordentlich auf ihre berufliche Weiterentwicklung bedacht". (Bachmann 1992, S. 188) Davon zeugen nicht zuletzt ihre deutlich überdurchschnittlichen Bildungs- und Weiterbildungsbemühungen: Jeder fünfte Single und nur jeder siebte Gleichaltrige andere besucht außerberufliche Fortbildungskurse. (agis 1991)

Auffällig ist die enge Verzahnung des Privatlebens und des Berufslebens der berufsorientierten Singles. Vorherrschend ist der Wunsch, in beiden Sphären erfolgreich zu sein, und diesbezügliche Bemühungen eng zu koordinieren. (Bachmann 1992, S. 189) Hierbei ist männlichen Singles ihre Berufsorientierung selbstverständlicher – was auch durch die herkömmliche Rolle eines Mannes verständlich wird. Für die Frauen unter den Singles hat das Berufsleben dagegen einen ausdrücklichen Symbolwert für ihre Unabhängigkeit, auch und gerade gegenüber erfahrenen oder vermuteten Ansprüchen von Männern.

Die hohe Konzentration der Singles auf ihr Berufs- und Privatleben geht, wie erwähnt, in der Tendenz zu Lasten der Öffentlichkeitsorientierung. Öffentliche Belange berührten die Berufsorientierung von Singles allenfalls insoweit, als es ihnen wichtig ist, „sich in gesellschaftlich relevante Lebenszusammenhänge eingebunden zu wissen und an als bedeutsam bewerteten Handlungsfeldern mitwirken zu können". (Bachmann 1992, S. 188)

Neben der Mehrheit der Singles, die auf Beruf und soziale Beziehungen hin ausgerichtet ist, findet sich auch der Typ der freizeitorientierten Singles. Unter ihnen lassen sich je nach Aktivitätsgrad im groben zwei Gruppen unterscheiden: häusliche und unternehmungslustige. Die einen verbringen Feierabend und Wochende zu Hause in ihrer Wohnung, nutzen die Zeit zum „Relaxen, Trödeln, Rumhängen und Telefonieren". Die andern sind fast jeden Abend unterwegs. Sie bevorzugen spezielle Freizeitareale und eine flexible, nicht „verplante" Art der Freizeitgestaltung. (Meyer/Schulze 1989, S. 95 f.)

Auf zwei Aspekte des Freizeitverhaltens soll eigens eingegangen werden. Sie werden im folgenden im Zusammenhang mit kommenden gesellschaftlichen Problemen und Problemlösungen wichtig.

Freizeit und Konsum

Singles konsumieren in ihrer Freizeit weit überdurchschnittlich: Fast jeder zweite Single unter 50 Jahren geht mindestens einmal in der Woche essen und wenigstens einmal wöchentlich in die Kneipe. Jeder dritte Single geht ein- oder mehrmals wöchentlich ins Kino. Auf Festen, in Sportstätten sowie in Diskotheken sind Singles weit überdurchschnittlich zu sehen. Ihre Ausgaben für kommerzielle Freizeitangebote sowie erst recht ihre Telefonetats erreichen weit überdurchschnittliche Höhen. (Opaschowski 1994)

Singles kaufen bevorzugt spezifische Produkte bzw. Produktgrößen. Dies betrifft so unterschiedliche Güter wie Nahrungsmittel (Tiefkühlkomplettmenüs), Möbel, Versicherungen, Reisen und Kraftfahrzeuge. Singles kaufen bevorzugt im Nahbereich ihrer Wohnung ein. Einkaufsstätten „auf der grünen Wiese" sind ihnen nicht dienlich. Ältere Singles ziehen Einkaufsstätten mit Bedienung vor. Sie sind bereit und meist auch in der Lage, dafür mehr zu zahlen. Jüngere Singles achten mehr auf den Preis. Sie kaufen häufiger in Selbstbedienungsläden und bei Discountern ein. (Löwenbein 1994)

Da es sich hier um eine sozialwissenschaftliche und nicht um eine wirtschaftswissenschaftliche Untersuchung handelt, soll darauf nicht weiter eingegangen werden.

Freizeit und Verkehr

Das Alleinleben der Singles bringt es mit sich, daß sie täglich mehr Wege zurücklegen als andere. An solche Beobachtungen knüpfen sich in der Öffentlichkeit nicht selten populäre Hoffnungen oder aber Befürchtungen vom „vollmobilen" Single, mit seinem weltoffenen Lebenszuschnitt, aber auch mit einem erheblichen Beitrag zu Umweltverschmutzung und verstopften Verkehrswegen.

Tatsache ist aber folgendes: Singles unternehmen mehr Einkaufs- und Freizeitbewegungen. Singles benützen jedoch überdurchschnittlich häufig öffentliche Verkehrsmittel und relativ selten eigene Kraftfahrzeuge. Die täglich zurückgelegten Wegstrecken sind meist geringer als bei Menschen aus Mehrpersonenhaushalten. Zu diesem Verkehrsverhalten tragen unter anderem das überwiegende Großstadtleben von Singles und die geringe Rentabilität der PKW-Benutzung für nur eine Person bei. (Kunert 1993)

Die Alterszusammensetzung von Singles hat sich in den vergangenen Jahren ständig zugunsten jüngerer Altersklassen verschoben. Dies macht verständlich, daß der Anteil der PKW- und Führerscheinbesitzer unter ihnen gewachsen ist. Damit entstehen Erwartungen bzw. Befürchtungen, daß in Zukunft die Mobilität auch älterer Menschen auf der Straße zunehmen wird. (vgl. 6.2)

Gesundheit und Gesundheitsverhalten

Zunächst zu den Risikofaktoren der Gesundheit: Singles sind meist *schlank*. Sie liegen wesentlich häufiger unter dem Normgewicht als (gleichaltrige) Nicht-Singles (50,8% vs. 36,4%). Entsprechend selten sind sie übergewichtig (26,8% vs. 38,9%).[54] Dies gilt besonders für weibliche Singles. Zwei Drittel von ihnen, und nur die Hälfte der übrigen 25- bis 55jährigen, unterschreiten das Normgewicht (63,7% vs. 48,5%). Nur ein Fünftel ist übergewichtig (19,5% vs. 31,1%). Diese Unterschiede sind keine Frage des Alters. Sie finden sich in allen Altersklassen von Singles.

Es paßt ins Bild der gesundheitsbewußten Singles, daß sie etwas häufiger *Sport treiben* als die, die mit anderen zusammenleben (47,0% vs. 43,0%). Es sind vor allem die jüngeren und die männlichen Singles, die sich sportlich hervortun.

So ist es auch nicht erstaunlich, daß Singles etwas weniger häufig unter *Bluthochdruck* leiden als Nicht-Singles (11,7% vs. 17,3%). Weibliche Singles, wie jüngere Frauen überhaupt, leiden deutlich seltener an Hypertonie als ihre männlichen Pendants.

Das Bild vom gesundheitsorientierten Singles bekommt allerdings Kratzer, wenn man weiß, daß viel mehr Singles *rauchen* als gleichaltrige Nicht-Singles (50% vs. 37,4%). Dies gilt für Männer (54,8% vs. 43,3%) wie für Frauen (43,4% vs. 31,4%). Interessant ist, daß der Unterschied zwischen den häufig rauchenden Singles und den meist nicht rauchenden Nicht-Singles mit dem Alter immer krasser wird. Die Singles zeigen wenig Bereitschaft, im Laufe des Lebens mit dem Rauchen aufzuhören. Dies geht aus der folgenden Tabelle hervor.

Tabelle 13: Raucher unter Singles und Nicht-Singles nach dem Alter

Altersklasse	Raucher		Differenz %-Punkte
	Singles	Nicht-Singles	
25–29	50,1	45,0	5,1
20–34	53,0	46,1	6,9
35–39	53,2	41,8	13,4
40–44	51,4	34,6	16,8
45–49	42,0	32,2	9,8
50–54	48,8	25,5	23,3

Quelle: Deutsche-Herzkreislaufpräventionsstudie kum. 1985/86–1990/91

Nur bei den folgenden vier von insgesamt 24 erfragten Beschwerden zeigen sich, meist jedoch nur geringe Unterschiede zwischen Singles und der übrigen Bevölkerung der gleichen Altersgruppe. Singes leiden häufiger als andere an[55]
– Grübeleien (40,8% vs. 32,8%),
– Innerer Unruhe (47,0% vs. 40,8%),
– Schlaflosigkeit (21,9 vs. 17,1%) und
– Gewichtsabnahme (7,9% vs. 5,5%).
Damit lassen sich Befunde aus der älteren sozialwissenschaftlichen Literatur, die von einem deutlich schlechteren Gesundheitsverhalten und Gesundheitszustand der Alleinlebenden berichteten, nicht bestätigen. Singles unterscheiden sich in dieser Hinsicht kaum von Nicht-Singles.

4. Wieso leben immer mehr Menschen als Singles?

Nachdem in den vorigen Kapiteln dargestellt wurde, wieviele Singles es gibt und wie Singles leben, soll nun der Frage nachgegangen werden, *wieso* immer mehr Menschen als Singles leben. Wer die zukünftigen Entwicklungen der „Single-Gesellschaft" und die Möglichkeiten kennenlernen will, sie zu beeinflussen, muß über diese Ursachen Bescheid wissen. Auf bestimmte „Ursachen", auf die persönlichen Motive der Singles, alleine zu leben, wurde in der vorstehenden Darstellung der Lebensweisen von Singles schon eingegangen. Im folgenden sollen die gesellschaftlichen Bestimmungsgründe herausgearbeitet werden.

4.1 Determinanten

Unter Determinanten sind statistisch ermittelte Bestimmungsgründe bestimmter Erscheinungen zu verstehen. Der jeweilige Einfluß solcher Determinanten ist sehr unterschiedlicher Art. Direkte und indirekte, monokausale und gemeinsame, bedingte und unbedingte, bekannte und ungeklärte Wege der Beeinflussung finden sich darunter.

Folgende soziale, das heißt im Bereich des Zusammenlebens und -arbeitens der Menschen aufzufindende Umstände begünstigen bzw. behindern das Aufkommen von Singles. Sie sollen zunächst unverbunden und ohne Beachtung ihres Stellenwertes nebeneinander aufgeführt werden:

Demographische Veränderungen

Zunächst zu *Sterblichkeit und Alterung*: Die Menschen werden zwar nicht älter als früher, aber immer mehr Leute werden alt. In Deutschland und in anderen fortgeschrittenen Industriegesellschaften wird zum ersten Mal in der Geschichte der Menschheit eine Generation nahezu geschlossen alt. Hierbei werden Frauen in Deutschland derzeit durchschnittlich acht Jahre älter als Männer. Alterung und längere Lebenserwartung von Frauen bewirken eine Zunahme der Einpersonenhaushalte von älteren Menschen. Wenn von den heutigen Singles ein großer Teil seine Lebensform beibehalten sollte, dann werden sich die Zahlen der ins Alter kommenden Singles und der Einpersonenhaushalte von verwitweten Senioren (überwiegend Seniorinnen) addieren.

Dann zu *Geburten:* Die derzeit hohe absolute Zahl der Singles (nicht ihr steigender relativer Anteil an den jeweiligen Altersgruppen) resultiert ganz wesentlich aus den geburtenstarken Jahrgängen der 60er Jahre. Der Geburtenrückgang zu Ende der 60er Jahre und zu Beginn der 70er Jahre wird bewirken, daß weniger Singles nachrücken. Die so veränderte Altersstruktur wird den Nachwuchs und die Gesamtzahl von Singles entscheidend beeinflussen.

Schließlich zu den *Wanderungen:* Bis in die siebziger Jahre hinein waren Zuwanderer häufig alleinlebende „Gastarbeiter". So lebte mehr als jeder sechste (17,6%) unter den Ausländern, die im Jahre 1972 in Deutschland gemeldet waren, alleine. (WiSta 1990, S. 80) Dies war ein wesentlich höherer Anteil von Alleinewohnenden als unter der deutschen Bevölkerung. In letzter Zeit hat sich diese Tendenz umgekehrt. Heute finden sich Singles unter Zuwanderern vergleichsweise selten. Ende der 80er Jahre lebten nur noch 10,6% der Ausländer in Deutschland alleine, viel weniger als Deutsche. (WiSta 1990, S. 80) Das Ausmaß der Zuwanderung stellt somit ebenfalls eine Determinante (in letzter Zeit zur relativen Verkleinerung) der Bevölkerungsgruppe der Singles dar.

Zudem bewirken die zeitweise auftretenden Ungleichgewichte der Geschlechterproportion, daß Alleinleben sich oft einfach daraus erklärt, daß schon aus Gründen der Zahl nicht jeder Mann eine Frau finden kann oder umgekehrt. Derzeit ist in der Altersgruppe der 25- bis 55jährigen ein Männerüberschuß zu beobachten. So gab es zu Beginn der 90er Jahre in Westdeutschland ein Plus von 680000 Männern im Alter zwischen 25 und 45 Jahren. (Stat. Bundesamt 1993, S. 65) Auf 100 ledige Frauen zwischen 30 und 40 Jahren kamen 185 ledige Männer.[1]

Bildungsexpansion

Die Bildungsexpansion ruft zunächst eher eine Zunahme von Alleinlebenden hervor, die jünger als Singles sind: Viele Studierende, Fachschüler etc. können oder wollen nicht zu Hause leben und beziehen alleine Eigentumswohnungen, Mietwohnungen, Studentenwohnheime oder Untermietzimmer. So ist die Bildungsexpansion keine direkte Determinante der Zahl von Singles. Indirekt macht sich die Bildungsexpansion aber doch als Determinante des Alleinlebens (vor allem von Frauen) im mittleren Lebensalter bemerkbar: Unter heutigen Bedingungen wachsen mit dem Bildungsgrad Autonomiebestrebungen, nehmen Neigungen zu, die eigenen beruflichen und privaten Möglichkeiten auszuschöpfen, „rentiert sich" das Alleinleben (vor allem für Frauen).

Wohlstand

Das Alleinleben ist eine Haushaltsform mit sehr hohen Pro-Kopf-Konsum- und -Investitionsausgaben. (Schneider 1994, S. 117) Um massenhaftes Alleinleben ökonomisch überhaupt möglich zu machen, bedarf es des Massenwohlstandes. In Westdeutschland hat sich das reale Volkseinkommen pro Kopf der Bevölkerung seit Anfang der fünfziger Jahre bis zum Beginn der 90er Jahre mehr als vervierfacht. Diese historisch einmalige Wohlstandssteigerung bildete eine notwendige Vorbedingung für das immer häufigere Alleinleben in einem Alter, in dem in den 50er und 60er Jahren regelmäßig Familien gebildet wurden. Damals heirateten noch mehr als 90% der einschlägigen Altersjahrgänge und von diesen bekamen mehr als 90% Kinder.

Hierbei war es nicht nur die absolute Wohlstandssteigerung alleine, die den Zuwachs von Singles förderte. Es war wohl auch die *Schnelligkeit* des Wachstums vom sehr niedrigen Niveau im Nachkriegsdeutschland zum jetzigen Wohlstandsniveau, die das Singletum begünstigte. Die These erscheint plausibel, daß eine abrupte Wohlstandsmehrung das Aufweichen von Normen, kulturellen Vorbildern und tradierten Lebensentwürfen mehr fördert als allmähliche Wohlstandssteigerungen.

Statuszuweisungsprozesse

In Zuge der Herausbildung von Industriegesellschaften erfolgte für die meisten Menschen eine Trennung des Wohnens und Arbeitens. Im Übergang zu fortgeschrittenen Industriegesellschaften setzt sich zudem die Erwerbstätigkeit als Unterhaltsquelle und Identitätskern für immer mehr Menschen durch, auch für Frauen: Immer mehr Menschen sind erwerbstätig, wenn auch für einen immer kürzeren Abschnitt ihres Lebens. Die Durchsetzung der Lohnarbeit, die auf Märkten gehandelt wird, deren Zugang immer mehr über staatliche Bildungszertifikate erfolgt, bewirkt, *daß sich die Orientierung der Jugendlichen und Heranwachsenden an Familienbeziehungen abschwächt.* Stattdessen werden Beziehungen zu Altersgenossen wichtiger, vorangetrieben auch durch die altersgeschichteten Systeme von Schule, Ausbildung, Militär und Beruf.

Singles sind nichts anderes als die extreme Fortsetzung dieser Sozialisationsentwicklung. Es ist also auch die Durchsetzung der Berufstätigkeit und der Prozeß der beruflichen Statuszuweisung über Bildungssysteme, der die Zahl der Singles nach oben treibt.

Soziale Sicherheit

Die Durchsetzung sozialstaatlicher Sicherungssysteme vermittelt Erwerbstätigen wie Nichterwerbstätigen die Sicherheit, auf Dauer einen eigenen Haushalt führen können. Die Vervollkommnung sozialstaatlicher Leistungen nach dem Zweiten Weltkrieg bildete über das Materielle hinaus eine wesentliche psychologische Plattform, die vielen den Schritt ins Alleinleben erleichterte. Dabei handelte es sich weniger um unmittelbare als um massenpsychologische Sickereffekte des Wohlfahrtsstaates. Deshalb machten sie sich erst mit einer gewissen Zeitverzögerung nach der Realisierung sozialstaatlicher Absicherungen bemerkbar.

Wohnbedingungen

Singles nehmen wesentlich mehr Wohnraum in Anspruch als Mitglieder von Mehrpersonenhaushalten, und Singles würden oftmals gerne über noch viel mehr Wohnraum verfügen. Voraussetzung für die Verbreitung des Alleinlebens ist also ein Wohnungsmarkt, der eine entsprechende Wohnraumversorgung leistet. Es besteht daher ein sehr direkter Zusammenhang zwischen der Vergrößerung zur Verfügung stehenden Wohnfläche und der Vermehrung von Einpersonenhaushalten in Deutschland.

„Postmaterialismus"

Der „postmaterialistischen" Kultur ist eine Hochschätzung von persönlicher Autonomie, Individualität, individueller Optionsvielfalt und persönlicher Weiterentwicklung sowie selbstbestimmter Kommunikation zu eigen. Die Verbreitung des „Postmaterialismus" begünstigte so das Alleinleben.

Frauenstatus

Eine gesellschaftliche Stellung der Frau, die ihr einen eigenständigen ökonomischen und sozialen Status unabhängig von Ehemann und Herkunftsfamilie sichert, stellt zumindest für die Entscheidung von Frauen, allein zu leben, eine wichtige Vorbedingungen dar. (Schneider 1994, S. 118) Die Veränderungen im Bildungswesen, in der Erwerbstätigkeit und im individuellen Ansehen zugunsten von Frauen förderten so deren Alleinleben.

Entdiskriminierung von Alleinlebenden

Noch vor wenigen Jahrzehnten wurde das Alleinleben von Männern („Junggesellen") oft gelinde belächelt und das Alleinleben von Frauen im mittleren Lebensalter meist massiv abgewertet („alte Jungfer"). Seit das Single-Dasein von Männern und mehr noch von alleinlebenden Frauen gesellschaftlich akzeptiert ist und mit der Ehe auf weithin gleicher Stufe rangiert, ist eine weitere Barriere gegen das Alleinleben beseitigt.

Schlechtere Berufschancen für Mütter

Viele der vorgenannten Determinanten stellen (positive) „Pull-Faktoren" dar. Sie machen das Singletum attraktiv, wenn auch zum Teil nur deshalb, weil frühere Hindernisse weggefallen sind. (Negative) „Push-Faktoren" hingegen treiben bestimmte Menschen geradezu ins Alleinleben. Hierzu zählen die Hindernisse, die Müttern im Wege stehen, wenn sie beruflichen Erfolg haben wollen. In minderem Maße sind dazu auch die Berufsbarrieren für verheiratete und in nichtehelichen Partnerschaften lebende Frauen zu rechnen. Diese eher negativ zu bewertenden Umstände „pushen" vor allem ehrgeizige Frauen ins Alleinleben. Sie lassen diese Lebensform nicht unbedingt als begehrenswert, angesichts schlechterer Alternativen aber als „nützlich" und als rationale Wahl erscheinen.

Ökonomischer und gesellschaftlicher Bedeutungsverlust der Ehe

Solange die Ehe vorrangig eine Versorgungseinrichtung und kaum ersetzbare Quelle gesellschaftlicher Anerkennung für Männer und für Frauen war, gab es hierzu wenig Alternativen, selbst dann, wenn eine andere Lebensformen erwünscht oder die Ehe miserabel war. Die Versorgung durch Hausarbeit (für den Mann) und durch Geld (für die Frau) ist heute oft auch jenseits der Ehe möglich. Gut verdienende Männer können jene Hausarbeiten kaufen, die sie nicht selbst leisten mögen. Gut ausgebildete Frauen verdienen ihren Lebensunterhalt selbst. Andere Lebensformen als die Ehe sind selbst in herausgehobenen Positionen der gesellschaftlichen Anerkennung kaum noch abträglich. Damit wurden Alternativen zur Ehe wählbarer, unter anderem das Leben als Single.

Sexualmoral

Sexuelle Moralvorstellungen sind heute wesentlich liberaler als noch vor drei Jahrzehnten. Sexualität gilt auch außerhalb der Ehe als legitim. Verhütungspraktiken ermöglichen die Trennung von Wünschen nach Sexualität und nach Kindern. Die Liberalisierung der Sexualmoral und die Verbreitung von Verhütungsmitteln haben so die Legitimität und Praktikabilität außerehelicher Sexualität gefördert und frühere Hindernisse gegen das Alleinleben aus dem Wege geräumt. (Schneider 1994, 118)

Protestantische Konfession

Der Protestantismus hatte schon immer individualistischere Leitlinien als der gemeinschaftlichere und auf Familienbildung zielende Katholizismus. Die protestantische Konfession stand der eigenständigen Wahl der Lebensform und dem Alleinleben nie sehr hindernd gegenüber. Dementsprechend finden sich bis heute in überwiegend potestantischen Gebieten Deutschlands deutlich höhere Anteile der „untypischen" Lebensformen Alleinlebender, Alleinerziehender und nichtehelicher Lebensgemeinschaften.

Urbanisierung

Großstädtische Milieus mit ihrer Anonymität, mit ihrer geringeren sozialen Kontrolle und größeren Toleranz bieten dem Alleinleben einen besseren Nährboden als Kleinstädte und Dörfer. Singles siedeln sich daher überproportional häufig in großen Städten an (Selektionsdeterminante). Umgekehrt wachsen mit der Urbanisierung in Großstädten die Einflüsse, die immer mehr Menschen dazu bewegen, alleine zu leben (Sozialisationsdeterminante).

Scheidungen

Die Anzahl der Scheidungen ist in Deutschland, wie auch in anderen Ländern, in den vergangenen Jahrzehnten gestiegen. Die Quote der Wiederverheiratungen sinkt. Dadurch werden die Lebensformen der Alleinerziehenden, der nichtehelichen Lebensgemeinschaften, aber auch der Singles gefördert.

Emanzipationsbestrebungen

Viele Menschen empfinden Einengungen und Rechtfertigungszwänge als zu hohen Preis für Zweisamkeit. Sie glauben sich von überkommenen Rollen sowie von persönlichen Abhängigkeiten nur befreien zu können, indem sie alleinleben. Sie betrachten die Lebensform des Single als Freiraum zur Ablösung und zum Erproben neuer Leitvorstellungen. Wie einige andere, so stellen auch solche Motive eine negative (Push-)Determinante dar.

Wie alle „push-"Determinanten wirft auch diese die Frage auf, was sein wird, falls in Zukunft dergleichen Determinanten wegfallen sollten? Entfällt damit viel von den heutigen Beweggründen, als Single zu leben?

Bindungs- und Beziehungsunfähigkeit

Angesichts vermehrter Scheidungen, von denen auch immer öfter Kinder betroffen sind, angesichts konfliktreicher werdender Familienstrukturen sind die Sozialisationsvoraussetzungen vieler Heranwachsender nicht allzu gut, Beziehungen aufrechterhalten zu können und hierin Kompromisse einzugehen. Sie haben das nicht gelernt. Bindungs-, aber auch Einsamkeitsängste, die Gleichzeitigkeit von Harmonie- und Streitsucht, das Pendeln zwischen abrupten Autonomie- und Gemeinschaftsbestrebungen sind einige der Folgen. Manches spricht dafür, daß so entstehende Bindungs- und Beziehungsunfähigkeit auch eine der Wurzeln des Singletums ist.

Marktmechanismen

Trotz der „romantischen Liebe", die sich als Prinzip der Partnerfindung in der Moderne gegenüber ökonomischen Erwägungen weitgehend durchgesetzt hat, einen Partner zu finden und zu heiraten, ist auch heute eine Frage von Angebot und Nachfrage, mithin des Marktes. Diejenigen bleiben als Singles übrig, die wegen zu geringen „Marktwerts" – weil sie beispielsweise eine als unzureichend empfundene Bildung oder Berufsausbildung besitzen, weil sie einen bei Partnern häufig ungeliebten Beruf (z. B. Landwirt) ausüben, oder weil sie geläufigen Schönheitsidealen nicht entsprechen – durch „den Rost fallen". Auf der anderen Seite werden diejenigen zum Opfer von Marktmechanismen, die „zu hohe" Ansprüche haben. „Zu hohe" Ansprüche haben oft hochgebildete Frauen. Anders als Männer finden sie sich nur selten mit bildungsniedrigeren Partnern ab.

Der Mensch als Einzelgänger

Zuletzt sei es gestattet, eine „Determinante" ins Spiel zu bringen, die auf den ersten Blick nicht sehr plausibel wirken mag und schon gar nicht empirisch nachweisbar ist. Sie stellt eher eine Überlegung dar: Der Mensch ist vielleicht „gar kein soziales Wesen, wie wir das bisher so lange glaubten. Er war bloß über die Jahrhunderte und Jahrtausende bei uns und ist heute noch anderswo dazu gezwungen, die Rolle eines sozialen Wesens zu spielen. Fallen jedoch die bisherigen lebensbedrohlichen ,Pest, Hunger und Krieg'-Zustände weg – etwas historisch wie weltweit ganz und gar Ungewöhnliches und Einmaliges –, dann streifen mehr und mehr Menschen diese Rolle ab und gehen als Einzelgänger durchs Leben". (Imhof, zit. n. Grözinger 1994, S. 9)

4.2 Theorien

Vorbemerkung

Theorien enthalten weit anspruchsvollere Erklärungen als die zuvor aufgelisteten Determinanten. Theorien verknüpfen viele Erklärungsmomente zu einem möglichst widerspruchsfreien, in einem geschlossenen Gedankengang argumentierenden Erklärungszusammenhang. Freilich lassen Theorien zugunsten ihrer Geschlossenheit immer auch bestimmte der eben erwähnten Determinanten unberücksichtigt oder rücken sie doch in den Hintergrund. Theorien, jedenfalls im hier benutzten Sinne dieses Begriffs, sind nicht notwendigerweise bewiesen. Sie können auch ein Gefüge mehr oder minder gut belegter Hypothesen darstellen und müssen noch als zutreffend nachgewiesen werden.

Theorien sind keine akademische Spielerei. Wie in der Einleitung be-
merkt: „Es gibt nichts Praktischeres als eine gute Theorie." (K. Popper)
Dies gilt selbst dann, wenn Theorien noch nicht (vollends) empirisch
überprüft sind. Theorien geben uns grundlegende Denkrichtungen an die
Hand, um zu erklären oder um Erklärungen möglich zu machen, warum
etwas so geworden ist, wie es jetzt ist. Erst auf dieser Grundlage der sy-
stematischen Ursachenfeststellung lassen sich Aussagen darüber machen, in
welche Richtung sich die künftige Entwicklung bewegen wird und was
wir tun können, um gesellschaftliche Zustände in gewünschter Richtung
zu verändern.

Es gibt mehrere soziologische Theorien, die beanspruchen, die Verbreitung des „Singletums" zu erklären. Im folgenden sollen sie nicht im einzelnen dargestellt werden. Sie werden vielmehr in „gebündelter" Form
wiedergegeben werden, zusammengefaßt mit Blick auf die jeweils in
ihnen enthaltenen Schlußfolgerungen zur Zukunft der Singles. In diesem
Kapitel werden die Theorien des Singletums also so aufgeführt, daß sie als
Instrumente für die im folgenden Kapitel zu treffenden Zukunftsaussagen
dienen können.

Den gängigen soziologischen Theorien zur Single-Problematik sind
bestimmte Grundzüge gemeinsam: Sie gehen davon aus, daß Strukturen
gesellschaftlicher Modernisierung immer mehr auch in den „privaten"
Bereich der Menschen hineinwirken. Diese Theorien begründen also,
wie(so) sich gesellschaftliche Entwicklungen und Modernisierungen ergeben, die das Aufkommen von Singles begünstigen.

Im Hinblick auf Aussagen zur zukünftigen Entwicklung von Singles lassen
sich zwei Grundtypen von „Single-Theorien" unterscheiden:
Individualisierungstheorien ist primär eine gesellschaftliche Auflösungsper-
spektive zu eigen. Sie laufen darauf hinaus, daß letzten Endes in allen
Lebenssphären und Lebensformen individualisierte Lebensführungen
dominieren werden. Am besten entspricht dieser individualisierten Lebensführung und den zugrundeliegenden gesellschaftlichen Bestimmungsgründen die Lebensform der Singles. „Die Grundfigur der Moderne ist – zu Ende gedacht – der oder die Alleinstehende." (Beck/Beck-
Gernsheim 1990, S. 130) Individualisierungstheorien enthalten so, zum
Teil implizit, die Prognose, daß immer mehr Menschen als Singles leben
werden.
Differenzierungstheorien folgen hauptsächlich einer Neustrukturierungs-
perspektive. Sie liefern Begründungen dafür, daß sich die Handlungsaus-
richtungen der Menschen in unterschiedliche Richtungen entwickeln
werden. Es wird ihnen zufolge unterschiedliche Lebensweisen und -füh-
rungen mit jeweils entsprechenden Lebensformen geben. Im Rahmen
von Differenzierungstheorien ist nicht absehbar, daß eine Lebensform –
auch auf lange Sicht – dominieren sollte. Vereinfacht ausgedrückt besagen

Differenzierungstheorien auf dem Gebiet der Lebensformen: Wer Kinder aufziehen möchte, tut dies innerhalb einer Familie; wer partnerorientiert lebt, lebt als Paar zusammen; wer primär mit Blick auf seine Person lebt, wird die Lebensform des Single wählen. Differenzierungstheorien kommen so zur Prognose einer mäßigen Zunahme von Singles und einem Ende dieses Zuwachses irgendwann in naher oder ferner Zukunft.

Von beiden Theorietypen existieren „weitreichende" und „vorsichtigere" Varianten. „Vorsichtige" Differenzierungstheorien kommen zum Ergebnis einer künftigen „Versäulung" der Gesellschaft in eine begrenzte Anzahl von Lebensweisen und ihnen zweckrational entsprechender Lebensformen. „Weitreichende" Differenzierungstheorien lassen die Entstehung vieler, auch „irrationaler" Zwischenformen und -phasen sowie mannigfaltiger Kombinationen von Lebensweisen und Lebensformen erwarten. „Weitreichende" Individualisierungstheorien betrachten die völlige Durchsetzung des Singletums als Endstation der Modernisierung. „Vorsichtigere" lassen es offen, ob auch andere Lebensformen wieder neu entstehen könnten.

Um die vorgenannte Zusammenfassung plastischer und verständlicher zu machen, soll im folgenden je eine „vorsichtige" und eine „weitreichende" Individualisierungs- und Differenzierungstheorie wiedergegeben werden.

Weitreichende Individualisierungstheorie

Der Begriff Individualisierung[2] besagt im Rahmen der Individualisierungstheorie von Ulrich Beck und Elisabeth Beck-Gernsheim[3] eine Herauslösung aus traditional gewachsenen Bindungen, Glaubenssystemen und Sozialbeziehungen. Der Begriff der Individualisierung meint

– in *kultureller* Hinsicht eine zunehmende Verselbständigung des einzelnen gegenüber übergeordneten Sinn- und Geltungszusammenhängen, die in traditionalen Gesellschaften den Erfahrungshorizont des einzelnen begrenzen und ihn in ein festes Gefüge der Wirklichkeitssicht und der Lebensinterpretation einbinden;
– in *sozialer* Hinsicht einen Trend zur Verselbständigung des einzelnen gegenüber den sozialen Gemeinschaften, die ihm früher traditionale Verhaltenserwartungen und Wirklichkeitsdeutungen in aller Verbindlichkeit vermittelten;
– in *wirtschaftlicher* Hinsicht die Herausbildung einer Gesellschaft von Handelnden, die eigenständig ihren Lebensunterhalt erzielen – durch Erwerbsarbeit am Arbeitsmarkt und/oder durch gesellschaftliche Transferleistungen.

Der Mensch der *Vormoderne* lebte typischerweise in einem dicht geknüpften Netz ökonomischer, sozialer und kultureller Bindungen: in der Familienwirtschaft des „ganzen Hauses", in den Gemeinschaften des Dorfes, in der kulturellen Verwurzelung mit der Heimatregion, in den Verheißungen der Religion und in den Lebensperspektiven, die ihm Geschlechtszugehörigkeit und sozialer Stand kraft Geburt mitgaben. Der Gedanke eines

selbständig lebenden, entscheidenden, handelnden Individuums war dem
Verständnis z.B. des mittelalterlichen Menschen fern. Er suchte Halt in
der Kontinuität der Überlieferung, in der das einzelne Leben beschlossen
war, er fand Zuflucht in der stützenden und schützenden Gemeinschaft.
Solche Bindungen hatten zwiespältige Wirkungen auf die Lebensführung des einzelnen. Auf der einen Seite sahen so festgefügte Erfahrungswelten nur geringe Möglichkeiten der Lebensgestaltung für den einzelnen
vor. Der Lebensverlauf war in seinen Grundzügen durch die jeweilige
soziale Herkunft und wirtschaftliche Einbindung weitgehend vorherbe-
stimmt. Der Spielraum des einzelnen, einen derart vorbestimmten Lebenszusammenhang zu verlassen und nach Alternativen Ausssschau zu
halten, war denkbar gering. Auf der anderen Seite bedeutete die enge
ökonomische, soziale und kulturelle Gebundenheit des vormodernen
Menschen auch Vertrautheit im Leben, Schutz vor unbotmäßigen Risiken, Vagheiten und Unbestimmtheiten, personale Stabilität und Selbst-
gewißheit. Nie war der Mensch alleingelassen; stets konnte er in der
Gewißheit, in einem größeren Ganzen aufgehoben zu sein, sein Leben
führen – bei aller Gefährdung durch Naturkatastrophen, Krankheit und
materielle Not.

Der Übergang in eine *moderne Gesellschaft*, hierunter verstehen Ulrich
Beck und Elisabeth Beck-Gernsheim

- die philosophische, politische und rechtliche Entdeckung des Individuums als gesellschaftliche Handlungseinheit,
- die Herausbildung eines kapitalistischen und industrialisierten Wirtschaftssystems,
- die Durchdringung vormals gemeinschaftlicher Lebensbereiche durch Güter- und
  Arbeitsmärkte,
- die Erweiterung individueller Erfahrungswelten mit Hilfe von neuen Mitteln der
  Kommunikation,
- die steigende Mobilität,
- die Änderung des Gemeinschaftslebens im Zuge der Urbanisierung,

brachte für den einzelnen eine tiefgreifende Veränderung seiner Lebens-
verhältnisse mit sich. Er wurde aus feudalen Kontrollbindungen und sozialen Zwängen befreit. An deren Stelle traten neue Formen der individuellen Lebensgestaltung. Ermöglicht wurden sie durch eine marktvermittelte
Existenzführung in einer auf Erwerbsarbeit und Konkurrenz beruhenden
bürgerlichen Gesellschaft. Die Verwirklichung eigener Vorstellungen und
Bedürfnisse in den Karrieren von Ausbildung und Beruf, in partnerschaftlicher Liebe sowie in Sozialbeziehungen entwickelte sich zu zentralen
Zielen der Lebensführung. Vor allem die Männer erfuhren derartige Be-
freiungsprozesse. Den Frauen dagegen wurden einstweilen vergleichsweise geringe Handlungsspielräume zugestanden.

Die Kehrseite dieses Modernisierungsprozesses war eine erzwungene
Freisetzung aus der Solidarität und Sicherheit der vormodernen Gesell-

schaft. Die Modernisierung riß die Menschen aus der Eingebundenheit des „ganzen Hauses" und machte sie zu selbständigen, eigenverantwortlichen Akteuren am Arbeitsmarkt. Im Zuge der fortschreitenden Säkularisierung, der beginnenden Pluralisierung von Lebenswelten, der Konkurrenz von Werten und Glaubenssystemen wurden viele geschlossene „Weltbilder" aufgelöst, die dem einzelnen zuvor Sinn gestiftet hatten und ihn in einer überschaubaren Ordnung leben ließen. Die „Entzauberung der Welt" (Max Weber) bedeutete zugleich einen Verlust an innerer Stabilität und überantwortete den einzelnen der Einsamkeit und Entfremdung.

Auf dieser *ersten Stufe gesellschaftlicher Individualisierung* – einer vornehmlich männlichen Individualisierung in einer sich industrialisierenden Moderne – hatte die Vereinzelung aber auch neue Formen der Bindung und Solidarisierung zur Folge: in der Klein- bzw. Kern-Familie, in Nachbarschaft, städtischem Wohnquartier, Betrieb, in Gewerkschaften und anderen Solidargemeinschaften. Der einzelne stand also nicht ungeschützt einer sich modernisierenden Gesellschaft gegenüber.

Besonders viel trug hierzu die emotionalisierte Kleinfamilie bei. Die Frauen beschränkten sich hauptsächlich auf deren Binnenwelt. Die Männer fanden in ihr den Rückhalt zur Abschottung gegen die oft als übermächtig und unerträglich erfahrene Arbeitswelt. Die intimisierte Familie entwickelte sich auf der Grundlage einer romantisierten und emotionalisierten Liebe der Geschlechter zu einem Gegengewicht der Vergemeinschaftung gegenüber der Vergesellschaftung im wirtschaftlichen und öffentlichen Leben.

Der Prozeß der Individualisierung blieb Ulrich Beck zufolge lange in diesem Zustand und damit auf halbem Wege stecken. Individualisierung machte Halt zugunsten der Integration des einzelnen in die private, nicht entfremdete Binnenwelt der Familie. Spätestens aber seit Beginn der sechziger Jahre dieses Jahrhunderts vollzieht sich nach Ansicht Ulrich Becks eine *zweite Stufe gesellschaftlicher Indiualisierung*. Sie ist bislang offenbar nicht abgeschlossen. Sie steht im Zusammenhang mit vielen anderen gesellschaftlichen Umbrüchen, die den Weg von der industriegesellschaftlichen zur fortgeschrittenen Moderne säumen. Im Rahmen des erneuten Individualisierungsschubs entledigen sich die Individuen ihrer Einbindung in Klassen und Schichten, in lokale und regionale Gemeinschaften und erfahren Bindungsverluste bis hinein in Familie und Partnerschaft. Der Motor dieser Entwicklung ist der wohlfahrtsstaatlich organisierte Arbeitsmarkt. Mit ihm in Zusammenhang stehen folgende *Bestimmungsgründe des Individualisierungsschubs* der letzten zwei bis drei Jahrzehnte:

– ein *hohes Wohlstandsniveau* durch umfangreiche, frei verfügbare Arbeits- und Transfereinkommen, das immer mehr Menschen die Freiheit einer eigenbestimmten Lebensgestaltung läßt;

- die *Ausweitung der schulischen und beruflichen Qualifizierung*, dadurch eine längere Orientierungsphase gegenüber dem Erwerbstätigenleben bis in das mittlere Erwachsenenalter hinein, damit verbunden Prozesse der Herauslösung der einzelnen aus ihren Herkunftsmilieus und wachsende Freiräume zur Erprobung von Lebensweisen;
- die *gleiche Einbeziehung von Männern und Frauen* in die schulischen und beruflichen *Bildungsprozesse* und die damit einhergehende vermehrte Teilhabe der Frauen am *Erwerbsleben*, deren Folgen sich in verbesserten wirtschaftlichen Lagen der Frauen und in einer Flexibilisierung der Rollenteilung zwischen den Geschlechtern abzeichnen;
- die sich *steigernde Arbeitsmarktmobilität*, die die Lebenswege der Menschen aus lokalen, regionalen und sozialen Bindungen löst und neue Beziehungsmuster entstehen läßt – teilweise über große räumliche Distenzen hinweg;
- die zunehmenden *Konkurrenzbeziehungen* der Menschen untereinander: in der Schule, im Übergang zum Beruf, am Arbeitsplatz, und die mit ihnen einhergehende Vereinzelung;
- die Ersetzung von Wohnquartieren mit dichten Kontaktnetzen durch städtische Siedlungen mit ihren gelockerten Bekanntschafts- und Nachbarschaftsbeziehungen;
- die *Ausweitung der Freizeit* und die erweiterten Möglichkeiten der Entwicklung und Inszenierung differenzierter Lebensstile.

Die zweite Stufe der gesellschaftlichen Individualisierung wirkt nun auch bis in die intimsten Bindungen der Menschen hinein. Sie findet ihren äußersten Ausdruck in einer kleinen, aber wachsenden Minderheit von Menschen: den Singles. Die Singles haben die folgerichtigen Konsequenzen aus den genannten Faktoren gezogen und sich im traditionellen „Familienlebensalter" von allen gemeinschaftlichen sozialen Bindungen befreit: von einem Partner, von Kindern und Mitbewohnern. Mit einer vorrangig am Arbeitsmarkt orientierten Existenzführung erweitern sie ihre Freiheiten. Neben diesen gewollten setzen sich aber auch Prozesse der erzwungenen Freisetzung aus ökonomischen, kulturellen und sozialen Bindungen fort. Je stärker die Logik der Individualisierung in den Lebenslauf des einzelnen eingreift, desto deutlicher zeigt sich die Herausbildung eines individuellen Anspruches, aber auch eines gesellschaftlichen Zwanges zum „eigenen Leben" – jenseits der traditionalen Gemeinschaften.

Das Streben nach Verwirklichung des eigenen Selbst ist nun nicht mehr nur auf die männlichen Ambitionen nach einem erfolgreichen und erfüllten Berufsleben beschränkt. Es erfaßt jetzt auch die Lebensentwürfe der Frauen. Ihre Vorstellungen richten sich auf eine Biographie, die an den eigenen Interessen orientiert ist, und das sind auch in zunehmendem Maße berufliche Interessen. In der fortgeschrittenen Moderne werden offenbar die Lebensläufe beider Geschlechter zunehmend den Segnungen und Lasten eines „eigenen Lebens" unterstellt. Sie werden an vielen Punkten offener und gestaltbarer und zugleich unmittelbarer den Anforderungen des Marktes unterworfen: der Mobilität, Flexibilität, Konkurrenz und Karriere.

Das Verhältnis der Geschlechter kann von dieser Entwicklung nicht unberührt bleiben. „Die Liebe wird schwieriger denn je" (E. Beck-Gernsheim 1986), wenn sich Mann und Frau als zwei selbständige Individuen mit eigenen Lebenswegen und Rechten auf den Balanceakt zwischen einem „eigenen Leben" und einem „Leben zu zweit" einzulassen haben. Unter dem Diktat der Arbeitsmarktmobilität erscheint ein gemeinsamer Lebensweg für zwei gleichberechtigte Akteure vielfach nicht mehr realistisch. Die Aushandlungsprozeduren über gemeinsame Lebenswege bergen das Risiko in sich, sich zu „Beziehungskisten" zu entwickeln, und ihr mögliches Ende in einer „Wochenend-Partnerschaft", im Auseinanderleben, in Trennung und Scheidung, in einem Single-Dasein zu finden.

Aber nicht nur die Liebe wird im Rahmen dieser Entwicklungen schwieriger. Alle Vergemeinschaftungen, die auf dem Gefühl von Liebe beruhen, stehen vor der Zerreißprobe – allen voran die Familie. Eine Gesellschaft, die zunehmend auf eine arbeitsmarktangepaßte Existenzführung des einzelnen setzt, zugleich aber im kollektiven Projekt Familie ihre ideale Lebensform betont, trägt Spannungsmomente in sich. Vor allem diejenigen geraten in Schwierigkeiten, die das gesellschaftliche Programm im „Familienlebensalter" einlösen wollen. Während sich die modernisierende Gesellschaft zunehmend zu rationaler Lebensgestaltung, individueller Freiheit und zu freiem Wettbewerb untereinander bekennt, ist der familiäre Lebensbereich als ein Ort der Liebe, der Gefühle, der Solidarität und des Natürlichen konzipiert. Die Widersprüche zwischen den Prinzipien von Arbeitsmarkt und Familie konnten so lange verdeckt bleiben, wie sie als „natürliche" und „selbstverständliche" Gegebenheiten unhinterfragt geblieben sind – und solange „Ehe für Frauen gleichbedeutend war mit Familienzuständigkeit, Berufs- und Mobilitätsverzicht". (Beck 1986, S. 199) Die Widersprüche brechen heute in dem Maße auf, „in dem die Teilung von Berufs- und Familienarbeit in die Entscheidung der (Ehe-)Partner gelegt wird", in dem die Aufgabenteilung zu einem Resultat von Aushandlungen zweier individueller, zunehmend geschlechtsunspezifische Lebensentwürfe „bastelnder" Partner wird.

Das „Neue Single-Leben" resultiert unmittelbar aus den krisenhaften Erscheinungen im Partnerschafts-, Ehe- und Familienleben. Das aufbrechende Konfliktfeld von Arbeit und Familie drängt die Menschen zur Erprobung und Erfahrung einer Lebensführung, die diese Spannungsmomente zugunsten einer individualistischen Existenzweise „löst": Singles sind extrem frei von sozialen Abhängigkeiten. Singles haben historisch nie gekannte weite Handlungsspielräume. Singles sind nicht mit irgendwelchen Ansprüchen an Zeitverwendung, an Zuwendung an andere oder mit sonstigen Pflichten konfrontiert, derer sie sich nicht erwehren könnten. Sie sind zugleich extrem freigesetzt vom Rückhalt partnerschaftlicher und familiärer Bindungen und aus den Lebensperspektiven, die mit diesen

Bindungen assoziiert sind. Sie sind Vorboten einer Gesellschaft, in der nicht mehr soziale Bindungen unter den Menschen vorherrschen.

Die eben zusammengefaßte Individualisierungstheorie Ulrich Becks und Elisabeth Beck-Gernsheims wurde in den letzten Jahren in Deutschland auch über die Soziologie hinaus sehr bekannt. Dies hat mindestens zwei Gründe: Sie ist erstens vergleichsweise konkret und kompromißlos angelegt. Viele Leser können so die theoretischen Thesen in ihrem Altagsleben wiedererkennen. Zweitens entspricht sie offenbar weitverbreiteten (positiven) Leitbildern oder aber (negativen) Befürchtungen der Menschen.

Eine allgemeine Diskussion der Individualisierungstheorie ist nicht Thema dieser Veröffentlichung. Was jedoch die darin enthaltenen Erklärungen und Prognosen zum Thema Singles betrifft, so ist sie überaus relevant für uns. Sie gilt vielfach als die einzige Theorie, die zureichend begründen kann, wieso und wie immer mehr Menschen als Singles leben.[4]

Andere Stimmen mahnen dagegen zur Vorsicht. So wird darauf hingewiesen, daß keinesfalls die Zunahme aller Singles – und schon gar nicht der Einpersonenhaushalte schlechthin – hiermit erklärt werden kann. Denn vielfach stehen Altersgründe hinter dem Singledasein, oft ergibt es sich als durchaus ungewollter Effekt oder das Leben als Single ist eine vorübergehende Lebensphase, die häufig in ein Zusammenleben mit einem (neuen) Partner mündet. (Schneider 1994, S. 122 f.) Auch bietet die Individualisierungstheorie m. E. keine Handhabe zu begründen, wieso die einen aus Individualisierungsgründen Alleinerziehende werden, andere aus den gleichen Gründen nichteheliche Lebensgemeinschaften vorziehen, und wieder andere als Single leben.

Abgesehen von diesen Einwänden, die auf das *Explanandum* Single zielen, ist m. E. auch das *Explanaus* in Zweifel zu ziehen. Auf jeden Fall ist eine These einseitig, der zufolge immer mehr Menschen alleinleben, weil sich sich an Arbeitsmarktzwänge anpassen (müssen). In der Struktur unserer Wirtschaft und Gesellschaft sind keineswegs nur Mechanismen angelegt, die junge mobile Mitarbeiter stärker prämieren als andere Lebensformen. Oftmals erweist sich die Behauptung der Funktionalität des „vollmobilen Singles" für den Arbeitsmarkt schlicht als falsch. Unternehmen sind vielfach an intern qualifizierten Stammbelegschaften interessiert, nicht an ständigen Wechslern. Dafür stellen sie immer häufiger sogar Maßnahmen wie Kinderbetreuungseinrichtungen bereit, die die Gründung von Familien unterstützen und Betriebsbindung erzielen.

Vorsichtige Individualisierungstheorie

Eine wesentlich „vorsichtigere" und zugleich allgemeinere Variante einer Individualisierungstheorie, die manchen der dargestellten Einwänden aus dem Wege geht, hat Hans-Joachim Hoffmann-Nowotny (1989) vorgelegt.

H.-J. Hoffmann-Nowotny stellt die Spannungen zwischen (Teilen) der *Struktur* (Positionen, Organisationen etc.) und der *Kultur* (Werte, Normen, Vorstellungen) moderner Gesellschaften in den Mittelpunkt. Diese Spannungen rufen seines Erachtens die Dynamik von Gesellschaften hervor und führen dazu, daß die jeweils schwächeren Komponenten, das heißt (Teile der) Struktur oder Kultur sich ändern.

Hoffmann-Nowotny ist der Auffassung, daß die Kultur der Gesamtgesellschaft und die Struktur des Subsystems Familie heute nicht mehr übereinstimmen. Die gesamtgesellschaftliche Kultur ist wesentlich durch den modernen Wert der individuellen (Chancen-)Gleichheit geprägt. Innerhalb der Familiengemeinschaft steht die individuelle Gleichheit des Ranges, der Belohnungshöhe usw. jedoch hinter dem Gesamtwohl zurück. Dies geht vor allem zu Lasten der Frau. „Die gesamtgesellschaftliche Kultur der Gleichheit muß im Primärbereich menschlicher Beziehungen erst noch die ihr angemessene Struktur finden. Je weniger dies der Fall ist, desto größer sind die Chancen einzelgängerischer Lebensformen, weil aufgrund der genannten Problemlage engere Primärbeziehungen wie Ehe oder Familie wieder aufgelöst oder gar nicht erst eingegangen werden. In dem Maße, in dem eine Verbesserung des sozietalen Status von Frauen erfolgt, ist deshalb ebenfalls ein vermehrtes Aufkommen individualisierter Lebensformen zu erwarten." (Hoffmann-Nowotny 1989, S. 21 f.)

Die gegenwärtige Situation der Familie ist also – Hoffmann-Nowotny zufolge – in hohem Maße durch Anomie (Normlosigkeit) geprägt. Dies führt zu Auflösungstendenzen im Bereich der Familie und zu immer zahlreicheren individualistischen Experimenten des Zusammen- und Alleinlebens. Nicht auszuschließen ist im Zuge dieser Entwicklung eine vorübergehende Gegenreaktion „zu heiraten, Kinder zu haben und Familien zu gründen, auf ein ‚eigenes Leben‘ von Frauen (Beck-Gernsheim) verzichten zu wollen". (Hoffmann-Nowotny 1989, S. 31) Ob diese Zerfaserung anhält, wie diese Entwicklung langfristig verläuft, läßt der Autor offen. Er schließt nicht aus, daß die modernen Kulturmuster individualistischer Gleichheit auch im Bereich der Lebensformen zu neuen, individuelleren Strukturen führen werden. Dadurch würden die Formen des Zusammenlebens von Menschen wieder vergleichsweise stabil, aber nicht länger „gemeinschaftlich" sondern von nun an „vergesellschaftet" organisiert werden.

Im Vergleich zu U. Becks und E. Beck-Gernsheims Theorie ist H.-J. Hoffmann-Nowotnys Individualisierungstheorie insofern vorsichtiger, als sie es zumindest nicht ausschließt, wenn nicht sogar unterstellt, daß es sich bei den derzeitigen Tendenzen des immer häufigeren Alleinlebens von

Menschen – wie im übrigen auch bei den vielfältigen anderen „neuen" Lebensformen – um ein Übergangsphänomen handelt. Wie das Ehepaar Beck, so diagnostiziert auch H.-J. Hoffmann-Nowotny das Vordringen der Moderne in den Privatbereich. Anders als die Becks glaubt Hoffmann-Nowotny aber nicht die „Zielgerade" (Grözinger) schon vor sich zu sehen und den Endzustand der Modernisierung des Privaten, den „vollmobilen Single", schon zu kennen, sondern weist zunächst einmal nur darauf hin, daß die Strukturen des Privatlebens hinter der vordringenden Kultur der Moderne zurückbleiben und – so wie es derzeit aussieht – sich als schwächer als die moderne Kultur erweisen werden.

Im übrigen sollte man darauf aufmerksam machen, daß H.-J. Hoffmann-Nowotnys Theorie nicht, wie die vielen soziologischen Theorien, die im Zuge der sich durchsetzenden Industriegesellschaft entworfen wurden, einen „cultural lag" sieht, das heißt ein Nachhinken der Kultur hinter strukturellen und institutionellen Bereichen. Der Autor gelangt im Gegenteil zum Befund eines „institutional lag", einem Voreilen der Kultur und einem Zurückbleiben von Institutionen und Strukturen.

Vorsichtige Differenzierungstheorie

Der Soziologe Thomas Meyer geht in seinem Buch „Modernisierung der Privatheit" (1992) ebenfalls von einer in die Lebensformen der Menschen vordringenden Modernisierung aus. Er kommt aber zum Ergebnis der *Differenzierung,* nicht der Individualisierung des Privaten.

Den Ausgangspunkt von Meyers Theorie bildet die Überlegung, „daß in Anbetracht fortschreitender Modernisierungsprozesse sich die Gesellschaft weiter differenziert und jeweils – die funktionale Effektivität des Privatheitssystems insgesamt steigernde – *spezialisierte Subsysteme mit jeweils charakteristischen ‚Eigenrationaliäten'* zur Verfügung stellt." Dies bedeutet, „daß sich das *einheitliche Teilsystem Familie in Privatheitstypen, die als unterschiedliche Subsysteme zu betrachten sind, ausdifferenziert".* (Meyer 1992, S. 88)

Unter „System" versteht Meyer hierbei im Anschluß an Niklas Luhmann, daß „Handlungen mehrerer Personen sinnhaft aufeinander bezogen werden und dadurch in ihrem Zusammenhang abgrenzbar sind von einer nicht dazugehörigen Umwelt". (N. Luhmann zit. n. Meyer 1992, S. 89) Systeme werden also nicht notwendigerweise mit Blick auf gesamtgesellschaftliche Funktionen definiert, wie das in großen Teilen der soziologischen Theorie geschieht. Diese Fassung des Systembegriffs macht ihn zur Analyse von privaten Lebensformen tauglich.

Als Resultat des Modernisierungsprozesses entstehen, Meyer zufolge, im wesentlichen drei Privatheitstypen, die drei Subsysteme, also drei Typen privater Lebensformen, hervorrufen:

Partnerschaftsorientierter Privatheitstyp: Im Rahmen des partnerschaftsorientierten Privatheitstyps ist das zentrale und strukturprägende Thema der Paarbeziehung die Beziehung selbst. Die Paarbeziehung versteht sich als gleichsam selbst stabilisierender, individueller und privater Zusammenschluß, der primär über Zuneigung und Liebe gestiftet wird und ansonsten niemanden etwas angeht. Im Zentrum steht das Paar und nicht die Familie oder das Kind. (Meyer 1992, S. 90)

Diese Basis einer „romantischen Liebe" ist nicht sehr stabil. Das macht sich in den unterschiedlichen Strukturformen, in denen der partnerschaftsorientierte Privatheitstyp zutage tritt, ungleich stark bemerkbar. In *Nichtehelichen Lebensgemeinschaften*, erst recht in *Freundschaften* stellt die Brüchigkeit des Fundaments kein großes Problem dar, da sie unter dem prinzipiellen Vorbehalt jederzeitiger Kündbarkeit eingegangen werden. In Ehen erweist sich der partnerschaftsorientierte Privatheitstypus dagegen als Problem. Er enthält das Paradoxon, eine auf lebenslange Dauer gedachte Beziehung auf etwas so Vergängliches wie Leidenschaft, Gefühle und Sexualität zu gründen. Insofern trägt bereits die romantische Eheauffassung konzeptionell eine Auflösungstendenz in sich. (Meyer 1992, S. 91)

Kindheitsorientierter Privatheitstyp: Ehen haben nach Auffassung Th. Meyers ihre traditionelle Bedeutung und Legitimationskraft für Paargemeinschaften weitgehend verloren. Ehen sind heute zur „passenden" Institution für die Eltern-Kind-Familie geworden. Das Motiv der „kindorientierten Ehegründung" tritt immer weiter in den Vordergrund. Noch weiter steht das Kind in der Lebensform der/des Alleinerziehenden im Mittelpunkt. Die *Ehe* und das *Alleinerziehen* sind also die beiden wichtigsten Strukturformen für den „kindheitsorientierten Privatheitstyp". (Meyer 1992, S. 102ff.)

Individualistischer Privatheitstyp: Hinter dem „individualistischen Privatheitstyp" verbirgt sich in erster Linie die Lebensform der *Singles* i. e. S. Den individualistischen Privatheitstyp zeichnet ein ausgeprägtes Interesse an Autonomie, Unabhängigkeit und individuellen Entfaltungsmöglichkeiten aus. „Überall steht der Wunsch nach individueller Freiheit und Unabhängigkeit, nach ungestörter personaler und beruflicher Entfaltung, nach sexueller Freizügigkeit, aber auch das Bedürfnis, mehr Freunde und Kontakt mit einer größeren Zahl von Menschen zu haben, im Vordergrund – und die Erfahrung oder Befürchtung, daß dies allen bei einer festen und dauerhaften Bindung nicht oder nicht ausreichend zu verwirklichen sei." (E. Spiegel 1986, S. 72 zit. n. Meyer 1992, S. 109) Der individualistische Privatheitstyp erwartet Individualität also keinesfalls in persönlicher Isolation, sondern in der Kommunikation mit Gleichgesinnten, die emotionalen Rückhalt geben und den eigenen Emanzipationsprozeß begleiten. (Meyer 1992, S. 110)

Im Unterschied zum partner- und kindheitsorientierten Privatheitstyp enthält der individualistische durchaus Einschränkungen: Schon im Motiv selbst liegt nicht selten die Anerkennung von Nachteilen und die zeitliche Begrenzung auf eine vorläufige Lebensform.

Neben *Singles* kann nur noch – ironischerweise – die *Wohngemeinschaft* als Manifestation des individualistischen Privatheitstypus gelten. Hierin findet sich der typisch befristete Zeithorizont und der Übergangscharakter in noch höherem Maße als unter Singles.

Grundgedanke der Theorie von Th. Meyer ist, daß ein wesentliches Modernisierungsprinzip nun auch ins persönliche Leben der Menschen Einzug hält, nämlich die immer zweckgerechtere Spezialisierung von Organisationsformen (im weiteren Sinne) zur effizienteren Erreichung von Handlungszielen. Je nach dem vorherrschenden Ziel (Partner, Kind, Selbst) wählen die einzelnen in zweck-rationaler Weise die hierzu entsprechenden Lebensformen. Das Privatleben wird nach durchaus unterschiedlichen, jedoch soziologisch klar unterscheidbaren Maximen organisiert. Wer Kinder will, lebt „eine ganz normale Ehe und Familie". Wer für den Partner leben möchte, wählt die hierauf zugeschnittene Ehe oder (immer öfter) Nichteheliche Lebensgemeinschaften. Wer „für sich selbst" leben mag, lebt als typischer Single oder (seltener) in einer Wohngemeinschaft.

Es ist ganz offenkundig, daß diese Theorie zu anderen Schlüssen im Hinblick auf die Zukunft der Singles kommt als die beiden zuvor skizzierten Individualisierungstheorien. Individualisierungstheoretiker sind sich sicher, daß das Alleineleben weiterhin dramatisch zunehmen wird. Die radikaleren Vertreter meinen: bis zur seiner völligen Durchsetzung. Die gemäßigteren glauben: bis auf weiteres. Differenzierungstheoretiker wie Th. Meyer – der übrigens viele theoretische Ausgangspunkte N. Luhmanns in den Bereich des Privatlebens übertragen hat – kommen dagegen zum Ergebnis, daß das Singletum noch einige Zeit zunehmen mag, dann jedoch stagnieren wird. Denn es muß den „sozialen Raum" mit anderen Privatheitstypen und Lebensformen teilen. Dafür sorgen unter anderem schon die zeitlichen und qualitativen Einschränkungen, die dem Motiv des „individualistischen Privatheitstyps" selbst zu eigen sind.

Die Argumentation dieser Theorie wirkt überaus „vernünftig" und plausibel. Sie steht auch im Einklang mit empirisch nachweislichen Entwicklungsstendenzen (vgl. Bertram 1993a) und entspricht dem weithin akzeptierten Modernisierungtheorem der „Rationalisierung des Alltags".

Dennoch erscheinen Bedenken angebracht. Einige von ihnen richten sich gerade auf die Unterstellung rationalen Verhaltens, die diese Theorie prägt. Es wird sicher vielen Menschen nicht möglich sein, und schon gar nicht in jeder Lebensphase gelingen, die „richtige", zu einer Hauptmotivation und Lebensweise passende Lebensform zu wählen. Viele werden so rational ihr Leben nicht gestalten *wollen*, daß ihnen die Lebensform vor Augen steht, die ihrer Orientierung adäquat ist. Andere werden keine rationale Wahl ihrer Lebensform treffen *können*. Sie werden durch Kompromisse mit Partnern, Ungewißheit über die eigenen Motive, biographische Umbrüche und vieles andere mehr daran gehindert werden. – Außerdem läßt die Differenzierungstheorie offen, wieso Menschen eigentlich zu unterschiedlichen Handlungsrationalitäten gelangen.

Weitreichende Differenzierungstheorie

Die bislang dargestellten Erklärungsmuster und die gegen sie vorgebrachten Bedenken sollen abschließend in einem vierten soziologischen Erklärungsansatz berücksichtigt werden. Die Theorie kann mit „Theorie der subjektiven Modernisierung" überschrieben werden. Sie wurde vom Verfasser im Zuge der Diskussion um die Modernisierung von Industriegesellschaften entwickelt und läuft ebenfalls auf eine Differenzierungstheorie hinaus. Nicht eine Auflösungs- oder Anomieperspektive, sondern eine (Neu-)Strukturierungssicht steht im Mittelpunkt der Theorie. Sie ist im Grunde vergemeinschaftungs- und nicht vereinzelungsorientiert. Allerdings fallen die erklärten Lebensformen weniger „übersichtlich" und die sie erklärenden Handlungsorientierungen der Menschen nicht ganz so rational aus wie in der Differenzierungstheorie Th. Meyers.

Die Theorie der „subjektiven Modernisierung" geht wie die obigen Theorien davon aus, daß Modernisierungsprozesse immer mehr auch in das Privatleben eingreifen. Dabei erscheint es zunächst wichtig, zu definieren, was die Modernisierung ausmacht, die das Privatleben der Menschen offenbar zunehmend prägt und letzten Endes auch für die Zunahme von Singles maßgebend erscheint.

Modernisierung wurde in älteren Theorien vor allem anhand konkreter Institutionen bestimmt. In dem Maße wie bestimmte Einrichtungen, vor allem demokratische und marktwirtschaftliche Institutionen, aber auch sozialpolitische Instanzen, Massenmedien, Bildungsstätten, Gesundheitsvorsorge etc. gegeben waren, wurde von Modernisierung gesprochen. (vgl. Zapf 1970) In manchen neueren Modernisierungstheorien werden abstraktere „Basisinstitutionen" (vor allem der Demokratie und der Marktwirtschaft), die durchaus Konflikten ausgesetzt und so innovativ sind, als Kern der Modernisierung ausgemacht. (Zapf 1991)

In Zeiten raschen sozialen Wandels beinhaltet die Festlegung der Modernisierung auf bestimmte Gegebenheiten von Gesellschaften aber die Gefahr, daß bei jeder entscheidenden Veränderung von gesellschaftlichen Institutionen die Modernisierungstheorie umgeschrieben oder das Ende der Moderne ausgerufen werden muß. Zudem erschwert es die Bindung der Modernisierungstheorie an bestimmte gesellschaftliche Einrichtungen, unterschiedlich verlaufende, pluralistische Wege der Modernisierung zu erkennen. So vollzieht sich Modernisierung in asiatischen Schwellenländern heute oftmals in durchaus anderer Gestalt, als sie in europäischen Gesellschaften verlaufen ist.

Wie immer, wenn reale Prozesse gesellschaftlicher Ausdifferenzierung soziologische Grundbegriffe zu Spezialbegriffe machen, liegt der Ausweg in der Erhöhung des Abstraktionsniveaus: Wenn die Formen der Modernisierung wechseln und vielfältige Wege der Modernisierung eingeschlagen werden, muß der Begriff „Modernisierung" abstrakter definiert werden.

Deswegen wird Modernisierung im folgenden an sehr abstrakten Prinzipien und nicht an konkreten Institutionen festgemacht. Modernisierung wird als prinzipiell offene Entwicklung von Gesellschaft nach Maßgabe folgender Prinzipien verstanden:

- ein linearer Zeitbegriff setzt sich durch, im Denken wie auch in den Einrichtungen; mit dem Ablauf der Zeit wird immer wieder Neues geschaffen; Geschichte gerät zur Entwicklung;
- ein Fortschrittsdenken bricht sich Bahn; Fortschritt besteht vor allem in der Mehrung von individuellen Optionen, in wachsender Freiheit der Menschen von Hemmnissen und Bindungen;
- Säkularisierung verbreitet sich; Fortschritt vollzieht sich erfahrbar für die Menschen hier auf Erden und nicht etwa im Jenseits;
- Zweck-Mittel-Rationalität gerät zur vorherrschenden Maxime; damit im Zusammenhang verbreiten sich analytische, objektivierende, auf die Aufdeckung von Ursache-Wirkungszusammenhängen gerichtete Denkweisen, Verhaltensmuster, Verfahren, Normen und Einrichtungen.

Modernisierung, so aufgefaßt, besteht in bestimmten Zielrichtungen, die sich zunächst – aus welchen Gründen auch immer – in den Gedanken von Menschen formieren, sich sodann in ihrer immateriellen und materiellen Kultur verbreiten. Ein Blick in die Geistes- und Sozialgeschichte zeigt, daß die gedanklichen Leitlinien der Modernisierung keineswegs neu sind. Spätestens mit Renaissance und Reformation wurden sie seit dem 16. Jahrhundert systematisch entwickelt. Galileo Galilei, Thomas Hobbes, John Locke, David Hume, Baruch Spinoza sind wichtige Protagonisten dieser *geistigen Modernisierung*.

Mit der Aufklärung, im wesentlichen seit dem 18. Jahrhundert, verbreitete und konkretisierte sich diese geistige Modernisierung in Gestalt moralischer und politischer Forderungen. Man könnte diese Phase als *politisch-normative Modernisierung* bezeichnen.

Massenhaft in gesellschaftliche Systeme, Einrichtungen und Handlungen umgesetzt, und damit ein weiteres Mal in Form von Gesetzen, Organisationen, Handlungsgefüge und -normen konkretisiert, wurden die Leitlinien der Modernisierung freilich erst im Laufe des 19. Jahrhunderts. Man kann diese dritte Phase *gesellschaftliche Modernisierung* nennen. Strukturdominant wurde sie, wenigstens in Deutschland, erst Mitte des

20. Jahrhunderts. Erst seither kann man hierzulande von einer „modernen Gesellschaft" sprechen.

Die moderne Gesellschaft nahm in Westeuropa und Nordamerika zunächst die Gestalt der *Industriegesellschaft* an. Die Industriegesellschaft ist die historisch erste, nicht notwendigerweise aber die einzige oder die letzte gesellschaftliche Umsetzung der Modernisierung. Im Rahmen der hier vorliegenden Modernisierungstheorie wird also Modernisierung und Entwicklung der Industriegesellschaft nicht gleichgesetzt. Vielmehr wird ein deutlicher Unterschied zwischen dem Konzept der allgemeinen Modernisierung und der konkreten gesellschaftlichen Ausformung in Gestalt der Industriegesellschaft gemacht.

Ganz allgemein gesprochen, zeichnet sich die Industriegesellschaft durch die funktionale Differenzierung ihrer Strukturelemente und durch deren gegenseitige Verflechtung aus. Das heißt: Es entstehen immer verschiedenartigere Betriebe, Organisationen, Rollen etc., die jeweils immer spezifischere Aufgaben erfüllen, dabei jedoch immer mehr aufeinander angewiesen sind. Der Weg der Industrialisierung führt von unzusammenhängender Gleichartigkeit zu verflochtener Verschiedenartigkeit (z.B. von den vielen ziemlich ähnlichen und weitgehend autarken Bauernhöfen in vorindustriellen Gesellschaften zu arbeitsteiligen Industriebetrieben). Wichtigstes Mittel der Verflechtung und „Motor" der Modernisierung ist in dieser Phase der Markt.

Genauer: Der Entwicklung von Industriegesellschaften unterliegt ein „Code", der sich in folgenden Stichworten zusammenfassen läßt: (Toffler 1980, S. 58 ff.)

- Standardisierung (von Produkten, Löhnen, Preisen, Arbeitsvorgängen, Arbeitsverhältnissen, Lebensläufen, Lebensformen, Kulturmustern etc.)
- Spezialisierung in Gestalt der Arbeitsteilung, der Trennung von Produktion und Konsum, der Rollendifferenzierung zwischen Mann und Frau, der Aufgabenteilung in Organisationen etc.
- Synchronisierung und Rationalisierung der Zeit, d.h. immer mehr gleichzeitiges Tun, immer exaktere zeitliche Abstimmung des Tuns vieler Menschen sowie mehr Tätigkeiten innerhalb bestimmter Zeiteinheiten: Die Fabriksirene, die Schulklingel und die rush-hour geraten zu Symbolen der Industriegesellschaft. Pünktlichkeit und Zeitmangel werden zur Norm.
- Konzentration (der Produktion in Fabriken, in Konzernen und in Monopolen, der politischen Herrschaft in Nationalstaaten usw.)
- Maximierung (von Produktionszahlen, von Beschäftigtenzahlen, des Infrastrukturausbaus, des Großstadtwachstums, der Hochhäuser usw.)
- Zentralisierung (in der Politik, bei unternehmerischen Entscheidungen, in Zentralbanken etc.)

Das Konzept der Industriegesellschaft läßt sich aber noch genauer fassen als der angeführte „Code". Es enthält dann exakte Vorstellungen darüber, welche Gesellschaftsstrukturen in einer Industriegesellschaft typischerweise zu erwarten sind:

- Die Bevölkerungsweise ist gekennzeichnet durch wenige Sterbefälle und wenige, jedoch zum Bestandserhalt ausreichende Geburten.
- Unter den Lebensformen dominiert die „Normalfamilie" von verheirateten Eltern und ca. zwei Kindern.
- Es ergibt sich eine standardisierte Abfolge von vier Lebensphasen: Kindheit, Jugend (= Ausbildung), Erwachsensein (= Erwerbs- oder Hausarbeit) und Alter (= Rente).
- Auf dem Gebiet der Bildungseinrichtungen erfolgt eine Standardausbildung aller und eine erweiterte Ausbildung weniger Menschen.
- Innerhalb der Wirtschaft und Erwerbsarbeit gehen Landwirtschaft und Fischerei in ihrer Bedeutung zurück, der Produktionssektor wächst drastisch, der Dienstleistungssektor nimmt langsam zu. Produziert wird in arbeitsteiligen Großbetrieben von spezialisierten, meist unselbständigen, in genormten Arbeitsverhältnissen und Arbeitszeiten beschäftigten, hauptsächlich männlichen Erwerbstätigen.
- Der Beruf ist die Schlüsselposition der Menschen in Industriegesellschaften. Er bestimmt Selbstverständnis, Lebensweise, Kontaktkreise und Lebensbedingungen der Menschen. Industriegesellschaften sind „Arbeitsgesellschaften".
- Strukturprägend für das Gefüge sozialer Ungleichheiten ist ein vertikales Oben und Unten der Klassen von Besitzenden und Besitzlosen, später das Übereinander der Schichten entlang der differenzierten Berufshierarchie (Arbeiterschicht, Angestellen- und Beamten-Mittelschicht, kulturelle und wirtschaftliche Oberschicht).
- Ein System der sozialen Sicherung mit Massenorganisationen zur Absicherung gegen Not und die industriellen Standardrisiken Alter, Krankheit, Unfall und Arbeitslosigkeit wird errichtet.

Die Industriegesellschaft ist (noch) eine Mangelgesellschaft. Kein Wunder, daß die Massenkultur der herkömmlichen Industriegesellschaft vornehmlich materialistisch und utilitaristisch (das Nützliche zählt) orientiert ist. Private und öffentliche Zielsetzungen sind primär auf das Haben von Gütern, mithin auf Wohlstand ausgerichtet. „Wohlstand für alle" ist eine zentrale politische Forderung. Das *Wohlstandsparadigma* herrscht vor.

Mit Blick auf die oben angeführten vier Leitlinien der Modernisierung wird deutlich, daß die Hauptziele der Industriegesellschaft und der Hauptzweck der funktionalen Differenzierung, Spezialisierung, Organisation etc. darin bestehen, vor allem anderen die grundlegenden Ressourcen zu mehren, die der einzelne in jedem Falle braucht, um „moderner" leben und handeln zu können. Die Mehrung von Arbeitsplätzen, Einkommen, Wohlstand, medizinischer Grundversorgung, Wohnungen für alle etc. steht im Vordergrund.

Die „klassische" Industriegesellschaft diszipliniert den Menschen in erheblichem Maße, gliedert ihn in ein enges, oft vom Maschinenrhythmus diktiertes Arbeits(zeit)regime ein, weist ihm normierte Lebensformen und Lebensweisen zu. Die Wege sind eng, auf denen man in Industriegesellschaften zu den angestrebten Zielen gelangt, d. h. die individuellen Basisressourcen der Modernisierung produziert und erwirbt.

Alles zusammen, die Grundzüge, die Ziele und die Wege der Modernisierung in herkömmlichen Industriegesellschaften kann man als „objektiv" bezeichnen. Wenigstens dann, wenn „objektiv" heißen soll, daß sie weder vom Denken noch vom Handeln der einzelnen unmittelbar zu verändern sind. Die Modernisierung der herkömmlichen Industriegesellschaft ist also eine *„objektive" Modernisierung*.

Gerade wegen der vielfältigen Disziplinierung und Standardisierung war diese erste Phase der Modernisierung in Europa und Nordamerika überaus erfolgreich: Wohlstand, Volksbildung, Lebenserwartung etc. stiegen steil an. Und so standen, ungeachtet aller Einengungen der Menschen, die Erfolge der Modernisierung im Vordergrund der Aufmerksamkeit.

Auf einer bestimmten Stufe der gesellschaftlichen Modernisierung, in Westdeutschland etwa seit den frühen 70er Jahren, sind fortgeschrittene Gesellschaften auf dem Wege von der „objektiven" zur „subjektiven" Modernisierung. Sie verlassen in einigen Bereichen die geläufigen Strukturen der Industriegesellschaft.

– Die Geburtenrate sinkt unter das Reproduktionsniveau. Die entstehenden Bevölkerungdefizite werden systematisch durch Einwanderungswellen ausgeglichen.
– Die Lebensformen pluralisieren sich. „Untypische" Lebensformen wie Alleinerziehende, nichteheliche Lebensgemeinschaften und Singles werden häufiger.
– Die Bildungsexpansion führt dazu, daß individuelle Bildung immer länger dauert und immer umfangreicher wird. Bildung und Wissen werden zur „zentralen Achse" der Gesellschaftsentwicklung. „Wissensgesellschaften" entstehen.
– Die Erwerbsarbeit schrumpft von der Hauptphase zum mittleren Drittel des Lebenslaufs.
– Der Dienstleistungssektor wächst zu Lasten nun auch des Produktionssektors, nachdem der Agrarsektor auf ein Minimum geschrumpft ist.
– „Neue" „postmaterielle" Werthaltungen ergänzen die „alten" materiellen und vermischen sich mit diesen.

Bei diesem Stand der gesellschaftlichen Entwicklung – er wird häufig als *„postindustrielle" Gesellschaft*[5] bezeichnet (Bell 1979; Touraine 1972) – wird deutlich, daß Wohlstand nicht mehr allein im Vordergrund der Zielsetzungen steht, daß Erwerbsarbeit und Marktmechanismen allein nicht alle gesellschaftlichen Bedürfnisse befriedigen können. Es bedarf auch wohlfahrtsstaatlicher Leistungen und öffentlicher Güter. Zudem werden den Menschen neben den Erträgen auch die „Wege" immer wichtiger, auf denen sie Güter und Leistungen erzielen, das heißt ihre Arbeits-, Familien-, Wohn-, Gesundheits- und Umweltbedingungen. Die (Un-)Zufriedenheit damit wird unter dem Stichwort „Lebensqualität" zur politischen Hauptforderung. Neben den Erfolgen werden damit auch Mißerfolge der Modernisierung immer mehr beachtet.

Abhilfe erwartet man primär vom Wohlfahrtsstaat. An ihn richten sich viele Erwartungen und Forderungen. Der Optimismus in die Erfolge der staatlichen Planung ist groß. Insgesamt läßt sich der nun hinzutretende Komplex von privaten und öffentlichen Zielsetzungen als *„Wohlfahrtsparadigma"* bezeichnen. Der Wohlfahrtsstaat reagierte hierauf mit einer

erheblichen Ausweitung seiner Leistungen. Aus der Sicht der Modernisierungstheorie wurde damit neben dem Markt immer mehr auch der Staat
zur bewegenden Kraft der Modernisierung. Im Zusammenhang hiermit
geraten allmählich auch die „subjektiven" Bewertungen von Lebensumständen durch die Menschen immer mehr zum Motor der Modernisierung.

Aufbauend auf diesen Wandlungen werden in Deutschland, aber auch
in anderen fortgeschrittenen Gesellschaften in den 80er Jahren erhebliche
Veränderungen offenkundig. Sie konzentrieren sich im soziokulturellen
Bereich. Diese Weiterentwicklungen führen die Gesellschaft über die
Strukturen hinaus, die üblicherweise als „postindustrielle" Gesellschaft
bezeichnet werden. Unter anderem

– zerfasern nach den traditionellen (z. B. religiösen), nun auch industriegesellschaftliche Milieus und Kulturen (z. B. das herkömmliche Arbeitermilieu);
– leben andererseits einige ältere Milieus und Zuordnungen (z. B. regionale Identitäten) wieder auf und revitalisieren sich;
– entstehen zahlreiche „neue" sozio-kulturelle Gruppierungen: großstädtische Lebensstile, Jugendkulturen, Ausländerkulturen, Lebensweisen und Netzwerke sozialer
  Bewegungen etc.;
– sinkt insgesamt die Bedeutung der soziokulturellen Großgruppen der „klassischen"
  Industriegesellschaft, dafür steigt das Gewicht mittlerer und kleinerer Gruppierungen
  mit je eigenen Werten, Zielen und Verhaltensmustern (Organisations- und Unternehmenskulturen, „Heimat", Stadtteilmilieus, expressive und zum Teil grell-
  plakative lokale Lebensstile, Netzwerke).

Aus modernisierungstheoretischer Sicht gerät damit ein drittes Paradigma
in den Vordergrund. Man kann es als *Lebensweiseparadigma* bezeichnen.
Die Menschen wollen immer öfter nicht nur Ressourcen besitzen
(Wohlstandsparadigma) und befriedigende Lebens- und Arbeitsbedingungen erfahren (Wohlfahrtsparadigma), sondern ihr Leben selbst nach ihrem
eigenen Gutdünken gestalten. Die jeweilige Nutzung von Ressourcen
und die Schaffung von Lebensumständen nach eigenen Plänen wird zum
allgemeinen Ziel. „Leben will ich, wie ich will", lautet ein in den 80er
Jahren in westdeutschen Großstädten oft gesehenes Grafitti. Bezeichnenderweise muß man einen „privaten", plakativ in die Öffentlichkeit zie-
lenden Slogan, und kein „offizielles" politisches Schlagwort heranziehen,
um das Wesen des Lebensweiseparadigmas zu kennzeichnen. Dies heißt
allerdings nicht, daß das Lebensweiseparadigma politisch irrelevant sei. Im
Gegenteil: Die Ansprüche, die politischen Stellen hieraus erwachsen, sind
vielfältig und insgesamt aufwendig. Eine „Politik der Lebensstile" muß
und wird sowohl hierauf reagieren als auch hierauf zielen.[6]

Die Gründe für das Aufkommen des Lebensweiseparadigmas liegen in
Erfahrungen sowohl von Mißerfolgen als auch von Erfolgen der Mo-
dernisierung. Ähnlich wie in den 70er Jahren die Zuversicht in den
Markt geschwunden ist, so ist in den 80er Jahren die Zuversicht der

Menschen gesunken, daß der Wohlfahrtsstaat, so wie in den 70er Jahren erhofft, anstehende gesellschaftliche Probleme lösen kann. Vom Verkehrswahnsinn über die alltägliche Funktionalisierung des Menschen bis hin zu Umweltschäden und Technologierisiken brachte die Modernisierung so viele *Mißerfolge* mit sich, daß in den Augen vieler Menschen weder Markt noch Staat, sondern nur „subjektive" Gestaltung von Entwicklungen übrig blieb, jedenfalls in den Bereichen, die eigener Gestaltung zugänglich sind. Andererseits beziehen sich die Erfahrungen, die das Lebensweiseparadigma befördern, aber auch auf die *Erfolge* bisheriger Modernisierung. Die fühlbare Steigerung von Wohlstand, Bildung, Sicherheit, Wohnraum und anderer individueller Ressourcen bildet die Grundlage des Lebensweiseparadigmas. Zudem haben wohlfahrtsstaatliche Regulierung, effiziente Verwaltungen und zugewiesene Rechte erfolgreich individuelle Optionen vermehrt. Es wurde aber auch deutlich, daß die damit erreichbaren Ziele schwinden und fragwürdig werden. Modernisierung zehrt kulturelle Bestände, Werte und Ziele auf und schafft wenig neue. Um sie müssen sich, das haben sie gelernt, die Menschen selbst kümmern.

Dieser Wandel hin zur subjektiven Gestaltung von Lebensumständen und Lebenswegen stellt eine neue Stufe der Modernisierung dar. Man kann sie *„subjektive Modernisierung"* nennen. Neben den Markt und den Staat ist der einzelne als Motor der Modernisierung getreten. Im Lichte der oben dargestellten vier Leitlinien der Modernisierung wollen im Zuge der „subjektiven" Modernisierung die einzelnen darüber befinden, wie sich Fortschritt für sie gestaltet, welche individuellen Optionen am Platz sind, was für sie erfahrbar ist und was nicht, und welche Mittel zum Erreichen welcher Ziele zweckmäßigerweise einzusetzen sind.

Selbstverständlich ist die hier vorgeschlagene Phaseneinteilung von der „objektiven" zur „subjektiven" Modernisierung mit den Stufen des Wohlstands-, Wohlfahrts- und Lebensweiseparadigmas eine historisch ungebührliche Vereinfachung zum Zwecke der Verdeutlichung. Die Subjektivierung der Modernisierung stellt einen Prozeß dar und verläuft nicht wirklich in Stufen. Zudem war Modernisierung seit jeher von wachsender Subjektivität begleitet. Nur gerät diese Subjektivität nun immer häufiger auf die Ebene der sichtbaren Alltagshandlungen.

Die wachsende Subjektivität der Modernisierung enthält keine gemeinsame und oft genug auch keine individuelle Perspektive. Modernisierung wird dadurch von der „Engführung" der Industriegesellschaft zu einer breiten Bahn, auf der viele, unterschiedliche, nicht selten im Zick-Zack verlaufende Wege möglich sind. Die Einwirkungsmöglichkeiten auf den Gang der Modernisierung nehmen zu. Innerhalb und zwischen modernen Gesellschaften entstehen so vielfach „feine Unterschiede", beispielsweise in Form erstarkter Regionalkulturen, Jugendkulturen, durch Einwanderung von Ausländern etc. Die „subjektive" Modernisierung kalkuliert Scheitern und Irrtum ein. Sie setzt dabei aber viel Kreativität und Initiative frei. Nicht selten überfordert sie den einzelnen aber auch.

Diese individuelle Gestaltung von Lebensumständen kann auf einigen Gebieten, beispielsweise im Bereich der Technologie, der organisierten politischen Institutionen und der Wirtschaftsordnung, weniger ausrichten als etwa auf dem Sektor der Lebensformen und Lebensweisen. Deswegen bleiben viele Züge von Industriegesellschaften bestehen, und die Bezeichnung *„fortgeschrittene Industriegesellschaften"* erscheint für jene Gesellschaften angemessen, die sich im Stadium der „subjektiven Modernisierung" befinden.[7]

Zu den zahlreichen Wegen, die beschritten werden, um „subjektive" Vorstellungen von Modernisierung zu verwirklichen, zählt auch das Phänomen der Singles, mit all ihren oben dargestellten Varianten. Dabei lassen es die Lebensformen und Lebensweisen von Singles zwar oft, aber durchaus nicht immer erkennen, daß es ihnen im Sinne der vier oben angeführten Modernisierungsprinzipien um eine stetige Weiterentwicklung individueller Optionen, um eine zweckmäßigere, erfahrbare Verbesserung ihrer Daseinsgestaltung geht. Manches an Singleexistenzen ist sogar „Gegenmodernisierung" auf den Wegen „subjektiver Modernisierung". Nicht alle eingeschlagenen Wege, z.B. Lebensformen und Lebensweisen, sind wirklich „rationale" Wege, um die eigenen Zielsetzungen zu erreichen. Manches Singleleben beruht auf Irrtum, Zwang der Verhältnisse, Täuschung, Trägheit oder „irrationalen", unter Umständen gerade gegen die eigene Optionsvielfalt und gegen Nützlichkeitsdenken gerichtete Erwägungen. Es ist die Berücksichtigung dieser Aspekte, die die hier vorgetragene Theorie der „weitgehenden" Differenzierung von der zuletzt dargestellten „vorsichtigeren" Differenzierungstheorie unterscheidet.

Die zuletzt dargestellte Theorie der „subjektiven" Modernisierung schließt zahlreiche Elemente der zuvor dargestellten Theorien ein. Sie enthält Individualisierungskomponenten ebenso wie die Vermutung wachsender Rationalitätspotentiale, die sich in Differenzierungsprozessen niederschlagen. Sie versucht Schwachpunkte der oben genannten Theorien zu vermeiden. Sie stützt sich auf so viele empirisch nachweisliche Entwicklungen,[8] daß *die folgende Vorausschau (Kap. 5) und Problemanalyse (Kap. 6) auf dieser Theorie aufbauen werden.*

5. Wie viele Singles wird es künftig geben und wie werden sie leben?

Im vierten Kapitel wurde auf die Bestimmungsgründe eingegangen, die in der Vergangenheit dazu führten, daß immer mehr Menschen im mittleren Lebensalter allein lebten. Die folgende Darstellung beruht auf dem Grundgedanken, daß man die künftige Entwicklung der Bestimmungsgründe des Single-Daseins kennen muß, um etwas über die Zukunft von Singles auszusagen. Um diese Bestimmungsgründe einschätzen zu können, muß man sich jedoch die Zukunftsentwicklungen der Sozialstruktur Deutschlands im ganzen vor Augen führen. Zu diesem Zwecke werden zunächst allgemeine Entwicklungstendenzen moderner Gesellschaften aufgezeigt. Hieraus soll dann die zukünftige Sozialstruktur Deutschlands herausgearbeitet werden.

Diese Abschnitte werden vergleichsweise ausführlich gehalten werden, denn sie stellen zugleich die Grundlage dar, daraus die zukünftige Entwicklung von gesellschaftlichen Problemstellungen und notwendigen Problemlösungen in Deutschland (Abschnitt 6.1) abzuleiten. Vor deren Hintergrund soll dann (6.2) gezeigt werden, inwieweit es die Singles sind, die Probleme schaffen oder aber lösen helfen.

Die Voraussagen dieses Kapitels werden sich in der Regel auf einen Zeitraum bis etwa zum Jahre 2010 beziehen und nur in Ausnahmefällen weiter reichen.

5.1 Die zukünftige Entwicklung von Ursachen und Determinanten
des Single-Daseins: Sozialstrukturelle Zukunftsentwicklungen in Deutschland

Um sozialstrukturelle Zukunftsentwicklungen in Deutschland auf hinreichend sicherer Grundlage aufzuzeigen, sollen im Lichte der o.a. Modernisierungstheorie auch Entwicklungen der Sozialstruktur anderer europäischer Länder beachtet werden. Sie stimmen in so vieler (aber nicht in jeder) Hinsicht überein, daß von daher nicht wenige Zukunftsentwicklungen Deutschlands absehbar sind. Aus ihnen lassen sich viele Bestimmungsgründe der weiteren Entwicklung der „Single-Gesellschaft" ableiten.

Bevölkerung

Die Größe der Bevölkerung, ihre Zusammensetzung nach Alter, Geschlecht und Ethnie sowie ihre räumliche Verteilung stellen fundamentale Rahmenbedingungen für Politik, Wirtschaft, Gesellschaft und nicht zuletzt für das Leben der einzelnen dar.

Ausmaß und Zusammensetzung der Bevölkerung, das heißt der Menschen, die insgesamt in einem bestimmten Gebiet wohnen, werden durch drei Faktoren bestimmt: Geburten, Sterbefälle und Wanderungen. Wirken diese drei Faktoren über eine bestimmte Zeit lang in gleicher Weise zusammen, so spricht man von einer Bevölkerungsweise.

Akzeptiert man die *Geburtenentwicklungen* in den fortgeschrittensten Ländern Europas als Hinweise auf künftige Entwicklungen in Deutschland, so sind aus dieser Richtung keine Überraschungen zu erwarten. Die Geburtenraten in der Europäischen Union haben sich im ganzen parallel entwickelt und einander auf niedrigem Niveau angeglichen. Alle entwickelten europäischen Ländern erlebten einen dramatischen Geburtenrückgang in den späten 60er und in den 70er Jahren. Er fiel in Deutschland allenfalls ein wenig früher und steiler als in anderen Ländern, aber nicht grundlegend anders aus. Binnen weniger Jahre hat sich hierzulande die Zahl der Lebendgeborenen nahezu halbiert, im früheren Bundesgebiet von mehr als 1 Million (1965) auf 0,7 Millionen (1972). Die „Nettoreproduktionsrate"[1] sank von 1,2 (1965) auf 0,7 (1972). Seither stagniert das Geburtenniveau in Westdeutschland unterhalb der letztgenannten Werte. Im Jahre 1980 betrug die „Nettoreproduktionsrate" 0,68 und im Jahre 1990 0,69. Jede Frau in Westdeutschland brachte vor dem Geburtenrückgang (1960) im Durchschnitt 2,4 Kinder zur Welt, danach bis heute praktisch unverändert knapp 1,5 Kinder. (Stat. Bundesamt 1993, S. 220)

Wir finden heute die niedrigsten Kinderzahlen (für viele überraschend) in Spanien und in Italien mit weniger als 1,4 Kinder je Frau im Alter von 15 bis 45 Jahren. In den fortgeschrittensten Ländern mit zum Teil erheblichen Ausländeranteilen sind sie ein wenig höher (USA, Großbritannien, Frankreich: gut 1,8 Kinder). Nur innerhalb dieser engen Bandbreite, also längerfristig weit unterhalb des Niveaus der Bestandserhaltung, das ungefähr 2,1 Kinder pro Frau erfordert, sind Geburtenhäufigkeiten in fortgeschrittenen Gesellschaften zu erwarten.

Die derzeit in Deutschland und in anderen EU-Ländern recht hohen absoluten Geborenenzahlen, die der absoluten Zahl der Sterbefälle annähernd gleichkommen, also kaum eine Bevölkerungsabnahme hervorrufen, dürfen hierüber nicht hinwegtäuschen. Sie beruhen weitgehend auf der Tatsache, daß sich die geburtenstarken Jahrgänge aus den 50er und 60er Jahren heute (noch) im „Eltern-Alter" befinden. Diese demographisch günstige Konstellation wird sehr bald zu Ende sein.

Abbildung 12: Entwicklung der relativen Geburtenhäufigkeit (Lebendgeborene je Frau im Alter von 15 bis 45 Jahren) in den Ländern Westeuropas 1960–1990

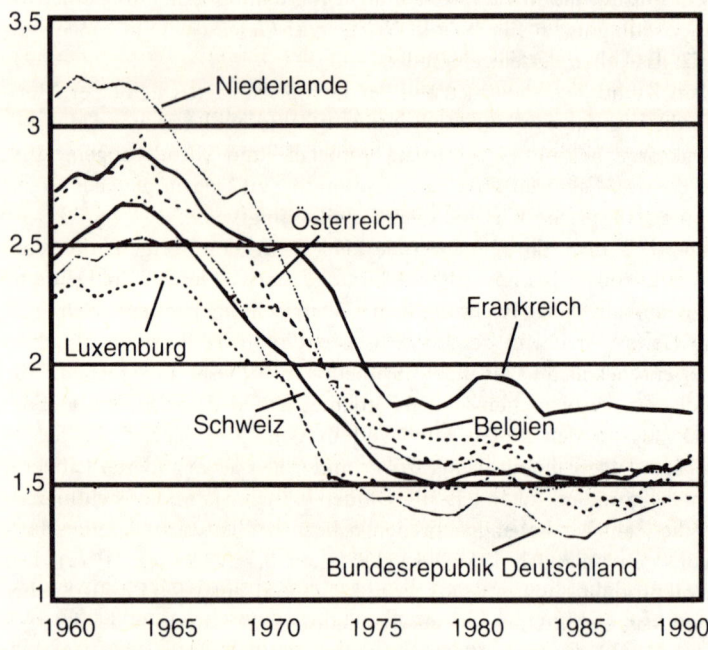

Quelle: Council of Europe 1991, S. 39, zit. n. Schäfers 1995, S. 288

Innerhalb der gezeigten Bandbreite von ca. 1,4 bis 1,8 Geburten pro Frau, die derzeit in modernen Industriegesellschaften zu registrieren ist, wird in Deutschland kein Steigen, eher ein Sinken der individuellen Geburtenzahlen erwartet. Denn nahezu alle bisherigen Ursachen des Geburtenrückgangs werden in Deutschland für die nächsten Jahre in Kraft bleiben: Kinder haben, anders als in vorindustrieller Zeit, keinen ökonomischen Nutzen mehr; geburtenverhütende Mittel sind verfügbar; das wohlfahrtsstaatliche System zur Unterstützung gleichzeitiger Erwerbstätigkeit und Elternschaft ist hierzulande nicht sehr ausgebaut; intensive Eltern-Kind-Beziehungen legen die Konzentration auf wenige Kinder nahe; die Scheidungshäufigkeit steigt; die Lebensformen pluralisieren sich; ein technologischer und ökologischer Zukunftspessimismus hält in Teilen der Bevölkerung an; das Steuerrecht begünstigt kinderlose Paare; Arbeitsmarktrisiken, die Wohnungssituation, der Mangel an familiennaher Infrastruktur, „kleine" Diskriminierungen von Kinderreichen im Alltag, zum Teil unsolidarische Verhaltensweisen der Mitbürger und städtische Lebensstile behindern die Bildung größerer Familien.

Man wird im Gegenteil froh sein müssen, wenn nicht zusätzliche geburtensenkende Bestimmungsgründe hinzu kommen: So richten sich sowohl die Bestrebungen der Unternehmen als auch die Wünsche der Frauen immer mehr auf Frauenerwerbstätigkeit. Denn sie erscheint geeignet, der kommenden Verminderung des Erwerbspersonenpotentials (s.u.) durch einen Zustrom qualifizierter weiblicher Arbeitskräfte entgegenzuwirken und die steigenden Soziallasten mitzufinanzieren, ohne sich hierbei völlig auf Einwanderer mit hohen Integrationskosten und -problemen stützen zu müssen.

Es werden aber auf Jahre hinaus nur geringe öffentliche Mittel für Maßnahmen zur Verfügung stehen, um Kinderwünsche und Frauenerwerbstätigkeit besser als heute zu vereinbaren. Das zur „qualitativen Flankierung" von Einwanderung wünschenswerte Mehr an Frauenerwerbstätigkeit droht somit auf Kosten der Kinderzahl zu gehen. Man wird und muß zwar versuchen, einen wachsenden Konflikt zwischen Frauenerwerbstätigkeit und Elternschaft zu lindern, indem kostenarme Maßnahmen (wie betriebsnahe Kindergärten und Stützung von großstädtischen Netzwerken) ergriffen werden. Oft wird das im Zusammenarbeit mit gesellschaftlichen Gruppierungen geschehen. Ob man dadurch aber einen Geburtenrückgang infolge häufigerer Erwerbstätigkeit von Frauen völlig verhindern kann, erscheint fraglich.

Auch die zunächst höheren Kinderzahlen ausländischer Einwanderer werden die stagnierende Geburtenhäufigkeit deutscher Eltern kaum wesentlich kompensieren können. Wohl aber wird im Maße künftiger Einwanderung, vor allem wenn dies ausländische Einwanderer im Alter wahrscheinlicher Elternschaft oder ganze Familien sein werden, die Zahl von Geburten bzw. Kindern wesentlich weniger stark abnehmen, als aufgrund der gegenwärtigen Altersstruktur der Bevölkerung vorauszusehen ist.

Aus diesen Gründen erscheint es realistisch, für die kommenden Jahre keine wesentlich anderen Kinderzahlen pro Frau als heute zugrundezulegen. Allenfalls für die Zeit nach der Jahrtausendwende könnten sich bei günstiger ökonomischer Entwicklung Modernisierung und ein begrenzter Wiederanstieg der Geburtenhäufigkeit gegenseitig befördern, wie das in anderen fortgeschrittenen Ländern bereits heute der Fall ist. So positiv sich dies langfristig auf die Altersstruktur auswirken würde, im hier interessierenden Voraussagezeitraum würde es keine Trendumkehr der Bevölkerungsentwicklung mit sich bringen.

Ähnlich geringe Veränderungen sind im Hinblick auf den zweiten Faktor des natürlichen Bevölkerungsprozesses, die *Sterbefälle*, zu erwarten, schließt man künftige Kriege, Katastrophen, Epidemien etc. einmal aus. Wir haben eine Angleichung entwickelter Industriegesellschaften auf sehr niedrigem, weiter sinkenden Niveau der relativen Sterblichkeit zu registrieren. Fast überall in entwickelten Industriegesellschaften wird, erstmals in der Geschichte überhaupt, eine Generation nahezu geschlossen alt. Die Lebenserwartungen haben sich dementsprechend auf hohem Niveau angenähert und steigen langsam weiter. Ihre Spanne reichte in der Europäischen Union im Jahre 1990 bei Männern von gut 70 Jahren (Portugal) bis 73,7 Jahre (Niederlande). Überall leben Frauen bedeutend länger als Männer. Am längsten leben in Westeuropa die Französinnen mit 81,1 Jahren. Am wenigsten lange leben die Irinnen mit immerhin 77,4 Jahren. Deutschland lag im Jahre 1990 mit 72,4 bzw. 78,9 Jahren durchschnittlicher Lebenserwartung für Männer bzw. Frauen im Mittelfeld der EU-Staaten. (Statistisches Bundesamt)

Betrachtet man die sogenannte „biosoziale" Bevölkerungsbewegung, also *Geburten und Sterbefälle im Zusammenhang* und sieht einstweilen (modellhaft) von Zuwanderungen ab, so ergibt sich folgendes Bild: Geburten und Sterbefälle halten sich zwar heute noch in vielen entwickelten Industriegesellschaften *absolut* die Waage – weil die geburtenstarken Jahrgänge noch im geburtenwahrscheinlichen Alter sind (= Altersstruktureffekt) – mittel- und längerfristig sind aber deutliche Geburtendefizite und Bevölkerungsabnahmen zu erwarten. In Deutschland stehen diese unmittelbar bevor.

Was uns erwartet, zeigen heute schon die *relativen* Daten: Die Bevölkerung der EU brachte Ende der 80er Jahre pro Frau ein Fünftel weniger Kinder hervor, als längerfristig zum „Null-Wachstum" notwendig sind. Frankreich, Italien, Luxemburg und Deutschland, vier der reichsten und in vieler Hinsicht fortgeschrittensten Gesellschaften Europas, müssen auf längere Sicht sogar mit einem Geburtendefizit von einem Viertel bis einem Drittel rechnen. Was Geburten und Sterbefälle betrifft, so sind derzeit weder in Deutschland noch in anderen Ländern der EU Entwicklungen absehbar, die die gezeigten Trends entscheidend verändern könnten.

Deutschland steht infolgedessen, wie andere Länder etwas später, vor der folgenreichen Situation, daß die geburtenschwachen Jahrgänge aus den 70er Jahren von nun an in die Betriebe, Standesämter und Entbindungsstationen einrücken und hier wie dort empfindliche Lücken hinterlassen werden. Bei uns und dann auch in anderen entwickelten Ländern Westeuropas tut sich allmählich eine „Bevölkerungslücke" auf. Sie wird dann ihren Höhepunkt (ca. im Jahre 2030) haben, wenn sich die geburtenstarken Jahrgänge aus den 50er und 60er Jahren alle im Rentenalter befinden werden und die geburtenschwache Kohorte seit den siebziger Jahren vollständig im Erwerbsleben stehen wird.

Abbildung 13: Bevölkerungsentwicklung in der Bundesrepublik Deutschland, ohne Wanderungen gegenüber dem Ausland*

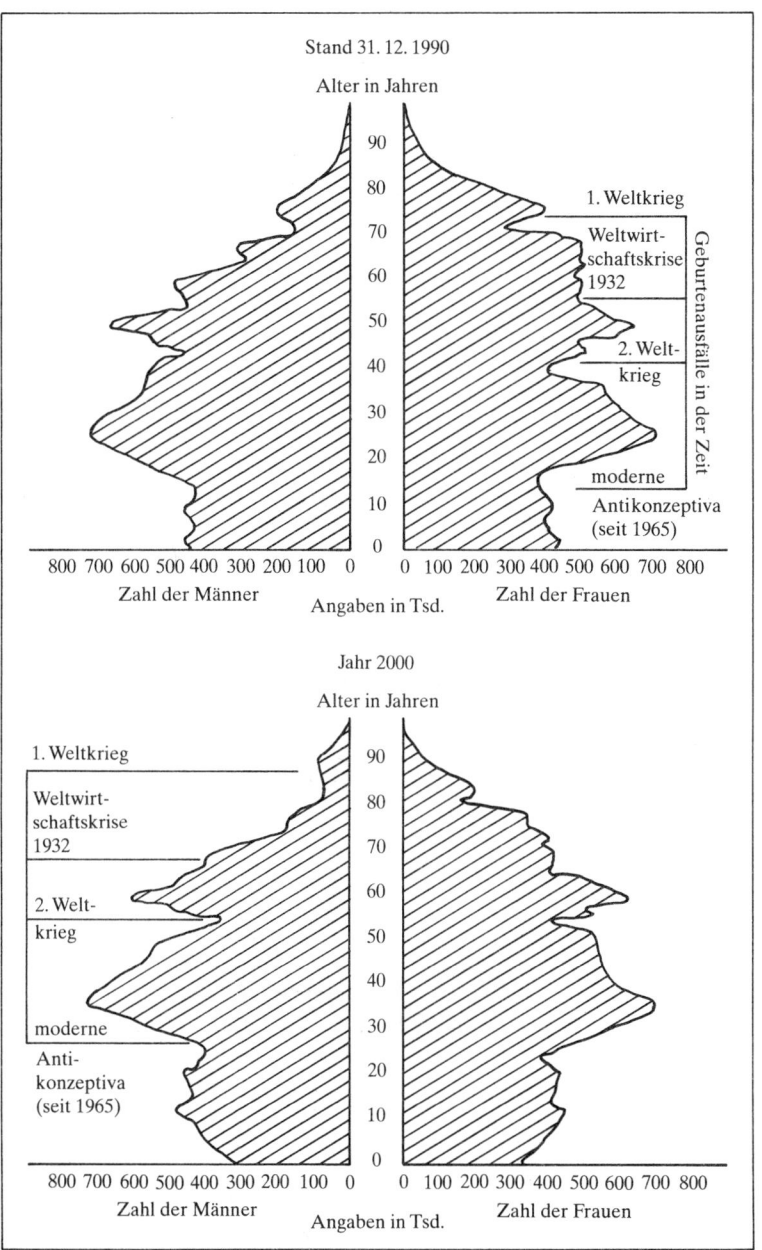

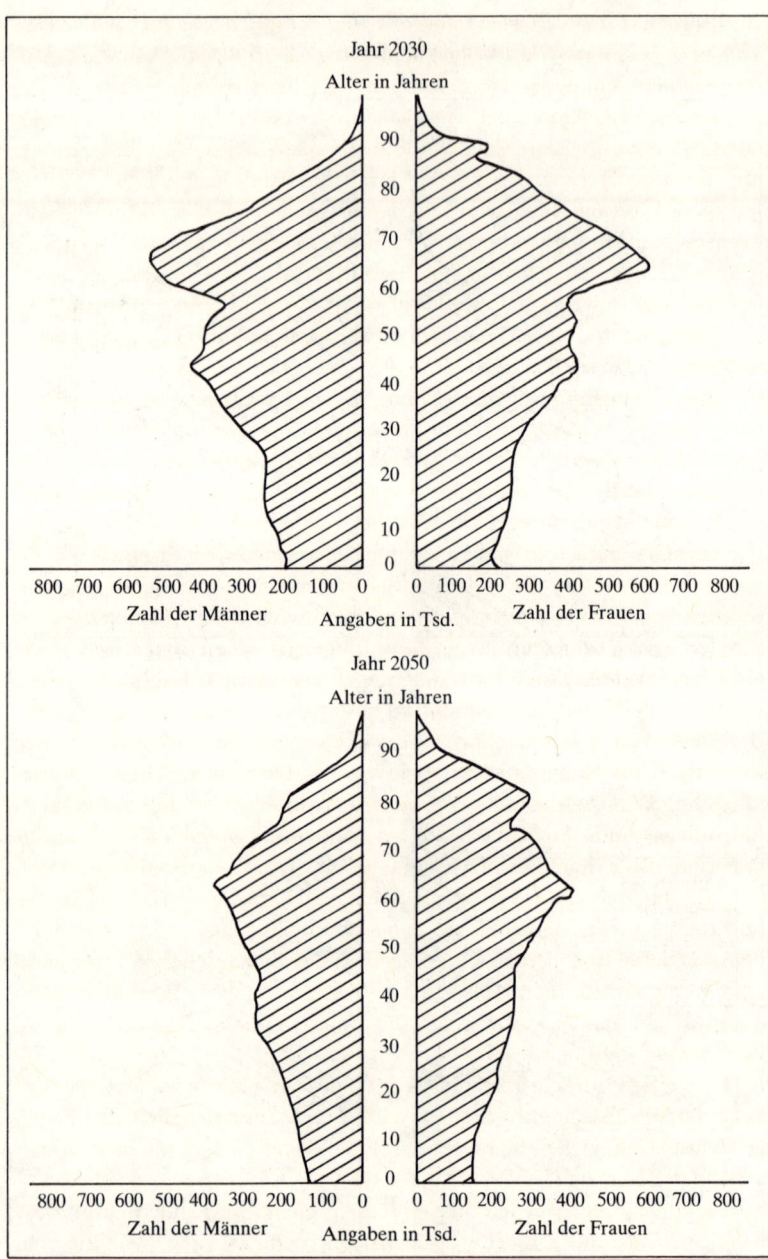

* Annahme: Fertilität und Mortalität des Basisjahres 1990 konstant.

Quelle: Schoser 1993, S. 170 f.

Im Gegensatz zu Geburtenhäufigkeit und Sterblichkeit, die sich seit ca. 20 Jahren nicht wesentlich veränderten und auch künftig keine dramatischen Überraschungen erwarten lassen, sind beim dritten Faktor der Bevölkerungsentwicklung, bei den *Wanderungen*, erhebliche Veränderungen zu registrieren. Besonders die ökonomisch entwickeltsten Länder vermehren ihre Bevölkerung zunehmend durch Einwanderungen. Zwar verlaufen diese Einwanderungen in sehr unterschiedlicher Menge und Gestalt, aber aus einigem Abstand betrachtet bilden sie eine einheitliche Tendenz. Man wird nicht fehlgehen in der Vermutung, daß sie – jenseits der unterschiedlichen Beweggründe und Anlässe – mit dem anstehenden Geburtendefizit und der relativ günstigen ökonomischen Situation dieser Länder ursächlich zusammenhängen.

Viele Demographen gehen schon heute so weit, einen „zweiten demographischen Übergang" zu diagnostizieren, nach dem ersten Übergang von der vorindustriellen „verschwenderischen" Bevölkerungsweise (viele Geburten und viele Sterbefälle erbrachten ein mäßiges Bevölkerungswachstum) zur industriegesellschaftlichen „sparsamen" Bevölkerungsweise (wenige Geburten und wenige Sterbefälle ergaben ein mäßiges Wachstum). Die „sparsame" Bevölkerungsweise herkömmlicher Industriegesellschaften geht ihrer Ansicht nach in die Bevölkerungsweise „postindustrieller" und „fortgeschrittener" Industriegesellschaften über: Die Geburtendefizite werden durch Einwanderungen systematisch ausgeglichen.

In dieser Hinsicht hat Deutschland eine Vorreiterstellung in Europa inne. Deutschland nahm schon in der Vergangenheit seit dem Zweiten Weltkrieg mit fünf Einwanderungswellen (Heimatvertriebene, DDR-Flüchtlinge, „Gastarbeiter", Aussiedler, Asylbewerber und ausländische Flüchtlinge) und nimmt bis heute bei weitem die meisten Zuwanderungen unter den europäischen Ländern auf. (Ausländerbeauftragte 1994, S. 61 ff.) Hierbei kommen immer weniger Menschen aus EU-Ländern und immer mehr Menschen aus den osteuropäischen Ländern sowie aus dem Mittleren und Fernen Osten zu uns. Für die anstehende Integration schafft dies andere, meist schwierigere Voraussetzungen. Wie die meisten europäischen Länder versteht sich die Bundesrepublik dennoch nicht als Einwanderungsland.

Die drei genannten Faktoren bestimmen Ausmaß und Zusammensetzung der Bevölkerung. In allen entwickelten Industriegesellschaften, auch in Deutschland, ziehen hierunter die (Ein-)Wanderungen die deutlichsten Veränderungen nach sich.

Das *Ausmaß* der Bevölkerung wuchs in allen EU-Ländern (mit Ausnahme Irlands und zeitweise Spaniens) seit dem Zweiten Weltkrieg. In den meisten Länder reichte schon allein der, wenn auch geringe, Geburtenüberschuß aus Altersstruktureffekten zu einem bescheidenen Wachstum aus, das durch Einwanderungen noch vermehrt wurde. In den demographisch entwickeltsten Gesellschaften Dänemark und Deutschland waren in den 70er und 80er Jahren trotz noch günstiger Altersstruktur absolute Geburtendefizite zu verzeichnen. Hier wurde das Bevölkerungswachstum in letzter Zeit allein aus den Einwanderungen erzielt. *Festzuhalten bleibt, daß bislang noch stets ein Bevölkerungswachstum auch und gerade in **den** entwickeltsten Ländern zu beobachten war, die geringe, weit unterhalb des Reproduktionsniveaus liegende Geburtenraten aufweisen.* Von daher erscheint die Prognose angemessen, daß auch die Bevölkerungszahl Deutschlands nicht sinken wird.[2] Alle bisherigen Prognosen, die ein Schrumpfen der Wohnbevölkerung Westdeutschlands voraussagten, haben sich in den vergangenen Jahren als falsch erwiesen. (Wagner 1989, S. 17)

Diese Voraussage unterstellt eine jährliche Zuwanderung von wenigstens 0,3 Mio. Menschen im Jahre 2000, von 0,4 Mio. Menschen im Jahre 2020 und von 0,5 Mio. im Jahre 2030. (Buttler 1993, S. 63) Dies sind keine erschreckend hohen Zahlen, wenn man die weit höheren Zuwanderungszahlen der letzten Jahre berücksichtigt und weiß, daß seit dem Zweiten Weltkrieg pro Jahr durchschnittlich mehr als 0,2 Mio. Menschen zu uns kamen, und weiter berücksichtigt, welche ökonomischen und sozialpolitischen Probleme (siehe 6.1) ohne diese Einwanderung anstehen. Freilich sollten diese Zuwanderungen im Unterschied zu früheren quantitativ und qualitativ gesteuert werden, sonst drohen Deutschen und Zuwanderern statt Vorteile vor allem Nachteile in Gestalt von Arbeitslosigkeit und Armut, Konflikten und Kriminalität.

Im Hinblick auf die *Zusammensetzung* der Bevölkerung werden sich vor allem Veränderungen der Alters- und Nationalitätenstruktur ergeben. Westdeutschland hatte 1989 den höchsten Anteil *älterer Menschen* in der ganzen Welt. 25,4% der Frauen und 15,6% der Männer waren 60 Jahre und älter. Dies hängt nicht zuletzt mit dem früh und krass einsetzenden Geburtenrückgang zusammen. Gesamtdeutschland hat, infolge des etwas niedrigeren Bevölkerungsanteils Älterer in Ostdeutschland, zwar nicht mehr den höchsten, aber immerhin noch einen der höchsten Altenanteile der Welt. Dennoch ist die Alterung keine deutsche Besonderheit, sie ist ein typisches Phänomen aller entwickelten Industriegesellschaften. In allen steigt der Anteil älterer Menschen und ein weiteres Ansteigen ist absehbar. Der Anteil der älteren Menschen (mindestens 60 Jahre alt) in Deutschland wird von heute einem Fünftel bis zum Jahre 2030 – zunächst langsam, dann nach 2010 sehr rasch – auf ein Drittel ansteigen. Hierbei verjüngt ein Ausgleich des Geburtendefizits durch Einwanderung die Bevölkerung nur unwesentlich; die nachfolgend ohne Berücksichtigung von Einwanderungen genannten Daten zur Alterung werden sich nur wenig nach unten verändern; zumal sich das Geburtenverhalten der Einwanderer in der Regel dem der einheimischen Bevölkerung rasch angleicht.

*Tabelle 14: Zukünftiger Anteil älterer und hochbetagter Menschen an der
Gesamtbevölkerung*

	60 Jahre und älter	80 Jahre und älter
1989	20,4%	3,8%
2000	23,4%	3,2%
2010	26,1%	4,6%
2020	29,6%	6,1%
2030	35,2%	6,0%

Quelle: Stat. Bundesamt

Deutschland hat auf der anderen Seite den geringsten Anteil *junger* Menschen (bis unter 20 Jahre alt) in der ganzen Welt. Dies liegt wiederum am
frühen und krassen Geburtenrückgang hierzulande und zeigt ebenfalls,
daß die Altersstruktur durch Einwanderung nicht wesentlich zu verändern
ist. Die derzeit extrem niedrigen Geburtenraten in den neuen Bundesländern (Nettoreproduktionsrate 0,4!) und die weitgehend unverändert
niedrigen in den alten Ländern lassen ein weiteres Absinken das Anteils
junger Menschen in Deutschland erwarten. Dennoch: Auch das Schwinden junger Menschen haben wir im Prinzip mit allen fortgeschrittenen
Industriegesellschaften gemein.

In herkömmlichen Industriegesellschaften mit ihren begrenzten Einwanderungen spielen *Ausländer* üblicherweise keine große Rolle. In den
meisten entwickelten Industriegesellschaften hingegen steigt der Auslän-
deranteil im Gefolge der wachsenden Einwanderungen. Dies zeigt sich
auch in den fortgeschrittensten europäischen Gesellschaften. Hierdurch
ergeben sich nicht nur wachsende Unterschiede innerhalb der einzelnen
Länder (zwischen Kulturen, Sprachen, Beziehungsformen, Familienformen etc.), sondern auch wachsende Unterschiede zwischen Ländern, weil
sich die Ausländerpopulationen z.B. Deutschlands, Frankreichs und
Großbritanniens durchaus nicht gleichen.

Legt man die oben angeführten Einwanderungszahlen zugrunde, so
werden im Jahre 2010 etwa 12% und im Jahre 2030 gut 25% Ausländer in
Deutschland leben. Allerdings wird hierbei vorausgesetzt, daß Einbürgerungen weiterhin so selten bleiben wie heute. Zudem handelt es sich
dabei um Ausländer im rein juristischen Sinne. Viele der „Ausländer"
werden in 20 oder 30 Jahren nur noch an ihrem Paß als Fremde kenntlich
sein. Sie werden oft schon in der dritten Generation hier leben und
sprachlich, beruflich und oft auch kulturell von Deutschen nicht zu unterscheiden sein. Falls Einbürgerungen jedoch in Zukunft häufiger als heute
stattfinden werden, fallen die Ausländeranteile entsprechend geringer aus

und beziehen sich in höherem Maße auf Menschen, die durch Sprache und Verhalten als Ausländer kenntlich sein werden.

Welche Schlüsse sind hieraus zu ziehen? Welche Entwicklung werden die Bestimmungsgründe des Single-Daseins aus dem Bereich der Bevölkerung nehmen, wenn man die eben dargestellte demographische Zukunft Deutschlands bedenkt? In diesem Abschnitt (5.1) wird noch keine Quantifizierung dieser Zukunftsdeterminanten vorgenommen werden. Diese wird im folgenden Abschnitt (5.2) geschehen.

(1) Ab sofort rücken die geburtenschwachen Jahrgänge in den Altersbereich (25 bis unter 55 Jahre), der nach unserer Definition das Potential der Singles stellt. Die nachrückende Generation ist um ca. 40% weniger zahlreich als die geburtenstarken Jahrgänge aus den 60er Jahren. Mithin wird auch bei weiterhin steigender Neigung zum Single-Dasein unter den nachrückenden Altersjahrgängen der Zustrom von Singles stagnieren und zeitweise sogar rückläufig sein. Vorausgesetzt, die älteren Jahrgänge vergrößern ihre Neigung zum Alleinleben nicht drastisch, wird dadurch sowohl die absolute Zahl als auch der Anteil der Singles an der Gesamtbevölkerung vorübergehend schrumpfen.

(2) Ausländer werden einen stetig wachsenden Bevölkerungsanteil bilden. Nach bisherigem Stand leben Ausländer jedoch relativ selten alleine. Daher wird auch die Zuwanderung von Ausländern der Vermehrung von Singles in der Gesamtbevölkerung entgegenwirken.

(3) Die Alterung der deutschen Gesellschaft wird, vor allem nach dem Jahre 2010, wenn die geburtenstarken Jahrgänge ins Rentenalter kommen, deutlich zunehmen. Sofern ein erheblicher Anteil der heute im mittleren Lebensalter Alleinlebenden diese Lebensform bis ins Alter beibehält, werden sich die beiden Effekte des Alleinlebens durch Verwitwung im Alter und des Alleinlebens als (früherer) Single addieren und sehr hohe Anteile der Älteren werden alleine leben.

(4) Auf dem Gebiet der alten Bundesländer werden, wie gezeigt, einige Faktoren zur Abflachung der Anteile von Singles innerhalb der einzelnen Altersgruppen führen. Nicht so jedoch in den neuen Bundesländern. Hier steht, nach einer Phase der nachholenden Modernisierung, der „Single-Boom" erst noch bevor.

Lebensformen

In den Sozialwissenschaften werden als „Haushalte" Personen bezeichnet, die gemeinsam leben und wirtschaften. Als „Familien" gelten Haushalte, in denen Kinder und Jugendliche von Erwachsenen aufgezogen werden. Diese im folgenden zugrundegelegten sozialwissenschaftlichen Definitionen unterscheiden sich von Begriffsbestimmungen, die landläufig, in der

Statistik oder in den Rechtswissenschaften üblich sind. So gelten unter anderem Verwandte oder von zu Hause ausgezogene Kinder im folgenden nicht als Familienangehörige, genausowenig wie (Ehe-)Paare ohne Kinder als Familien zählen.

Die folgenden Aussagen zur Zukunft von Lebensformen werden knapp gehalten. Denn zum einen liegt in der gleichen Buchreihe ein Werk zur „Zukunft der Familie im vereinigten Deutschland" vor. (Kaufmann 1994) Zum andern ist die Entwicklung einer bestimmten Lebensform, der Singles, ja gerade Gegenstand dieser Schrift.

Haushalte werden mit dem Übergang von traditionalen Ständegesellschaften zu modernen Industriegesellschaften immer kleiner. Im Unterschied zu manchen anderen Entwicklungen setzt sich dieser Prozeß im Laufe der Modernisierung geradlinig fort. Hierbei sinkt der Anteil großer Haushalte drastisch, vor allem der, die fünf und mehr Personen umfassen. Er beträgt in Deutschland nur noch 5%. Die Zahl der kleinen Haushalte, der Zwei- und Einpersonenhaushalte, steigt immer mehr an. Sie machen in Dänemark und Deutschland schon zusammen zwei Drittel, in Frankreich und Großbritannien mehr als die Hälfte aller Haushalte aus.

Was *Ehen und Familien* betrifft, so zeigen sich im Zuge der „Modernisierung moderner Gesellschaften"[3] nicht so sehr geradlinige Weiterentwicklungen als Entwicklungsbrüche. In vorindustriellen Gesellschaften fanden sich sehr unterschiedliche Familienformen nebeneinander. Vom Beginn der Industrialisierung an setzte sich in Westeuropa und Nordamerika das verheiratete Paar mit wenigen Kindern, die Kern- und Kleinfamilie, als „normale Lebensform" immer mehr durch. „Normal" war sie sowohl, was ihre Verbreitung, als auch, was die gesellschaftlichen Normen betrifft. Es wurde zunehmend erwartet, zu heiraten und Kinder zu bekommen. Die 50er und 60er Jahre waren der Höhepunkt dieser Standardisierungsentwicklung. Die Zeit nach den Zweiten Weltkrieg war die „Hoch-Zeit der Hochzeit", das „Goldene Zeitalter der Ehe und Familie". Fast 90% der einschlägigen Altersjahrgänge waren verheiratet, und 90% der Verheirateten hatten Kinder.

In vorindustriellen Gesellschaften wurde, wenn überhaupt, zumeist spät geheiratet. Denn es bedurfte der Hofübergabe, eines Handwerksbetriebes, einer „ökonomischen Vollstelle" also, was oft erst im mittleren Lebensalter zu erreichen war. In „klassischen" Industriegesellschaften dagegen war mit der Industrialisierung das *Heiratsalter* immer mehr gesunken. Heirat und Familiengründung waren meist nur noch von der Erlangung einer existenzsichernden Berufsposition abhängig, und die war oft schon in frühem Lebensalter erreicht. Deshalb waren das Heiratsalter und das Alter bei der ersten Geburt von Kindern in den modernsten Industriegesellschaften der 50er und 60er Jahre auf einen Tiefststand gesunken. Es war die Zeit der „Frühehen". Seither kehrt sich in den „postindustriellen" und fortgeschrittensten Gesellschaften diese Entwicklung um. Das Heirats- und Elternalter schiebt sich immer weiter hinaus, weil in der Regel zuerst die Ausbildung vollendet wird, und die dauert immer länger. Zudem sinkt die *Heiratsneigung.* So stellt die Ehe weder in den Soll-Vorstellungen noch in der Verhaltenswirklichkeit die einzig dominierende Lebensform mehr dar. Man schätzt, daß in den in dieser Hinsicht fortgeschrittensten Gesellschaften von den heute „zur Ehe anstehenden" Jahrgängen mindestens ein Fünftel der Männer und ein Viertel der Frauen nie heiraten werden. (Auf der anderen Seite wächst noch die Standardisierung der Lebensformen und die Dominanz von Ehe und Familie in den Ländern, die erst heute in die „klassische Industriegesellschaft" hineinwachsen. Daher sinkt die Quote der Unverheirateten z. B. in Irland noch.) Zwar ist umstritten, wie anhaltend der Rückgang der Heiratsneigung sein wird. Als sicher gilt aber, daß eine Trendumkehr in den nächsten Jahren nicht in Sicht ist.

„Abschied von der Ehe" nehmen immer mehr Paare auch in Form der *Scheidung.* In vielen europäischen Ländern wird ein Drittel aller bestehenden Ehen in Scheidung enden, in Dänemark, Schweden und Großbritannien noch weit mehr. Die erhöhte Scheidungshäufigkeit betrifft nicht nur neugeschlossene Ehen oder „das verflixte siebente Jahr", sondern auch und gerade „Durchhalte-Ehen", die schon 15 Jahre und länger überdauerten und erst dann beendet werden oder zerbrechen, wenn die Kinder „aus dem Haus" sind. Ein Ende dieses Trends ist nicht in Sicht.

Geschiedene heiraten in fortgeschrittenen Gesellschaften immer seltener nochmals. Und diese Ehen sind durchweg noch instabiler als Erst-Ehen. Dies spricht dafür, daß der gesellschaftliche Wandel nicht nur eine immer häufigere Korrektur persönlicher Fehlentscheidungen mit sich bringt, sondern auch eine Schwächung der Institution Ehe als solcher.

Je weiter Modernisierungsprozesse fortschreiten, desto mehr Menschen leben jenseits der Ehe in sehr unterschiedlichen Lebensformen zusammen. Schon allein die Konjunktur des sozialwissenschaftlichen Begriffs „Lebensformen" signalisiert diese Pluralisierungstendenzen.

Eine dieser Lebensformen ist die *nichteheliche Lebensgemeinschaft.* Hierunter versteht man das Zusammenleben zweier Personen als Mann und Frau mit oder ohne Kinder in einem gemeinsamen Haushalt ohne Trauschein. Noch sind die meisten Länder weit von Schweden oder Dänemark entfernt, wo schon im Jahre 1990 33 Prozent der 20–24jährigen und 41 Prozent der 25–29jährigen in „wilder Ehe" zusammenlebten. Aber allem Anschein nach sind sie auf dem Weg dorthin. Auch in den meisten anderen Ländern haben sich seit den frühen 70er Jahren die Bevölkerungsanteile vervielfacht, die in nichtehelichen Lebensgemeinschaften leben. So wohnten beispielsweise in Großbritannien im Jahre 1976 erst 3% und

1990 schon 15% der 25–29jährigen als Paare zusammen, in Deutschland 1976 nur 1% und 1990 schon 20%. (Höpflinger 1994, S. 20)

Meist stellen nichteheliche Lebensgemeinschaften keine Alternative zur Ehe dar. Sie sind oft Probe-Ehen, die in Heirat münden. In dieser Funktion scheint sich die nichteheliche Lebensgemeinschaft als eine neue Standard-Lebensphase herauszukristallisieren: Man lebt erst einmal zusammen, bevor man heiratet. Nur eine Minderheit der nichtehelichen Lebensgemeinschaften wird dauerhaft statt einer Ehe eingegangen – was keineswegs immer heißt, daß sich das Zusammenleben dort anders gestaltet als in Ehen.

Radikalere Formen des Abschieds von der Ehe sind das *Single-Dasein* bzw. deren Unterform, das „Living-Apart-Together", denen beide diese Veröffentlichung gilt.

Kommen wir von der Ehe und ihren Alternativen zu *Familien*: *Familienbildung*, d. h. die Geburt und das Aufziehen von Kindern, vollzieht sich zwar ganz überwiegend (noch ?) innerhalb der Ehe, in allen europäischen Industriegesellschaften werden aber seit Mitte der 70er Jahre nichteheliche Geburten (wieder) häufiger und und werden „normal". In Schweden und Dänemark kommen die Hälfte, in Frankreich und Großbritannien mehr als ein Viertel, in den Niederlanden, Luxemburg, Irland und Deutschland ein gutes Zehntel aller Kinder außerhalb von Ehen zur Welt. Mit Ausnahme der skandinavischen Länder, wo die rechtlichen Voraussetzungen hierfür bestehen, sind bislang nichteheliche Lebensgemeinschaften nirgendwo in größerem Umfang zur Basis der Familienbildung geworden. Wenn Kinder dort aufwachsen, dann sind sie meist von ledigen Müttern, Geschiedenen oder Verwitweten „mitgebracht". Außereheliche Familienbildung geschieht durchweg durch Alleinstehende.

Familien innerhalb von Ehen stellen auch in den fortgeschrittensten nichtskandinavischen Ländern nach wie vor bei weitem die Mehrheit dar. Nur sind sie bei anhaltend niedrigen Kinderzahlen sehr klein geworden. Man nimmt an, daß in allen entwickelten Industriegesellschaften mindestens ein Fünftel aller Ehepaare gewollt kinderlos bleiben werden. Gleichzeitig steigen in den fortgeschrittensten Gesellschaften Europas, bislang aber nicht in Deutschland, die Kinderzahlen (pro Familie) wieder leicht an, ohne indessen ein Niveau zu erreichen, das den Bestandserhalt garantieren würde (s.o.). Diese Entwicklungen kommen nicht von selbst. Sie resultieren unter anderem aus Maßnahmen, die Möglichkeiten der Menschen zu verbessern, Familienbildung und Frauenerwerbstätigkeit zu verbinden.

Familien außerhalb von Ehen sind bislang zumeist Familien von Alleinerziehenden, selten Familien in nichtehelichen Lebensgemeinschaften.

Diese „Ein-Eltern-Familien" entstehen entweder durch nichteheliche Geburt oder durch Scheidung oder durch Verwitwung in jüngerem Alter. Da die beiden ersten Faktoren deutlich zunehmen, werden Alleinerziehende immer häufiger. Solche Haushalte, in denen ein Erwachsener mit einem oder mehreren Kindern zusammenlebt, machen in den vielen Gesellschaften Europas mittlerweile 15 bis 20% aller Familienhaushalte aus (Dänemark 1984: 21%; Großbritannien 1992: 17%; Niederlande 1987: 17%; Finnland 1988: 15%; Norwegen 1991: 15%; Schweden 1990: 15%; Westdeutschland 1991: 12%, (Höpflinger 1994, S. 28) Am Beispiel der Alleinerziehenden läßt sich besonders gut erkennen, daß die gestiegenen Freiheitsgrade, die eigene Lebensform zu wählen, nicht nur mehr Autonomie, sondern auch mehr Anomie und Risiken mit sich bringen: Neben Langzeitarbeitslosen gelten Alleinerziehende als die Gruppe, die in reichen Wohlfahrtsgesellschaften das größte Armutsrisiko aufweist und die „neue Armut" mehrt. (vgl. 6.1)

Im Zuge der Herausbildung der „klassischen" Industriegesellschaft wurde ein *„Normal-Lebenslauf"* von Menschen immer häufiger: Kindheit, Jugend, Erwachsensein und Alter bildeten vier, an die Institutionen Familie, Schule, Erwerbsarbeit/Hausarbeit und Rente gekoppelte Lebensphasen. Hierbei stellte Erwerbs-/Hausarbeit die bei weitem längste und in ihrer Bedeutung zentrale Phase dar.

Dies wird anders. In entwickelten Industriegesellschaften endet die Ausbildungsphase später und die Ruhestandsphase beginnt früher. Erwerbstätigkeit und Familienphase konzentrieren sich auf das mittlere Lebensdrittel. Die verlängerten Jugend- und Altersphasen untergliedern sich in Jugend und „Postadoleszenz" (junge Erwachsene in Ausbildung) einerseits und in Alter und „Junge Alte" andererseits. Familien- und Erwerbsbiographien werden komplizierter, weil Scheidungen, Wiederheiraten, Phasen der Arbeitslosigkeit, der beruflichen Umbrüche und der Weiterbildung „normal" werden.

Welche Impulse für die Zukunft der Singles lassen sich aus diesen sozialstrukturellen Entwicklungen auf dem Gebiet der Lebensformen erkennen?

(1) Die Zahl der Alleinerziehenden und nichtehelichen Lebensgemeinschaften nimmt in modernen Gesellschaften in ähnlichem Maße zu wie die der Singles. So lebten im Jahre 1972 nur 1%, im Jahre 1990 schon 20% aller westdeutschen Frauen im Alter von 25 bis 29 Jahren in einer nichtehelichen Lebensgemeinschaft. (Höpflinger 1994, S. 21) Unter allen westdeutschen Familien mit 25- bis 45jährigen Eltern fanden sich im Jahre 1961 erst 9,82% und im Jahre 1990 schon 14,87% Alleinerziehende.[4] Unter allen westdeutschen Haushalten der 25- bis 45jährigen befanden sich im Jahre 1961 nicht mehr als 11,06% und im Jahre 1990 bereits

28,72% Einpersonenhaushalte.[5] Nichts spricht also dafür, daß alle Lebensformen auf Singles zulaufen.

(2) Der Trend zu häufigeren Scheidungen hält an. Ebenso der Rückgang der Wiederheiraten. Das sind Faktoren, die zum vermehrten Alleinleben auch der 40- und 50jährigen führen. Hierdurch werden Beendigungen des Singletums (z.B. durch Heirat) wenigstens teilweise kompensiert.

(3) Es gibt zu denken, daß in anderen wohlhabenden Industriegesellschaften der Anteil der Einpersonenhaushalte *nicht höher ist* als hierzulande, obwohl dort die Frauenerwerbstätigkeit, der Rückgang der Heiratsneigung und die Pluralisierung von Lebensformen wesentlich weiter fortgeschritten sind als in Deutschland und auch die Alterung der Gesellschaft ähnlich verläuft wie bei uns. So waren im Jahre 1990 in Dänemark 35% aller Haushalte Einpersonenhaushalte, in Schweden 39% und in Norwegen 34%. (Höpflinger 1994, S. 19) Offenbar gibt doch es keine so direkte Koppelung des Alleinlebens an die Modernisierung der Lebensformen, wie das in Individualisierungstheorien angenommen wird.

(4) Der wirtschaftliche Bedeutungsverlust der Ehe (vor allem für die Frau), das Ende der Norm zu Heiraten und die Entdiskriminierung des Alleinlebens, all das waren insofern Determinanten des Singletums, als Barrieren wegfielen, die früher Menschen daran hinderten, alleine zu leben. Diese Faktoren stellen aber heute keine weiterwirkenden Determinanten des Singletums dar. Sie sind in ihrer Wirksamkeit weitgehend erschöpft.

Bildung

Alle modernen Industriegesellschaften erleben seit den 70er Jahren eine drastische Bildungsexpansion. Der Anteil der Kinder und Jugendlichen, die weiterführende (Aus-)Bildungsgänge besuchen, steigt steil an. Deutschland nahm an der Bildungsexpansion spät, aber heftig teil. Heute hat Deutschland eine der höchsten Bildungsbeteiligungen der Welt mit ungebrochen steigender Tendenz.

Alle Sozialwissenschaftler/innen sind sich darüber einig, daß der Ausbau des Wissens und der Einrichtungen zu ihrer Vermittlung ein zentrales Merkmal von „postindustriellen" Dienstleistungs- und fortgeschrittenen Industriegesellschaften ist. Im Ausbau von „Humankapital" liegt ihre Chance zur langfristigen Verbesserung von Lebensbedingungen und internationaler Konkurrenzfähigkeit. Nicht zuletzt deswegen wird dieser Gesellschaftstypus auch „Wissensgesellschaft" genannt.

In diesem Zusammenhang haben die gegenwärtigen Bemühungen zur Straffung von Ausbildungszeiten zwar durchaus ihren Sinn. Sie wirken demographischen Umbrüchen, überfrachteten Curricula und Nachteilen im internationalen Vergleich entgegen. Langfristig wird aber das (zeitliche, finanzielle und sachliche) Volumen der Wissensvermittlung weiter erhöht werden müssen. Dies wird sowohl aus ökonomischen als auch aus staatsbürgerlichen und privaten Gründen notwendig werden. So weisen neuere Prognosen des Instituts für Arbeitsmarkt- und Berufsforschung (Tessaring 1994) auf folgende Erhöhungen des Bedarfs an Berufsqualifikation hin:

– Im Jahre 1991 verfügten 8,3% der Erwerbstätigen in den alten Bundesländern über eine Universitätsausbildung und 4,1% über eine Fachhochschulqualifikation. Der Bedarf an Arbeitskräften mit Universitätsausbildung wird im Jahre 2010 11,1% betragen. 5,6% werden einen Fachhochschulabschluß haben müssen. (Tessaring 1994, S. 11; mittlere Variante) Dieser Bedarf würde durch eine weiterhin im bisherigen Maße anhaltende Bildungsexpansion gedeckt werden.
– Der Bedarf an mittleren Qualifikationen (Fach-, Meister-, Technikerschulausbildung, Lehre, Berufsfachschulausbildung) wird sich leicht erhöhen. Im Jahre 1991 hatten 8,4% der westdeutschen Erwerbstätigen eine Fach-, Meister- oder Technikerschulausbildung vorzuweisen. 59,1% hatten eine Lehre oder Berufsfachschulausbildung absolviert. Im Jahre 2010 werden wir 9,8% Meister, Techniker etc. benötigen und 63,3% der Beschäftigten werden eine Lehre oder Berufsfachschule benötigen. (Tessaring 1994, S. 11; mittlere Variante) Dieser Bedarf wird aller Voraussicht nach durch deutsche Absolventen nicht gedeckt werden können. Hier wird man auf Zuwanderer angewiesen sein.
– Der Bedarf an unqualifizierten Arbeitskräften wird sich bis zum Jahre 2010 halbieren. 1991 war noch ein Fünftel (20,2%) aller Erwerbstätigen in den alten Ländern ohne Ausbildungsabschluß. Im Jahre 2010 werden wir allenfalls noch ein Zehntel (10,1%) Unqualifizierte benötigen. (Tessaring 1994, S. 11; mittlere Variante) Es ist absehbar, daß trotz Bildungsexpansion zu viele gering Qualifizierte auf dieses Arbeitsmarktsegment drängen werden und hier Arbeitslosigkeit fortdauern wird.

Allerdings ist innerhalb der Bildungsexpansion eine Verlagerung absehbar. Immer größere Anteile werden in Form von Weiterbildung vermittelt werden. Weiterbildung wird immer dringlicher, gleichermaßen wegen der demographisch bedingten Alterung von Erwerbstätigen, zur Qualifikation erwachsener Zuwanderer, wegen der immer rascheren technologischen Veränderungen, wie auch aus politisch-staatsbürgerlichen und privaten Gründen. Die Epoche geht zu Ende, in der den einzelnen zu Beginn ihres Lebensweges ein „Vorrat" an Wissen und Fertigkeiten mitgegeben werden konnte, der im Prinzip „für das Leben" reichte.

Die Bildungssysteme aller fortgeschrittenen Industriegesellschaften sind in der jüngeren Vergangenheit immer komplexer geworden. Vieles, nicht zuletzt die Notwendigkeit der Weiterbildung und der Integration von Ausländern, spricht dafür, daß dieser Prozeß anhalten wird. Die Ausdifferenzierung geht in anderen Ländern zum Teil jetzt schon so weit, daß nicht nur immer mehr funktionale Spezialisierungen (Fachschulen etc.) vorgenommen werden, sondern darüberhinaus segmentale Differenzierungen (nach Regionen, Trägerschichten, Konfessionen, ideologischen Gruppierungen etc.) sich mehren. Nicht selten werden solche „postmodernen" Ausdifferenzierungen bereits als Bedrohung für Chancengleichheit und allgemeingültige Standards der Grundbildung angesehen. Die Bildungschancen der Heranwachsenden verbesserten sich im Zuge der Bildungsexpansion in nahezu allen europäischen Ländern. Immer mehr Arbeiterkinder, Mädchen, Landkinder, zuletzt auch Teile der Ausländerkinder erreichten höherwertige (Aus-)Bildungsgrade. Die zuvor benachteiligten Mädchen und Frauen haben den Abstand zu den Männern weitgehend aufgeholt, sie im allgemeinbildenden Schulsystem zum Teil schon überholt. In dieser Hinsicht steht Deutschland jedoch keinesfalls an der Spitze der Entwicklung. So machen Frauen in vielen europäischen Gesellschaften schon seit einigen Jahren die Hälfte der Studierenden aus. In Deutschland verharrt der Anteil bei gut 40%. Er wird sich allem Anschein nach erhöhen. Lediglich Kindern aus Problem- und Randgruppen (z. B. Obdachlose, viele Asylbewerber) ist es bislang nicht gelungen, ihre Beteiligung an weiterführender Bildung im Zuge der Bildungsexpansion zu erhöhen.

Die Ungleichheit der Bildungschancen blieb jedoch in fast ganz Europa insofern bestehen, als auch die Kinder *der* Bevölkerungsgruppen, die zuvor schon gute Bildungschancen hatten (also Kinder von Beamten, Angestellten und Selbständigen, die Stadtkinder und die Kinder der einheimischen Bevölkerung) ihre Zugangschancen zu weiterführender Bildung laufend verbesserten. Dadurch blieben die relativen Abstände zwischen Kindern der (Arbeiter-)Unterschicht und der (Beamten- und Angestellten-)Mittelschicht sowie zwischen Stadt- und Landkindern fast überall erhalten.

Im Hinblick auf die künftige Entwicklung von Singles schälen sich dadurch folgende Bestimmungsfaktoren heraus:

(1) Die Bildungsexpansion wird sich zweifellos fortsetzen. Deren direkte Auswirkungen auf das Alleinleben erstrecken sich aber primär auf die Altersgruppe der bis zu 25jährigen und sind so für Singles im Sinne unserer Definition irrelevant. (Und selbst hier zeigt sich die Tendenz, daß immer mehr Studierende immer länger im Elternhaus wohnen.) Die Bildungsexpansion wird aber sicherlich indirekte Auswirkungen auf das Alleinleben insofern haben, als bisher aus (Fort-)Bildungsgründen Alleinlebende nicht selten auch weiterhin alleinleben werden und mit höherer Bildung individuelle Autonomiebestrebungen wachsen.

(2) Statuszuweisungsprozesse werden infolge der absehbaren Qualifikationsentwicklung noch enger als bisher an (Aus-)Bildungsnachweise und entsprechende Berufsstellungen gebunden sein. Die individuelle Konkurrenz wird wachsen und damit die Orientierung an nicht-familiären Bezugsgruppen und gesellschaftlichen Institutionen. Dies fördert zweifellos Individualisierung und zwingt nicht selten zum Alleinleben.

(3) Wie erwähnt, wird Weiterbildung in völlig neue Größenordnungen hineinwachsen müssen. Sei es, daß politische oder private Umorientierungen die Folge von Weiterbildung sind, sei es, daß berufliche Veränderungen entstehen, direkt oder indirekt wird Weiterbildung in vielen Fällen das Alleinleben fördern.

Erwerbstätigkeit

Erwerbstätigkeit dient der wirtschaftlichen Existenzerhaltung der Gesellschaft und ihrer Mitglieder. Der individuelle und gesamtwirtschaftliche Erfolg der Erwerbstätigkeit bestimmt maßgeblich öffentliche Wohlfahrt und individuellen Wohlstand der Menschen. In der gegenwärtigen Diskussion um die Moderne und die Modernisierung besteht zwar keine Einigkeit, ob wachsender Wohlstand eine notwendige oder gar zureichende Voraussetzung von Modernisierung ist. Einigkeit besteht aber darin, daß Wohlstandsmehrung die Modernisierung begünstigt und ohne ein hohes Maß an Wohlstand eine moderne Gesellschaft nicht denkbar ist.

In der Skala der wirtschaftlichen Leistungskraft und, davon abhängig, des Wohlstands stand Deutschland bis vor wenigen Jahren mit an der Spitze Europas. Infolge der Wiedervereinigung fiel Deutschland vorübergehend ins Mittelfeld Europas zurück. Ohne dies in einem sozialwissenschaftlichen Gutachten vertiefen zu können: Im folgenden wird davon ausgegangen, daß es sich dabei um eine zwar nachwirkende, aber letzten Endes vorübergehende historische Erscheinung handelt. Die Wohlstandserhöhung wird sich fortsetzen.

In Industriegesellschaften werden in Wechselwirkung mit der Wohlstandsmehrung immer mehr Menschen in die Erwerbstätigkeit einbezogen. Die Erwerbsquote erhöht sich, obwohl die Ausbildungszeit länger wird und das Rentenalter sinkt. Diese Entwicklung beschleunigt sich in „postindustriellen" und fortgeschrittenen Industriegesellschaften noch, weil die Frauenerwerbstätigkeit immer stärker zunimmt. Sie wird durch den Ausbau des Dienstleistungsbereichs, einer Frauendomäne, begünstigt. So haben in der EU Dänemark und Großbritannien die höchsten Erwerbsquoten. Diese Länder haben auch die höchsten Anteile von Beschäftigten im Dienstleistungsbereich und zusammen mit Frankreich die höchsten Frauenerwerbsquoten. Deutschland steht, sowohl im Hinblick auf die Erwerbsquote und das Ausmaß der Frauenerwerbstätigkeit als auch, was den Ausbau des Dienstleistungssektors betrifft, bislang hinter vielen Ländern mit ähnlicher wirtschaftlicher Leistungskraft zurück. Von daher sind Anstöße zur Ausweitung des Dienstleistungssektors, der Frauenerwerbstätigkeit und der Erwerbsquote zu erwarten.

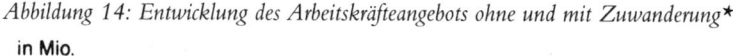

Abbildung 14: Entwicklung des Arbeitskräfteangebots ohne und mit Zuwanderung* in Mio.

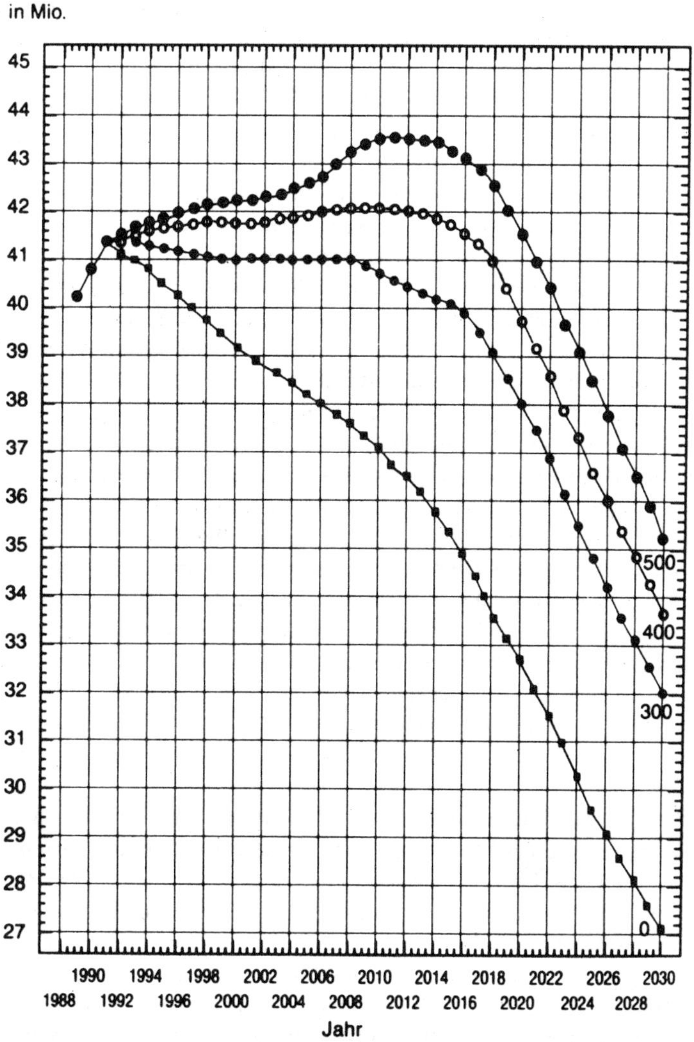

* Die drei oberen Kurven beschreiben die möglichen Entwicklungen des Arbeitskräfteangebots in Deutschland bei verschiedenen Annahmen über jährlich konstante
Nettoeinwanderungen. Für den Zeitraum 1992 bis 2017 werden jeweils 300 000,
400 000 und 500 000 Zuwanderer pro Jahr angenommen. Je nach Variante wird zwischen den Jahren 2012 und 2022 das Niveau des derzeitigen Arbeitskräfteangebots in
zunehmendem Maße unterschritten. Ohne Wanderungen und bei gleichbleibender
Erwerbsbeteiligung kann eine Verringerung des Arbeitskräfteangebots um 14 Mio.
Personen oder rund 30% bis zum Jahr 2030 prognostiziert werden.

Quelle: Hof 1992, S. 17, zit. n. Hradil/Müller 1993, S. 252

Allerdings wird das Arbeitskräfteangebot in Deutschland durch das Nachrücken der um 40% kleineren geburtenschwachen Jahrgänge ab sofort deutlich zurückgehen, und bis zum Jahre 2030 um ein Drittel schrumpfen, sofern nicht drastische Gegenmaßnahmen erfolgen. Die folgende Abbildung macht das deutlich. Damit würde auch die Erwerbsquote gegen den langfristigen Trend fallen.

Die Versuchung liegt nahe, diese Entwicklung zunächst einfach geschehen zu lassen, in der Hoffnung, daß sich hierdurch die Probleme der Arbeitslosigkeit von selbst lösen werden. Das wäre jedoch eine „Milchmädchenrechnung". Ein problematisches Nebeneinander von Arbeitskräftemangel (vor allem im Bereich mittlerer Qualifikationen) und Arbeitslosigkeit (vor allem unter gering Qualifizierten) wäre die Folge. Neben der Verlängerung der Lebensarbeitszeit (bzw. der Kürzung der Erstausbildungs- und Rentenphase) sowie Effektivitätssteigerungen wird geeignete und rechtzeitig vorbereitete Zuwanderung mittel- und längerfristig die einzig *quantitativ* ausreichende Lösung der Probleme (vgl. 6.1) sein, die der verminderte Nachwuchs an Arbeitskräften mit sich bringt. Vor allem aus *qualitativen* Gründen wird zugleich die Erhöhung der Frauenerwerbstätigkeit notwendig, in erster Linie zur Bereitstellung genügend qualifizierter Arbeitskräfte im Dienstleistungsbereich. Damit wirken neben allgemeinen Modernisierungstendenzen auch die spezifischen deutschen Probleme eines besonders steilen Geburtenrückgangs als Motor zur Erhöhung der Frauenerwerbstätigkeit. Quantitativ werden die Reserven der Frauenerwerbstätigkeit jedoch keinesfalls ausreichen, den Rückgang von potentiellen Arbeitskräften auszugleichen.

Der säkulare Trend, immer mehr Menschen, insbesondere Frauen, in die Erwerbstätigkeit einzubeziehen, macht sich langfristig stärker bemerkbar als die beiden entgegengesetzten Trends, die Ausbildungszeit zu verlängern und das Rentenalter zu verkürzen. Obwohl die Menschen immer später ins Erwerbsleben eintreten und es früher wieder verlassen, sind immer mehr Menschen erwerbstätig. Die Erwerbstätigkeit, die um die Jahrhundertwende fast zwei Drittel der Lebensjahre und ca. ein Viertel der Lebensstunden eines Erwerbstätigen umfaßte, dauert heute nur noch ein gutes Drittel der Lebensjahre und weniger als ein Zehntel der Lebensstunden eines Vollzeit-Erwerbstätigen. Mit anderen Worten: Im Zuge der Modernisierung werden Gesellschaften insofern erst richtig zu „Arbeitsgesellschaften", als fast jede(r) in die Erwerbsarbeit einbezogen wird. Sie verlieren aber insofern immer mehr vom Charakter einer „Arbeitsgesellschaft", als sich die Erwerbsarbeit auf das mittlere Lebensdrittel der einzelnen konzentriert und ihre Nicht-Arbeitszeit drastisch zunimmt. Mag zum Ausgleich der „Bevölkerungslücke" dieser Prozeß insbesondere in Deutschland eine Zeit lang verlangsamt oder gar aufgehalten werden, auf längere Sicht ist keine Änderung der

Entwicklung hin zu kürzeren Lebensphasen der Erwerbsarbeit absehbar.

Die Verkürzung der Arbeitszeit von Vollzeit-Erwerbstätigen, bis heute in Deutschland
– jährlich auf weniger als 1600 Stunden
– wöchentlich auf gut 38 Stunden
– täglich auf 7,5 Stunden
verändert zugleich die Art und das Ausmaß, in dem Erwerbsarbeit auf das Leben und Denken der Menschen einwirkt. Zwar verkürzte sich durchaus nicht für alle Arbeitende die Arbeitszeit, z. B. nicht für Landwirte, und keinesfalls für alle Menschen vermehrte sich die Freizeit im Maße der Reduktion der Arbeitszeit, beispielsweise nicht für Alleinerziehende. Auch in dieser Hinsicht entstehen neue Ungleichheiten. Aber für weitaus die meisten Menschen in fortgeschrittenen Industriegesellschaften nimmt mit der Arbeitzeitverkürzung die Freizeit zu und die Prägung durch Erwerbsarbeit ab. Auch hier gilt: Selbst bei einer Stagnation in Deutschland in den nächsten Jahren spricht alles für eine Fortsetzung dieses Trends.

Während im Zuge der Industrialisierung Arbeitsverhältnisse und Arbeitszeiten massenhaft immer ähnlicher und geregelter wurden, mehren sich in den „postindustriellen" und entwickelsten Industriegesellschaften entgegengesetzte Entwicklungen: Anstellungsmodalitäten individualisieren sich, Arbeitszeiten (im Tages-, Wochen- und/oder Jahresablauf) flexibilisieren sich, Teilzeittätigkeiten werden häufiger. So sind in vielen fortgeschrittenen Industriegesellschaften nur noch weniger als zwei Drittel aller Erwerbstätigen in einem vertraglichen und zeitlichen „Normalarbeitsverhältnis" tätig. Allein ein Viertel aller dänischen und niederländischen, sowie ein gutes Fünftel aller britischen Erwerbstätigen arbeiteten Ende der achtziger Jahre mit reduzierter Stundenzahl, weit überwiegend Frauen. Diese Entwicklung steht Deutschland, mit erst einem guten Achtel aller Erwerbstätigen in Teilzeitarbeit, erst noch bevor.

Ähnliche Ent-Standardisierungsvorgänge finden wir im Hinblick auf Arbeitsbeziehungen und Arbeitsinhalte: Sie werden in Dienstleistungsgesellschaften immer unterschiedlicher, immer abhängiger von den persönlichen Eigenschaften der Beteiligten. Belastungen und Risiken verschieben sich aus dem Bereich des Physischen ins Psychische und werden dadurch mehr und mehr eine Frage individueller Verarbeitung(smöglichkeiten).

Mit den zuvor dargestellten Trends der Wohlstandsmehrung, der Bildungsexpansion, der sinkenden Arbeitszeit und flexibleren Arbeitsnormen im Zusammenhang steht ein verändertes Verhältnis von Arbeit und Bewußtsein. Die schiere Prägekraft beruflicher Tätigkeit sinkt, jedenfalls die, die den Arbeitenden als passives, sich anpassendes Anhängsel von Maschine und Fabrikstruktur zurückließ. Stattdessen mehren sich Fälle, in denen Berufsfindung, Berufswechsel und Ausgestaltung des Berufs nach Maßgabe oder wenigstens in Auseinandersetzung mit dem eigenen Streben nach Selbstverwirklichung vorgenommen werden. Überspitzt gesagt, geht die Tendenz dahin: Nicht ich passe mich der Erwerbstätigkeit an, sondern die Erwerbstätigkeit hat Ansprüchen der eigenen Person und ihrer Weiterentwicklung zu genügen. Dies bedeutet keinesfalls ein generelles Sinken der Leistungsbereitschaft in entwickelten Industriegesellschaften. Nur wird Leistung dort konzentriert, unter Umständen in immensem Ausmaß, wo die eigene Motivation und Akzeptanz dies nahelegt.

Bestimmungsfaktoren für die Bevölkerungsgruppe der Singles entstehen aus diesen sozialstrukturellen Zukunftsentwicklungen in mehrerer Hinsicht:

(1) Geläufige Thesen (vor allem innerhalb der Individualisierungstheorie von Ulrich Beck) gehen dahin, daß der moderne Arbeitsmarkt den „vollmobilen Single" erfordere. Abgesehen davon, daß (wie oben gezeigt) diese These den Nutzen von Stammbelegschaften unterschätzt, impliziert sie auch, daß sich private Lebensformen ökonomischen und betrieblichen Belangen anpassen. Dies mag in Zeiten knapper Arbeitsplätze und reichlich vorhandener, qualifizierter Arbeitskräfte auch so sein. Die geburtenschwachen Jahrgänge werden jedoch dafür sorgen, daß diese Zeiten zu Ende gehen – zumindest in größeren Teilen des Berufs- und Qualifikationsspektrums. Knappe Arbeitskräfte und reichlich vorhandene Positionen könnten dann dazu führen, daß Unternehmen sich den Beschäftigten anpassen, nicht umgekehrt. Mit betriebsnahen Kindertagesstätten, mit Weiterbildungsangeboten zur Bindung von Arbeitskräften, mit „Paarangeboten" zur Entwicklung der beruflichen Zukunft von Mann und Frau: Damit wäre der „vollmobile Single" keineswegs mehr die Zielfigur der Modernisierung, sondern nur ein Fall von Arbeitsmarktasymmetrie.

(2) Wohlstand gilt als wesentliche Voraussetzung für Single-Existenzen. Und der für das Single-Dasein nötige Wohlstand wird allem Anschein nach weiter zunehmen. Wer hieraus auf eine quasi automatische Tendenz zu mehr Singles in unserer Gesellschaft schließt, sollte jedoch bedenken, daß Wohlstand eine vielleicht notwendige, sicher nicht zureichende Bedingung zum Leben als Single darstellt. Hinzukommen müssen weitere Faktoren, wie Emanzipationsbestrebungen von Frauen, schlechte Berufschancen von Müttern, Leitbilder des autonomen Alleinlebens etc. Es bedarf sicher nur eines gewissen Schwellenwertes an Wohlstand, um in der Lage sein zu können, allein zu leben. Weitere Wohlstandssteigerungen gehen einem Grenznutzen entgegen, jedenfalls was die Förderung der Lebensform der Singles betrifft.

(3) Reichlich vorhandener Wohnraum stellt eine weitere, durch Wohlstand geschaffene Voraussetzung für das Alleinleben dar. Folgt man einstweilen Haushaltsvorausberechnungen (Paul/Voit/Hammes 1992), die auf der „siebten koordinierten Bevölkerungsvorausrechnung" aufbauen, so wird die Zahl der Privathaushalte *von Deutschen* im früheren Bundesgebiet zunächst noch weiter steigen, von 26,3 Millionen (1990) auf 26,8 Millionen (1995). Danach wird sie beständig zurückgehen und 2010 knapp unter 26 Millionen liegen. Weiterhin wird in der Vorausberechnung angenommen, daß die Zahl der *Ausländer*haushalte von knapp 1,9 Millionen (1990) auf knapp 3 Millionen (2010) anwachsen wird. Die *Gesamtzahl der Haushalte* wird im Gebiet der früheren Bundesrepublik von (1990) 28,175 Millionen bis zum Jahre 2000 auf 29,297 Millionen steigen, um dann bis zum Jahre 2010 leicht auf 28,943 Millionen zurückzugehen.[6]

Hiernach würde sich die Wohnraumknappheit nach der Jahrtausendwende schon allein durch den zurückgehenden Wohnraumbedarf lindern, ganz abgesehen vom Wohnungsneubau. Singles stünden also mehr Wohnungen als heute zur Verfügung.

Aus zwei Gründen halte ich diese Vorausschau aber für irreführend: Zum einen werden hierin Zuwanderungen mit hoher Wahrscheinlichkeit unterschätzt. Aus den oben genannten Gründen dürfte eine Zahl von mehr als 3,5 Millionen Ausländerhaushalten (bei einer gleichbleibenden durchschnittlichen Größe der Ausländerhaushalte von gut 2,8 Personen) der Wirklichkeit im Jahre 2010 näher kommen. Zum andern ist zu erwarten, daß die Zunahme kleiner Haushalte der deutschen Bevölkerung und dadurch die Zunahme von Haushalten im Vergleich zur Bevölkerungsmenge nur wenig vermindert anhalten wird. Es sind somit nicht zuletzt die Singles, die durch ihre Verbreitung Wohnraum knapp halten werden. Singles sorgen so selbst dafür, daß sich ihr Zuwachs in Grenzen hält.

(4) Steigende Nachfrage nach Frauenerwerbstätigkeit infolge wachsender Dienstleistungsorientierung und eines zurückgehenden Arbeitskräftepotentials wird die Zahlen von weiblicher Singles so lange ansteigen lassen, wie Einrichtungen zur Vereinbarkeit von Familie und Beruf (v. a. Kindertagesstätten, Ganztagsschulen) knapp bleiben. Frauen werden die künftig immer besser werdenden Chancen aufgrund ihrer oftmals guten Qualifikationen nutzen und in berufliche Erfolge ummünzen wollen. Solange Familienbildung mangels Kinderbetreuungsstätten als Hindernis beruflichen Erfolgs wirkt, werden viele Frauen angesichts attraktiver werdender Beschäftigungs- und Berufschancen auf Kinder verzichten und kinderlos als Paar oder, noch ungebundener und beruflich noch einsatzfähiger, als Single leben wollen. Es sind folglich auch Kinderbetreuungs-

möglichkeiten, die als „Bremse" gegen (weibliche) Singles wirken – sofern sie zur Verfügung gestellt werden.

(5) Denkbar ist eine weitere „Bremse" gegen die Zunahme weiblicher Singles: zuwandernde Arbeitskräfte. In dem Maße, in dem sie den Arbeitskräftemangel ausgleichen, müßte nicht auf Frauenerwerbstätigkeit zurückgegriffen werden. Das würde es mehr Frauen ermöglichen, sich auf die Familien(bildung) zu konzentrieren. Allerdings werden Zuwanderer mit den gefragten mittleren und höheren Qualifikationen wohl kaum ausreichend zur Verfügung stehen, erst recht nicht im Dienstleistungsbereich. Dies läuft auf die Notwendigkeit strikt selektiver Zuwanderung mit allen Risiken des „brain-drain" und/oder der umfassenden, teuren, vielleicht oftmals kaum möglichen Qualifikation von Zuwanderern hinaus. Die „Single-Bremse" der Zuwanderung birgt also große „Schleudergefahren" in sich.

Soziale Ungleichheit

„Soziale Ungleichheit" heißt, daß bestimmte Gesellschaftsmitglieder aufgrund der Organisation menschlichen Zusammenlebens und -arbeitens von den knappen und begehrten „Gütern" einer Gesellschaft regelmäßig mehr als andere bekommen. So verdienen in modernen Gesellschaften Ingenieure mehr als Schlosser, Ärzte sind angesehener als Müllmänner, Abteilungsleiter haben mehr Macht als Büroboten und Frauen haben schlechtere Chancen als Männer, in gesellschaftliche Führungspositionen zu gelangen. Mit „sozialer Ungleichheit" sind also sowohl „gerechte" als auch „ungerechte" Vor- und Nachteile zwischen Menschen gemeint.

Nicht als „soziale Ungleichheit" bezeichnet man bloße Verschiedenartigkeiten zwischen Menschen infolge unterschiedlicher Stellungen in gesellschaftlichen Gefügen, ohne daß damit Vor- und Nachteile verbunden wären (z.B. zwei ranggleiche Berufe). Auch natürliche Vor- und Nachteile (z.B. Körperstärke), zufällige (z.B. Lotteriegewinn) und momentane Ungleichheiten (z.B. die Ohnmacht einer Geisel) gelten nicht als „soziale Ungleichheiten". Freilich verschwimmen, wie am Beispiel der Intelligenz deutlich wird, in der Realität natürliche, zufällige und momentane Ungleichheiten oft mit sozialen.

Skizziert man die langfristig wichtigsten Veränderungen des Gefüges sozialer Ungleichheit im Modernisierungsprozeß, d.h. die Verteilung der Menschen(gruppen) auf das Höher und Tiefer sozialer Vor- und Nachteile, so wird folgendes deutlich: Vor- und Nachteile, die durch individuelles Verhalten *erworben* werden, gewinnen an Bedeutung. dies zeigt sich insbesondere an den Prestigegraden, Einkommensstufen und Machtpotentiale, die durch die Besetzung höher oder tiefer gestellter Berufspositionen zu erlangen sind. Vor- und Nachteile, die vom einzelnen nicht zu verändern, da durch individuell unveränderliche Merkmale *zugeschrieben* sind, verlieren allmählich an Gewicht. Vor allem gilt dies für die an Alter, Geschlecht, Nationalität und Generation geknüpften Ungleichheiten. Wo sie in fortgeschrittenen Gesellschaften weiterbestehen, dies gilt unter anderem für Ungleichheiten zwischen Männern und Frauen, In- und Ausländern etc., erzeugen sie besonders massive Widerstand und politische Konflikte.

Betrachtet man die allgemeinen Entwicklungstendenzen des Gefüges sozialer Ungleichheit etwas genauer, so erkennt man eine „idealtypische Modernisierungssequenz": (M. R. Lepsius) In vorindustriellen Gesellschaften entschied die „Geburt" und die Zugehörigkeit zu einer bestimmten *„Familie"* über die Standeszugehörigkeit und darüber, welche Rechte und Pflichten, Privilegien und Versagungen, (Ohn-)Macht und (Miß-)-Achtung den einzelnen zeitlebens begleiteten. Dementsprechend verliefen die entscheidenden Brüche und Konflikte zwischen den *„Ständen"* des Adels, der Geistlichkeit und den Bürgern in der Stadt bzw. den Bauern auf dem Lande.

In frühindustriellen Gesellschaften bestimmte das *Eigentum* oder Nicht-Eigentum an Kapital bzw. Produktionsmitteln, über wieviel Reichtum, Bildung, Ansehen usw. die Menschen verfügen konnten. So verliefen die wichtigsten Klüfte und Konfliktlinien zwischen *Klassen.*

In voll industrialisierten Gesellschaften prägte mehr und mehr die erreichte *berufliche Stellung* und die hiermit verbundene Einkommens-, Prestige- und Machtstufe die Zugehörigkeit zu *sozialen Schichten.* Wenn diese auch keine scharfen Grenzen aufwiesen und Auf- und Abstiege über Schichtgrenzen in gewissem Ausmaß möglich waren: die entscheidenden sozialen Ungleichheiten in herkömmlichen Industriegesellschaften bestanden zwischen (Berufs-) Schichten, zwischen der (Arbeiter-)Unterschicht, der (Beamten- und Angestellten-)Mittelschicht und einer kleinen Oberschicht, zusammengesetzt aus Mitgliedern der wirtschaftlichen, politischen und kulturellen Eliten.

In „postindustriellen" Industriegesellschaften wird mehr und mehr der individuelle *(Aus-)Bildungsgrad* zur Voraussetzung der Erlangung einer Berufsposition, der damit verbundenen Einkommens-, Prestige- und Machtausstattung und der Schichtzugehörigkeit. Dies geht einher mit dem generellen Übergang von Industriegesellschaften zu Dienstleistungs- und Wissensgesellschaften.

Für die bislang modernsten fortgeschrittenen Industriegesellschaften ist die Ausdifferenzierung der Schicht- zu einer *Differenzierten Mittelstandsgesellschaft* charakteristisch. Die Bevölkerungsmehrheit lebt in insgesamt auskömmlichen Verhältnissen. Nur wird die soziale Lage der Angehörigen des Mittelstandes immer unterschiedlicher. In fortgeschrittenen Industriegesellschaften wird es immer weniger möglich, übereinander angeordnete Schichten zu unterscheiden. Das Gefüge sozialer Ungleichheit gerät immer mehr zu einem „vertikalen Mosaik" (Porter). Damit schwindet soziale Ungleichheit nicht. Nur wird deren Struktur komplizierter. Vor allem dann, wenn man berücksichtigt, daß sich im Zuge des „Lebensstilparadigmas" und der „subjektiven Modernisierung" die Bedeutung verschiebt, die bestimmte Vor- und Nachteile für die Menschen haben.

So werden immer mehr Lebensbedingungen außer den berufsnahen Einkommens-, Macht- und Prestige-Bedingungen als wichtige Vor- und Nachteile angesehen. Wer genügend Einkommen, Macht und Prestige hat, dem werden auch Freizeit-, Umwelt-, Arbeits- und Gesundheitsbedingungen, Kultur- und Sicherheitseinrichtungen, Kontaktnetze und die „Behandlung" durch Mitmenschen wichtig. Damit im Zusammenhang werden *die* Lebenslagen immer häufiger, die Vor- und Nachteile zugleich aufweisen, z.B. viel Freizeit, geringer Verdienst.

Immer mehr „Wege", die neben oder im Zusammenhang mit der Berufsstellung zu Vor- bzw. Nachteilen führen, geraten in den Vordergrund der Aufmerksamkeit: Was den Menschen in entwickelten modernen Gesellschaften auf den Nägeln brennt, sind Ungleichheiten zwischen Mann und Frau, zwischen In- und Ausländern, zwischen Kinderlosen und Kinderreichen, zwischen Jungen und Alten, zwischen diversen Regionen, zwischen der Kriegs-, Konsum- und Krisengeneration.

Immer weniger lange können Menschen damit rechnen, in einer bestimmten Lage zu bleiben. Kürzere Familienphasen, Scheidungen, Umschulungen, Phasen der Arbeitslosigkeit, Strukturkrisen u.v.a.m. sorgen für eine „Verzeitlichung" (P. A. Berger) des Gefüges sozialer Ungleichheit.

Auch die Denk- und Verhaltensweisen von immer mehr Menschen entwickeln sich relativ unabhängig von ihrer Berufs- und Schichtzugehörigkeit, nämlich in Auseinandersetzung mit ihrer Lebenslage, ihren Kontaktnetzen und ihren persönlichen Zielen. „Schichtspezifische" Sprachstile, Erziehungsstile, politische Einstellungen, Konsumstile etc. verschwimmen. Das Denken und Handeln der Menschen wird lage-, milieu- und lebensstilabhängig.

Eine entscheidende Veränderung betrifft die Brüche im Gefüge sozialer Ungleichheit. Sie verlaufen immer weniger zwischen Schichten, auch nicht zwischen den vielfältigen und oftmals kurzfristigen Lagegruppierungen. Sie finden sich überhaupt immer seltener innerhalb der großen Masse der Erwerbstätigen, Rentner, Pensionäre und ihren Familien. Hier werden Abstufungen und reale Gruppierungen immer mehr zu Übergängen, worin nur noch nominale „Gruppierungen" festgelegt werden können. Eine neue Kluft tut sich aber auf zwischen all jenen, die mehr oder minder fest im Erwerbsleben verankert sind bzw. waren und diversen, sehr unterschiedlichen Problem- und Randgruppen, die fast alle außerhalb des Erwerbslebens stehen: Wohnungslose, Dauerarbeitslose, Alleinerziehende mit unzureichender Versorgung, ältere Witwen mit unzureichender Rente, Drogenabhängige, Asylbewerber, Aussiedler mit Integrationsproblemen, Personen in geschlossenen Anstalten etc. Trotz, nicht selten auch gerade wegen der intensiven sozialstaatlichen Betreuung dieser Gruppen in fortgeschrittenen Industriegesellschaften entfernen sich diese von der vergleichsweise gutgestellten „middle mass" (A. Wilensky) der Bevölkerung.

Die eben dargestellte Abfolge von „Klassengesellschaft", „Schichtengesellschaft" und „differenzierter Mittelstands- und Problemgruppengesellschaft" ist nicht so zu verstehen, daß die jeweils vorhergehenden Strukturen völlig verschwunden wären. Selbstverständlich spielen Besitzhöhe (Klassengesellschaft) und die Stellung in der Berufshierarchie (Schichtgesellschaft) auch in den am weitesten entwickelten Gesellschaften noch eine wesentliche Rolle. Auch eine Welle in der Meeresbrandung geht weiterhin erkennbar in der nachfolgenden auf. Die folgende Abbildung soll die drei Strukturtypen des Modernisierungsprozesses sozialer Ungleichheit verdeutlichen.

Abbildung 15: Klassengesellschaft, Schichtgesellschaft, Differenzierte
Mittelstands- und Problemgruppengesellschaft

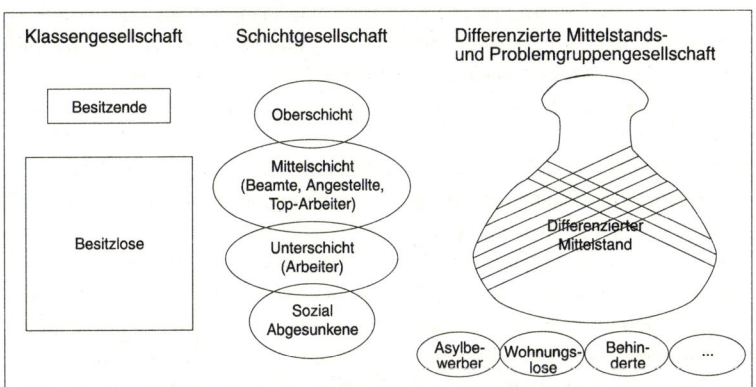

Quelle: Hradil/Müller 1993, S. 43

Innerhalb der eben skizzierten allgemeinen Veränderungen sind bestimmte Entwicklungen im einzelnen beachtenswert.

Modernere und wohlhabendere Gesellschaften weisen im großen und ganzen eine gleichere Verteilung der *verfügbaren Einkommen*[7] auf als weniger moderne und weniger wohlhabende Länder. Allerdings geschieht diese Angleichung historisch sehr langsam und mit erheblichen nationalen

Unterschieden, die mit Modernisierungsabständen allein nicht zu erklären sind. Hier spielen auch politische und kulturelle Faktoren eine Rolle. (Hradil 1992a)

Gerade in vielen fortgeschrittenen Gesellschaften resultieren die allmählichen Angleichungsprozesse der Einkommensverteilung aus zwei auseinanderstrebenden Entwicklungen. Auf der einen Seite wächst der Abstand zwischen Armut und Reichtum ("span"). Auf der anderen Seite finden sich immer größere Bevölkerungsanteile in vergleichsweise wohlhabenden Mittellagen. Es entsteht eine Mittelstandsgesellschaft ("shape"). Somit bringen die beiden Tendenzen paradoxerweise zugleich mehr Gleichheit und mehr Ungleichheit in fortgeschrittenen Gesellschaften mit sich.

Die Einkommensverteilung im ganzen ist nicht zu verwechseln mit der Verteilung der Chancen bestimmter Gruppierungen (z.B. Selbständige und Unselbständige; Arbeiter, Angestellte und Beamte; Einheimische und Ausländer; Männer und Frauen), auf bestimmte Stufen der Einkommensverteilung zu gelangen. Mehr Chancenungleichheit muß keineswegs auch mehr Ungleichheit der Einkommensverteilung im ganzen bedeuten. So hat sich die Einkommensungleichheit zwischen Selbständigen und Unselbständigen – unter anderem wegen angebotsorientierter Wirtschaftspolitik und schrumpfender Landwirtschaft – in Deutschland und in anderen wohlhabenden europäischen Gesellschaften seit Jahren vergrößert, während die Einkommensverteilung im ganzen langsam gleicher wurde.

Wie die Einkommens*ungleichheit*, so vermindert sich im allgemeinen auch die Einkommens*armut* im Zuge des Modernisierungsprozesses und der Wohlstandszunahme. Dies schließt nicht aus, daß selbst in modernen Gesellschaften Armut phasenweise zunimmt. Mehr noch als Einkommensungleichheit ist Armut von spezifischen politischen Maßnahmen und wirtschaftlichen Sonderentwicklungen abhängig und somit national und regional oft unterschiedlich ausgeprägt.

Daß Armut im Zuge der Modernisierung abnimmt, läßt sich somit nur dann behaupten, wenn man viele Ausnahmen akzeptiert. Schon gar nicht vollzieht sich diese Entwicklung "automatisch". Eine international übereinstimmende Modernisierungstendenz zeigt sich schon eher, wenn man sich dafür interessiert, *wer* arm ist: Arbeitslose, insbesondere dann, wenn sie lange arbeitslos bleiben und eine große Familie zu versorgen haben, sowie Alleinerziehende, insbesondere wenn sie mehr als ein Kind zu versorgen haben, sind eindeutig diejenigen Gruppen, deren Armutsrisiko wächst und die in modernen Gesellschaften immer größere Anteile der Armen ausmachen. Man kann daher auch von einer "Infantilisierung" der Armut sprechen. – Das Armutsrisiko alter Menschen sinkt dagegen im Verlauf der Modernisierung, vor allem deshalb, weil der Ausbau von Alterssicherungssystemen eine wesentliche Komponente der gesellschaftlichen Modernisierung darstellt. Diese Tendenz ist in Deutschland und anderen Gesellschaften schon so weit fortgeschritten, daß Senioren ein geringeres Armutsrisiko als der Bevölkerungsdurchschnitt haben. Soweit erkennbar, war das in der Geschichte europäischer Länder nie zuvor der Fall.

Die Konzentration des *Vermögens* ist in allen westlichen Industriegesellschaften wesentlich größer als die des Einkommens. In Deutschland z. B. haben die reichsten zwei Prozent der Privathaushalte etwa 10 Prozent des gesamten Einkommens, aber gut 20 Prozent des gesamten Vermögens in privater deutscher Hand zur Verfügung. Dies wird verständlich, wenn man bedenkt, daß Vermögen meist aus erspartem Einkommen gebildet wird und seinerseits wieder Einkommen abwirft, das gespart werden kann.

Während in den fortgeschrittensten europäischen Gesellschaften Einkommensungleichheiten langsam abnehmen, Armut bei großen nationalen Unterschieden ebenfalls, bleiben Vermögensungleichheiten zumindest in Europa weitgehend erhalten. Beim „Produktivvermögen" an Unternehmen sind großenteils sogar Verschärfungen der Vermögensverteilung zu registrieren. Keinesfalls kann also eine allgemeine Tendenz abnehmender Vermögensverteilung zugrundegelegt werden.[8]

Aus den Entwicklungstendenzen sozialer Ungleichheit sind folgende Determinanten für die künftige Struktur von Single-Haushalten zu erwarten:

(1) Die Zukunft des Ungleichheitsgefüges wird weniger Disparitäten oder gar Gräben innerhalb der Erwerbstätigen und mehr Rand- und Problemgruppen unterhalb der erwerbstätigen Bevölkerung mit sich bringen. Damit im Zusammenhang ist zu erwarten, daß eine gewisse Verlagerung der Singles stattfinden wird: Der Typus des „Problem-Single" wird zunehmen, auch bei Frauen. Schon heute finden wir unter männlichen Singles nicht wenige Problem-Existenzen, vor allen unter jenen ohne feste Partnerschaft. Alleinstehende Männer stellen ungefähr ein Siebtel aller Empfänger von Laufender (Sozial-)Hilfe zum Lebensunterhalt. Es ist zu vermuten, daß in Zukunft der Typus des Single häufiger wird, der alleine lebt, weil er mit Beruf, Existenzsicherung und/oder Partnern nicht zurecht kommt.

(2) Es sind nicht zuletzt die „neuen", in fortgeschrittenen Industriegesellschaften immer mehr beachteten gesellschaftlichen Vor- und Nachteile, beispielsweise die ungleichen Wohnbedingungen, Wohnumgebungen, öffentlichen Infrastrukturen und Freizeitbedingungen, die speziell bei Singles hoch im Kurs stehen. Mit Blick auf vorteilhafte Wohn- und Freizeitbedingungen wählen Singles nicht selten ihren Wohnsitz und Arbeitsort. In dem Maße, wie diese nicht zuletzt durch öffentliche Investi-

tionen geprägten Dimensionen des Ungleichheitsgefüge als wichtiger empfunden und deren Ausstattungen verbessert werden, steigt auch der Anreiz, als Single zu leben. Denn diese, mit ihren vergleichsweise hohen frei verfügbaren Anteilen an Einkommen und Freizeit sind mehr als viele andere Gruppen auf die „neuen" Dimensionen angewiesen.

(3) In fortgeschrittenen Gesellschaften prägen Erwerbsarbeit, berufliche Stellung und Entlohnungshöhe das Denken und Handeln der Menschen allmählich immer weniger. Es ist unter anderem der Zuwachs an Freizeit und Wohlstand, der für eine wachsende Freiheit der Lebensgestaltung sorgt. Viele Singles leben unter anderem deswegen als Singles, um diese Freiheit auszukosten und ihren Lebensstil und ihre ästhetische Umgebung zu „stilisieren". Je gestaltbarer Lebensweisen im Zuge der Wohlstands- und Ungleichheitsentwicklung werden, desto größer werden der Freiraum und der „Lebensstil-Nutzen" eines Single-Daseins, auch für Bezieher mittlerer Einkommen. Die steigenden Möglichkeiten der „Entkoppelung" von Lebenslage und Lebensweise lassen so eine Vermehrung von Singles erwarten.

Soziokulturelle Verhältnisse

Im folgenden sollen nur *die* soziokulturellen Zukunftsentwicklungen fortgeschrittener Industriegesellschaften angedeutet werden, die sozial-strukturelle und gesamtgesellschaftliche Bedeutsamkeit haben. Als „Kultur" sind hierbei relativ stabile Gefüge von Werthaltungen, Normen, Einstellungen, Meinungen und Verhaltensmustern zu verstehen.

Manche Argumente stützen die Annahme, daß Deutschland infolge der Kriege und der damit verbundenen politischen, wirtschaftlichen und kulturellen Verwerfungen besonders unstete soziokulturelle Entwicklungen und viele Verwerfungen aufweist. International ähnliche Befunde[9] der Erforschung von Lebensweisen lassen aber den Schluß zu, daß bestimmte Entwicklungen in fortgeschrittenen Industriegesellschaften übereinstimmend auftreten (werden) und allgemeine Modernisierungstendenzen darstellen. Nur diese vorsichtigeren Prämissen werden im folgenden zugrundegelegt.

In *traditionalen Gesellschaften* traf man auf eine Vielzahl von kleinen regionalen, berufsständischen etc. Sonderkulturen. Sie entstanden mangels Massenkommunikation, generalisierender Regeln und weitreichender Verkehrswege. Für herkömmliche Industriegesellschaften sind Großgruppenkulturen typisch, die in der Regel im Zusammenhang mit der ökonomischen Stellung von Menschen stehen (Arbeiterbewußtsein, Angestelltenmentalität, schichtspezifische Werthaltungen etc.). Vieles spricht dafür, daß in fortgeschrittenen Industriegesellschaften wieder eine Ausdifferenzierung kultureller Muster einsetzt, freilich in teilweise neuer Form.

Im Rahmen der Großgruppen *herkömmlicher Industriegesellschaften* stimmten die äußere Lage, insbesondere die ökonomische Lage, die Interessen und Werthaltungen, die Einstellungen zu Familie, Politik, Konsum, Ästhetik etc. sowie die Verhaltensmuster (Erziehung, politische Partizipation, Sprache, Freizeit usw.) in wesentlichen Zügen überein. So dominierten beispielsweise in der Industriearbeiterschaft, deren Lage u. a. durch anweisungs- und regelgebundene Arbeit, enge Wohnverhältnisse und finanzielle Knappheit geprägt war, materielle Interessen und Pflicht-Werte, Sicherheits- und Nutzendenken, familistische und kollektive, etatistische und wohlfahrtsstaatliche politische Einstellungen, konformitätsorientierte Erziehungspraktiken, knappe, kontextgebundene Sprachstile etc.

In *fortgeschrittenen Industriegesellschaften* wird der Zusammenhang zwischen Beruf und Lage, Interessen und Werthaltungen, Einstellungen und Handeln sehr viel loser. Erkannte man einen Lehrer, Beamten, Arbeiter etc. noch vor wenigen Jahrzehnten mit großer Sicherheit an Habitus, Kleidung, Auftreten und Sprache, so ist diese „déformation professionelle" heute immer schwieriger auszumachen. Gab es zuvor typische, beharrende und tiefverwurzelte politische Überzeugungen, Konfliktstellungen und Parteineigungen, die sich weitgehend nach Konfession, beruflicher Stellung und ökonomischen Interessen strukturierten, so lockern sich auch diese Zusammenhänge. Bezeichnenderweise werden in der neueren sozialwissenschaftlichen Gesellschaftsanalyse die äußere Lage, grundlegende Werthaltungen (Milieus), Einstellungen und Verhaltensmuster (Lebensstile) üblicherweise *getrennt* voneinander untersucht, um dann Zusammenhänge zwischen ihnen erforschen zu können. Ein bestimmter sozialstruktureller und kultureller Zusammenhang (Arbeiterkultur etc.) wird kaum noch von vornherein unterstellt.

Nicht nur in Deutschland[10], mit Sicherheit auch in den USA[11], in Italien[12], Frankreich[13] und in Großbritannien, stellt man eine wachsende Ausdifferenzierung von Milieus und Lebensstilgruppierungen fest. In fortgeschrittenen Gesellschaften existieren sehr viel mehr als nur zwei oder drei klassen- bzw. schichtspezifische soziokulturelle Gruppierungen. In Deutschland finden sich, wie (in 3.3) dargestellt, heute mindestens acht unterschiedliche soziokulturelle Gruppen. Auch die Übergänge zwischen diesen soziokulturellen Gruppierungen werden immer fließender. Die Zugehörigkeit zu soziokulturellen Gruppen wird zum immer wichtigeren Bestimmungsgrund für das jeweilige Verhalten. Wahlverhalten, Konsum- und Freizeitverhalten, Lebensformen etc. sind in fortgeschrittenen Gesellschaften immer mehr eine Frage der inneren Haltung und immer weniger der äußeren Lage.[14]

Neben den großen, überall verbreiteten Gruppen Gleichgesinnter gewinnen kleinere, oft lokal und regional gebundene Milieus und Lebensstile in modernen Gesellschaften wieder verstärkte Bedeutung. Zum einen Teil handelt es sich dabei um Revitalisierungen traditionaler Kulturen und Identitäten (z.B. „Heimat"), zum anderen Teil bilden sich neue Milieus und Lebensstile. Freilich sind diese oft flüchtiger, psychologisch oberflächlicher, weniger ausschließlich, dafür kombinierbarer als traditionale (z.B. Katholiken) und industriegesellschaftliche Orientierungen und Vergesellschaftungen (z.B. die Arbeiterschaft). Sie schaffen nicht selten plurale und widersprüchliche Identitäten bis hin zur „Patchwork-Identität" (H. Keupp).

Was die künftige Zahl und Lebensweise von Singles betrifft, so ist aus diesen Entwicklungstendenzen folgendes zu schließen:

(1) Noch läßt sich nicht entscheiden, ob die derzeit beobachtbare Pluralisierung sozialer Milieus und Lebensstile in entwickelten Industriegesellschaften bis zur völligen Zerfaserung fortschreiten wird, oder ob im Gegenteil bereits Tendenzen zur Stabilisierung neuer soziokultureller Gruppierungen die Oberhand gewinnen. Fest steht indessen, daß es immer mehr die innere Haltung und damit die Milieu- und Lebensstilzugehörigkeit und immer weniger die äußere Lage ist, die das alltägliche Handeln und damit auch die Entscheidung über die eigene Form des Lebens beeinflußt. Fest steht auch, daß jene Milieus, deren Mitglieder überproportional häufig allein leben, das Technokratisch-Liberale Milieu und das Hedonistische Milieu, zu den am stärksten wachsenden Milieus gehören. (vgl. Kap. 3.3 und 6.1) Dies läßt den Schluß zu, daß wenigstens in absehbarer Zeit, in der sich die Singles (noch?) in bestimmten Milieus konzentrieren werden, die soziokulturelle Entwicklung der Vermehrung von Singles förderlich sein wird.

(2) In den Teilen, in denen sich die Bevölkerung überwiegend zur protestantischen Konfession bekennt, finden sich signifikant mehr Singles als dort, wo Katholiken überwiegen. (vgl. 3.3; H. Bertram u.a. 1993, S. 25) Dies findet seine Erklärung u.a. in der individualistischeren Tradition des Protestantismus. Nach der Wiedervereinigung ist der Bevölkerungsanteil der Protestanten in Deutschland gewachsen. Dieser Faktor wird nach Überwindung der materiellen Hindernisse in den neuen Bundesländern dort zur Steigerung des Anteils von Alleinlebenden beitragen.

Fazit

Überblickt man die künftige Wirksamkeit der Bestimmungsgründe des Single-Daseins im ganzen, so ergibt sich kein einheitliches Bild. Erst recht lassen sich keine eindeutigen quantitativen Schlüsse aus diesen qualitativen Überlegungen ziehen. Einige Faktoren werden jedoch dazu beitragen, den relativen (Anteil an Altersgruppen) Zuwachs der Alleinlebenden in

Zukunft etwas langsamer verlaufen zu lassen als bisher. Dies stimmt auch mit dem Tenor der zuvor dargestellten Differenzierungstheorien überein. Davon abgesehen werden die nachwachsenden Jahrgänge „potentieller Singles" entscheidend kleiner ausfallen, so daß auch die absolute Zahl und der Bevölkerungsanteil der Singles nicht mehr so deutlich zunehmen dürfte wie bisher.

5.2 Die künftige Häufigkeit von Singles

Obwohl sich einer Quantifizierung große Hindernisse entgegenstellen, weil die zukünftigen Kräfte in ganz unterschiedliche Richtungen wirken werden, soll im folgenden dennoch versucht werden, die Häufigkeit von Singles bis etwa zum Jahre 2010 vorauszuberechnen.

In der folgenden Prognose wird die nach den bisherigen Überlegungen *obere* Grenze des Wahrscheinlichen verfolgt. Dies hat seinen Grund darin, daß im nächsten Kapitel Probleme und Problemlösungen im Zusammenhang mit Singles untersucht werden. Im Blick hierauf empfiehlt es sich, erst einmal die größten im Bereich des Wahrscheinlichen liegenden Veränderungen zu skizzieren.

Beginnen wir mit der bisherigen Entwicklung: Der Überblick (3.2) hat ergeben, daß sich der Anteil an der gleichaltrigen Bevölkerung

- der „jungen Singles" (25–35 Jahre alt) in den letzten 20 Jahren deutlich mehr als verdoppelte, (1972: 7,5% – 1990: 18,7%),
- der „mittleren Singles" (35–45 Jahre alt) in der gleichen Zeit verdoppelte, (1972: 5% – 1990: 10,6%) und
- der „älteren Singles" (45–55 Jahre alt) um ein Drittel vermehrte. (WiSta 4/1992, S. 225)

Hierbei wurden die Daten des amtlichen Mikrozensus zugrundegelegt, die (vgl. 3.2) etwas niedriger ausfallen als die Ergebnisse soziologischer Umfragen.

Wie werden sich nun diese Entwicklungen fortsetzen? Um dies zu ermitteln, sollen zunächst die Annahmen offengelegt werden, die in die folgende Prognose einfließen.

Trotz einiger Determinanten, die eher eine Abschwächung des Zuwachses signalisieren, wird erstens angenommen, daß die Steigerungsraten unter den nachrückenden Jahrgängen weiterhin so zunehmen werden wie in den letzten Jahrzehnten. Dies bedeutet, daß im Jahre 1990 18,7%, im Jahre 2000 schon 24% und im Jahre 2010 gar 30% der 25–35jährigen allein leben werden. Diese Raten markieren die obersten Werte des Wahrscheinlichen.

Es wird zweitens angenommen, daß diese Single-Anteile auch für die Bewohner Ostdeutschlands gelten. Zumindest für die kommenden Jahre bewirkt dies eindeutig eine Überschätzung der Häufigkeit von Singles.

Es wird drittens angenommen, daß unter Zuwanderern im Voraussage-zeitraum keine Singles sein werden, obwohl selbstverständlich ein Teil der Immigranten allein leben wird. Da eine konstante Größe der Wohn-bevölkerung von 80 Millionen Menschen in Deutschland bis zum Jahre 2010 angenommen wird, also Zuwanderungen in erheblicher Höhe (5.1) in Rechnung gestellt werden, führt diese Annahme mit Sicherheit zu Unterschätzungen.

Es wird viertens angenommen, daß die jeweiligen Anteile von jungen Singles im Kohortenverlauf erhalten bleiben. Dies bedeutet nicht, daß jeder einzelne, der z. B. im Alter von 27 Jahren Single war, dies auch noch im Alter von 47 Jahren sein wird. Dies bedeutet aber, daß davon ausgegangen wird, daß der „Schwund" unter den Singles, etwa durch Heirat oder Eingehen einer Nichtehelichen Lebensgemeinschaft, durch neu hinzukommende Singles, etwa nach Scheidungen, ausgeglichen wer-den wird. Diese Annahme bewirkt nach den vorliegenden Befunden eher eine Überschätzung von Single-Anteilen.

Insgesamt dürfte die Überschätzung der Zahlen künftiger Singles infol-ge der dargestellten Einzelannahmen dadurch wieder etwas zurückgeführt werden, daß die als Ausgangsbasis verwendeten Zahlen über die Häufig-keit von Singles des amtlichen Mikrozensus niedriger liegen als die Zah-len soziologischer Umfragen.

Alles in allem machen dies Annahmen deutlich, die die folgenden Be-rechnungen nicht mehr sein können, als eine plausible Überschlagsrech-nung über die bis zum Jahre 2010 maximal zu erwartende Anzahl von Alleinlebenden im mittleren Lebensalter von 25 bis 54 Jahren.

Demnach ergeben sich folgende *Anteile von Singles* in den drei genann-ten Altersgruppen:

Tabelle 15: Anteile von Alleinlebenden in Deutschland im Jahre 1990, 2000 und 2010 (in %)

	1990	2000	2010
25–35 Jahre alt	18,7	24,0	30,0
35–45 Jahre alt	10,6	18,7	24,0
45–55 Jahre alt	10,8	10,6	18,7

Quelle: Wirtschaft und Statistik 2/1992, 4/1992 und eigene Berechnungen

Bei der Vorausrechnung der *Personenzahlen der genannten Altersgruppen* müssen keine Unwägbarkeiten in Kauf genommen werden, die Personen leben alle schon in Deutschland, da Zuwanderer, unter der modellhaften Annahme, daß sich hierunter keine Singles befinden, aus der Betrachtung ausgeklammert werden. Demnach ergibt sich folgende Kopfzahl der Bevölkerung (insgesamt, d.h. einschließlich der in Mehrpersonenhaushalten Lebenden) in den drei Altersgruppen:

*Tabelle 16: Wohnbevölkerung nach Alter (ohne Zuwanderer seit 1990)
in den Jahren 1990, 2000 und 2010 (in Millionen)*

	1990	2000	2010
25–35 Jahre alt	13,254	10,687	8,439
35–45 Jahre alt	10,703	13,254	10,687
45–55 Jahre alt	11,222	10,703	13,254

Quelle: Stat. Bundesamt (Hg.): Stat. Jahrbuch 1992, S. 64

Unter Zugrundlegung der oben genannten Single-Anteile an der Bevölkerung der einzelnen Altersgrupppen ergeben sich folgende *Zahlen von Singles* in den Jahren 1990, 2000 und 2010:

*Tabelle 17: Singles in Deutschland in den Jahren 1990, 2000 und 2010
(in Millionen)*

	1990	2000	2010
25–35 Jahre alt	2,478	2,565	2,532
35–45 Jahre alt	1,135	2,478	2,565
45–55 Jahre alt	1,212	1,135	2,478
Gesamtzahl	4,825 (6,05%)	6,178 (7,72%)	7,575 (9,47%)

Quelle: Wirtschaft und Statistik 2/1992, 4/1992 und eigene Berechnungen

Nimmt man an, daß die Bevölkerungszahl Deutschlands mit ca. 80 Millionen Menschen über die beiden nächsten Jahrzehnte konstant bleiben wird, so würde sich nach den obigen Berechnungen der Bevölkerungsanteil von Singles von 1990 (gemäß amtlicher Statistik) gut 6% *auf 7,7% im Jahre 2000 und auf 9,5% im Jahre 2010* steigern.

Insgesamt würde damit die Bevölkerungsgruppe der Singles weiter anwachsen, wenn auch, bedingt vor allem durch den Altersstruktureffekt der geburtenschwachen Jahrgänge und durch den Zuzug von Ausländern, etwas langsamer als bisher.

Ob dieser Zuwachs langfristig anhalten wird, ist allerdings fraglich. Sowohl die oben skizzierten Differenzierungstheorien, die unseres Erachtens überzeugender sind als reine Individualisierungstheorien, als auch die Vorausschau auf die künftige Entwicklung der Determinanten des

Singletums mahnen zur Vorsicht. Abflachende Zuwachsraten sind wahrscheinlicher als anhaltende.

Es wird aller Voraussicht nach also keine „Single-Gesellschaft" geben, wenn man darunter eine Gesellschaft versteht, die überwiegend aus Singles besteht.

Wie werden Singles leben?

Prognosen zur zukünftigen *Häufigkeit* von Singles müssen nicht allzu spekulativ ausfallen. Sie können teilweise auf gesicherten Vorausrechnungen aufbauen, teilweise auf begründeten Erwartungen. Eine Vorausschau auf die künftige *sozialstrukturelle Zusammensetzung* und auf die *Lebensweisen* von Singles steht auf wesentlich schwächeren Fundamenten. Dennoch wird im folgenden eine bestimmte These vertreten werden: Sie lautet, daß sich die Bevölkerungsgruppe der Singles „normalisieren" wird. Normalisieren heißt, daß Singles allmählich auch jenen Bevölkerungsgruppen, Werthaltungen und Lebensstile angehören werden, in denen sie bislang wenig vertreten sind. Überspitzt ausgedrückt: Singles werden, außer der Tatsache, daß sie allein leben, immer weniger an sich haben, das sie von anderen unterscheidet. Singles werden genau so unterschiedlich sein, wie heute beispielsweise Ehepaare. Dies würde bedeuten, daß sich auch ansteigende Zahlen von Singles in ihrer Bedeutung entscheidend relativieren. Wenn Singles in vieler Hinsicht „ganz normale" Mitbürger sind, werden manche Befürchtungen ebenso gegenstandslos wie großangelegte Hoffnungen.

Schon jetzt deuten Zeitvergleiche auf eine *sozialstrukturelle Normalisierung* hin. Früher entschlossen sich vornehmlich Männer, als Singles zu leben, heute gleicht sich die Geschlechterproportion immer mehr an. Singles konzentrierten sich noch in den 70er Jahren in bestimmten Altersgruppen, heute leben zunehmend auch Menschen im mittleren Lebensalter alleine. (Schofer/Bender/Utz 1991; 1992) Es ist zu erwarten, daß Singles in Zukunft auch in jene Bildungsgrade, Berufsfelder, Einkommensstufen etc. einrücken werden, in denen sie bislang eher selten zu finden sind.

Voraussagen der „Veralltäglichung" von Lebensweisen, das heißt des künftigen *Denkens und Verhaltens* von Singles sind schwieriger und spekulativer als die der sozialstrukturellen Zusammensetzung. Dennoch lassen sich Tendenzen voraussagen: So ist als Gegenbewegung auf viele destabilisierende Erfahrungen, auf Entscheidungsdilemmata und anomische Situationen eine Hinwendung wieder zu traditionellen Werthaltungen und Lebensformen absehbar. Singles werden daher nicht so oft wie heute in Opposition zu traditionellen, „normalen", sondern immer häufiger auch in Entgegensetzung zu „untypischen" Lebensweisen leben. Zudem könnte eine Art der Opposition in Zukunft gerade darin bestehen, daß nicht nur Singles betont traditional leben, sondern viele andere „eine ganz normale Familie" mit ihrer Gemeinschaftlichkeit und Wertgebundenheit gründen, gegen die Erwartungen vieler Zeitgenossen, die auf Individualität und Zweck-Mittel-Denken zielen.

Derzeit geht die Lebensform von Singles einher mit zwar unterschiedlichen, aber doch typischerweise immer wiederkehrenden Lebensweisen. So vertreten Singles zu hohen Anteilen postmaterialistische Werthaltungen, neigen zu bestimmten Lebensführungen und politischen Richtungen etc. Es ist m. E. sehr die Frage, ob diese Konzentrationen anhalten werden. Unter anderem wegen der erwähnten „oppositionellen" Hinwendung wieder zu traditionellen Lebensweisen könnte es durchaus dahin kommen, daß zwar immer mehr Menschen als Single leben, daß dies aber über ihre Werthaltungen, Einstellungen und Verhaltensweisen immer weniger aussagt. Eine ähnliche Entwicklung war schon bei anderen Vorreiter-Bewegungen, wie den neuen sozialen Bewegungen oder den nichtehelichen Lebensgemeinschaften, zu verzeichnen. Sie waren zunächst an ganz bestimmte Mentalitäten gebunden. Dann diffundierten sie sowohl sozialstrukturell als auch soziokulturell und wurden soziologisch immer unauffälliger. Wenn dies bei Singles ebenfalls eintreten sollte, würden sie sich in ihrem Spektrum des Denkens und Handelns auf längere Sicht kaum noch von der übrigen Bevölkerung unterscheiden.

6. Werden uns die Singles nützen oder schaden?

Auch wenn im vorigen Kapitel zum Teil „Entwarnung" bezüglich der künftigen Zahl und Lebensweise von Singles gegeben wurde: Dennoch bleibt zu bedenken, ob Singles auf bestimmten Gebieten Probleme schaffen oder aber lösen werden, ob sie uns be- oder entlasten werden.

Es ist nicht das erste Mal, daß über die Konsequenzen des immer häufigeren Alleinlebens nachgedacht wird. Läßt man die bisherigen Einschätzungen Revue passieren, so überwiegen die negativen Prognosen: Egoismus, Entsolidarisierung, Einsamkeit, instabile soziale Beziehungen und Partnerschaften, instabile, ja gespaltene Persönlichkeiten, Zerfall von Subsidiarität in der sozialen Sicherung, daraus resultierend ein immenser Pflegebedarf und die Überlastung sozialstaatlicher Institutionen, Gefährdung des Generationenvertrags, politische Instabilität wegen des Zerfalls verläßlicher politischer Milieus, wegen immer häufigerer Situations- und Ein-Themen-Wahlen, übermäßiger Verkehrs- und Wohnungsbedarf und viele andere Befürchtungen mehr verbinden sich mit dem Gedanken an den Marsch in die „Single-Gesellschaft".

Sind diese Szenarien realistisch?
Um dieser Frage nachzugehen, hat es keinen Sinn, nur auf die Singles zu blicken. Man muß die sozialen Problemstellungen der Zukunft in ihrem Gesamtzusammenhang zur Kenntnis nehmen. Dann erst zeigt sich, was eine Zunahme von Singles bedeutet. Bei der folgenden Skizze anstehender Schwierigkeiten und Herausforderungen stützen wir uns auf die Vorausschau der Sozialstruktur und des Singletums im vorigen Kapitel.

In den nächsten beiden Jahrzehnten stehen Deutschland sehr eindeutige Problemlagen und sich hieraus ergebende Handlungsnotwendigkeiten bevor. Wo die Bedrohungen liegen und was zu tun ist, ergibt sich weniger aus der spezifischen Sicht bestimmter politischer und weltanschaulicher Richtungen denn aus Notwendigkeiten der Bestandserhaltung unserer Gesellschaft. Aus dieser Sicht heraus wird im folgenden auch argumentiert werden. Es gibt historische Situationen, wo über den grundsätzlich einzuschlagenden weiteren Weg gestritten werden kann und muß. In den kommenden Jahren ist das anders: Angesichts klar erkennbarer Handlungsnotwendigkeiten ist der Blick auf Notwendigkeiten und nicht auf Neigungen, ist eine funktionale Perspektive und nicht eine Konfliktperspektive angezeigt. Hierdurch ist freilich nicht das politische und gesellschaftliche Handeln bis ins einzelne vorgezeichnet. Im Detail besteht viel Spielraum für Kreativität und unterschiedliche Lösungen.

6.1 Probleme und Herausforderungen auf dem Weg ins nächste Jahrtausend

Bevölkerung

Sieht man einstweilen einmal von Zuwanderungen ab, so wird die oben (5.1) dargestellte Geburten- und Sterbeentwicklung nacheinander zu folgenden Schwierigkeiten führen:

1. Der Rückgang des Arbeitskräfteangebots wird schon in einigen Jahren, wenn die Reserven aufgebraucht sind, zu einem ernsthaften Arbeitskräftemangel führen. Er wird zuerst im Bereich mittlerer Qualifikationen im gewerblich-technischen Bereich auftreten, wo Arbeitskräfte schon heute knapp sind, dann auch im Dienstleistungssektor und in gehobenen Qualifikationen. Gleichzeitig wird infolge von Rationalisierungen ein Arbeitskräfteüberangebot und Arbeitslosigkeit auf der Ebene geringer Qualifikationen bestehen bleiben. Diese „Klemme" zu überbrücken, wird schwierig werden.
2. Infolge des geringen Nachwuchszustroms wird es immer mehr ältere und immer weniger jüngere Erwerbstätige geben. Die Qualifikationen werden veralten. Produktivität und Innovation werden leiden. Die Anpassung an technologischen, ökonomischen und sozialen Wandel wird große Anstrengungen erfordern.
3. Die Zahl der Beitragszahler für das System sozialer Sicherung wird zurückgehen. Gleichzeitig werden die Sicherungskosten steigen, insbesondere wegen des allmählichen Anwachsens der älteren Generation. Noch vor dem Höhepunkt der Alterung unserer Gesellschaft wird deren Finanzierung schwierig werden, weil die Zahl der Zahlenden zurückgeht.
4. Unsere Gesellschaft wird altern. Vor allem ab dem Jahre 2015 bis etwa zum Jahre 2030, wenn die geburtenstarken Jahrgänge vollständig im Rentenalter stehen und die geburtenschwachen zur Gänze im Erwerbsleben, wird sich eine „Bevölkerungslücke" auftun.

Eine Erhöhung der Geburtenzahl, selbst wenn sie sofort und sehr entschieden stattfände – nichts spricht dafür, daß sie in Sicht ist – würde an den Problemen (1) bis (3) überhaupt nichts ändern. Dafür käme sie zu spät. Die Alterung der deutschen Gesellschaft (4) würde sie, wegen der geringen Zahl der nachrückenden Eltern, nur sehr langsam lindern. Es bedürfte schon ganz unrealistisch hoher Kinderzahlen, um die Alterung innerhalb einer oder zweier Generationen rückgängig zu machen. Daraus zu schließen, daß eine Geburtenerhöhung überflüssig sei, wäre allerdings ein Fehler. Zur langfristigen Lösung der Alterungsprobleme ist eine Erhöhung des Geburtenniveaus unerläßlich.

Eine ganze Palette von Gegenmaßnahmen wird notwendig werden. Es wird einer Effizienzsteigerung unserer Volkswirtschaft, höherer Sozialversicherungsbeiträge, knapperer sozialstaatlicher Leistungen, längerer Lebensarbeitszeiten, zum Teil kürzerer Ausbildungszeiten sowie einer ver-

mehrten Erwerbstätigkeit von Frauen bedürfen, um dem Mangel an Arbeitskräften und Beitragszahlern sowie der Alterung der Erwerbstätigen
entgegenzuwirken. Quantitativ ausreichen wird das aber nicht.

Wie (in 5.1) erwähnt, werden Zuwanderungen auf Dauer die einzig
quantitativ ausreichende Problemlösung darstellen. Allerdings werden
Einwanderungen nur dann zur Lösung der dargestellten Probleme 1 bis 3
(Mangel an Arbeitskräften und Beitragszahlern sowie Alterung der Erwerbstätigen) beitragen, wenn *geeignete* Einwanderer nach Deutschland
kommen und wenn erhebliche Maßnahmen zur Weiterbildung, zur
schulischen und beruflichen Integration etc. stattfinden. Ansonsten vermehrt Zuwanderung nur Armut, Arbeitslosigkeit und soziale Konflikte.
Zur Lösung des Alterungsproblems selbst (4) können Zuwanderungen
erstaunlich wenig beitragen.

Obwohl sie nach Maßgabe der oben angeführten Problemstellungen
bis dahin eigentlich gar nicht „notwendig" sind, werden Zuwanderungen
in der Größenordnung von mehr als 300 000 Menschen jährlich bis etwa
zum Jahre 2005 vor allem wegen des Einwanderungs*drucks* und aufgrund
von Verpflichtungen der Bundesrepublik Deutschland anhalten. Politik
und Gesellschaft werden gut beraten sein, diese Zeit dazu zu nutzen, in
die heute allzu moralisierende oder aber von Ängsten geprägte Einwande-
rungsdiskussion zweckrationale, auf die Interessen Deutschlands und der
Zuwandernden zielende Argumente einzubringen. (vgl. Schmid 1994)

Danach werden Zuwanderungen immer mehr vom Einwanderungs*bedarf* bestimmt sein. Bis dahin sollten Kriterien, Regulierungs- und Inte-
grationsmechanismen der Zuwanderung installiert sein.

Bildung

Auf dem Gebiet des Bildungswesens vollzieht sich derzeit eine ebenso
„natürliche" wie dramatische Entwicklung. Sie verläuft aber weitgehend
ohne Publizität und zukunftsweisende Konzeptionen. Die Erosion der
Hauptschule und damit des dreigliedrigen Schulsystems in Westdeutschland hält an. Sie wird sich dadurch noch beschleunigen, daß in den neuen
Bundesländern das dreigliedrige Schulsystem weithin nicht akzeptiert und
teilweise auch nicht installiert wird. Bislang wurde das dreigliedrige
Schulsystem nur in Sachsen-Anhalt und in Mecklenburg-Vorpommern
eingerichtet. In Brandenburg, Sachsen[1] und Thüringen gab es 1993 keine
Hauptschulen, wobei in den beiden letztgenannten Bundesländern Hauptschulen und Realschulen integriert waren.[2]

Sieht man über die vielen länderspezifischen Unterschiede hinweg, so
tendiert die Entwicklung in Deutschland zunächst zum zweigliedrigen
Schulsystem, bestehend aus „Mittelschule" (das heißt einer Kombination
von Hauptschule und Realschule) und Gymnasium. Der Zustrom zum

Gymnasium wird der „Mittelschule" m.E. noch schneller den Garaus machen als heute der Hauptschule. Letztlich wird das in sich differenzierte „Gymnasium" in Deutschland zur Regelschule werden, ähnlich wie die „High-School" in den USA. Der europäischen Integration wird das eher guttun. Es fragt sich nur, ob dieser Vorgang nicht koordinierender und konzeptioneller Anstrengungen bedarf, wenn Nachteile für Schüler und Eltern vermieden werden sollen.

Ein noch größeres Problem wird sich dadurch auftun, daß eine Fülle, um nicht zu sagen ein Wildwuchs, von Privat-, Spezial- und Richtungs-schulen droht. Sie werden frequentiert von jenen, die aus Gründen des „Niveaus" oder – im Zuge der soziokulturellen Ausdifferenzierung – aus besonderen Werthaltungen und Einstellungen heraus ihre Kinder an öffentlichen Schulen nicht gut aufgehoben glauben. Die Fülle wird zwar eine Vielfalt ermöglichen, die einer hochdifferenzierten entwickelten Industriegesellschaft angemessen ist, sie wird ohne Zukunftskonzeptionen aber massive Standardisierungs-, Chancengleichheits- und Gerechtig-keitsprobleme hervorrufen.

In entwickelten Industriegesellschaften wird Weiterbildung, wie ge-zeigt, immer dringlicher, in Deutschland zumal dann, wenn die Alterung der Erwerbstätigen und die Einwanderung fortschreiten werden. Zu-kunftskonzeptionen fehlen auch hier. Nur wenn Weiterbildung so „normal" wie heute die allgemeinbildende Schule sein wird, wird unser Bildungssystem den Anforderungen der Zukunft genügen. Weiterbildung wird sowohl aus Gründen der Finanzierung als auch der Kompetenz von staatlichen Stellen, nichtstaatlichen Organisationen, Wirtschaftsunterneh-men und von Privaten gleichermaßen durchgeführt werden müssen. Hierfür fehlt es bislang an organisatorischen Vorstellungen und an Fi-nanzmitteln gleichermaßen.

Erwerbstätigkeit

Auch wenn es unpopulär sein mag, in Zeiten hoher Arbeitslosigkeit dar-auf hinzuweisen: In Deutschland wird es auf großen Feldern schon bald nicht zu viele sondern zu wenige Erwerbstätige geben. (vgl. 5.1) Damit wird auch die Zahl derer zu gering sein, die Steuern und Sozialbeiträge zahlen. Eine von mehreren wichtigen Abhilfemaßnahmen wird die häufi-gere Erwerbstätigkeit von Frauen sein. Mehr Frauenerwerbstätigkeit wird als „qualitative" Flankierung beim Schließen der Beschäftigtenlücke uner-läßlich sein. Denn viele Frauen haben die Fertigkeiten, die Einwanderern, der quantitativ wichtigsten Problemlösung, erst einmal fehlen werden. Für eine Steigerung der Frauenerwerbstätigkeit sind hierzulande viele Voraussetzungen gegeben: Mehr Frauenerwerbstätigkeit als heute wird von Frauen gewünscht. Und im Vergleich zu anderen modernen Industriegesellschaften existiert in Deutschland ein erhebliches unausgeschöpftes Reservoir für die Erwerbstätigkeit von Frauen.

Andererseits fehlen aber für eine Erhöhung der Frauenerwerbstätigkeit ohne negative Nebenfolgen viele Voraussetzungen. Am dringensten benötigt werden:

– Teilzeitarbeitsplätze, die im übrigen auch einen hilfreichen zeitlichen und sektoralen „Puffer" zwischen Arbeitslosigkeit und Arbeitskräftemangel darstellen,
– flexible Arbeitszeiten und
– Kinderbetreuungseinrichtungen, die durch staatliche, gesellschaftliche und private Bemühungen zugleich in vielfältigen Formen ausgebaut werden sollten.

Ohne diese Voraussetzungen droht entweder die Erhöhung der Frauenerwerbstätigkeit nicht stattzufinden, was etwa von Jahre 2005 an eine immer stärkere Abhängigkeit von qualifikations- und integrationsbedürftigen Zuwanderern mit sich bringen wird, oder aber, wenn mehr Frauen als heute erwerbstätig sein werden, wird das zu Lasten von Familie und Geburtenhäufigkeit zu gehen, was langfristig eher noch größere Probleme aufwerfen wird.

Soziale Ungleichheit

Die im fünften Kapitel dargestellten sozialstrukturellen Zukunftsentwicklungen laufen auf kompliziertere Gefüge sozialer Ungleichheit hinaus:

– Mehr Dimensionen von Vor- und Nachteilen werden wichtig, darunter wohlfahrtsstaatlich bereitgestellte öffentliche Güter und soziokulturelle Vor- und Nachteile (Integration, Ausgrenzung etc.)
– komplexere Kombinationen von Vor- und Nachteilen (z. B. viel Geld, wenig Freizeit) werden die sozialen Lagen der insgesamt vergleichsweise gutgestellten, in der Regel erwerbstätigen Bevölkerungsmehrheit sehr unterschiedlich gestalten,
– unterschiedliche Problem- und Randgruppen (Flüchtlinge, Drogenabhängige, schlecht integrierte Ausländer, Obdachlose), durchweg unterhalb der Erwerbstätigkeit anzusiedeln, lösen die Arbeiterschaft als gesellschaftliche Unterschicht ab,
– das Denken und Handeln der Menschen wird von ihrer beruflichen Lage und Schichtzugehörigkeit nur noch bedingt, von Lebensphasen, Lebensformen, persönlichen Entscheidungen und der Zugehörigkeit zu Milieus und Lebensstilgruppierungen immer mehr geprägt sein.

Es sind im wesentlichen folgende Probleme, die sich dadurch stellen:

(1) Mit der Ausdifferenzierung des Ungleichheitsgefüges werden die Probleme, Probleminterpretationen, Erwartungen, Ansprüche und Konfliktfronten der Menschen immer vielgestaltiger. Familien haben andere Infrastrukturerwartungen als Singles, jede Randgruppe bedarf anderer sozialpolitischer Maßnahmen, jede ethnische Minderheit anderer Integrationsinstanzen, Ältere setzen andere Prioritäten als Jüngere, männliche Angestellte sehen gesellschaftliche Vor- und Nachteile anders als weibliche, ökologische Probleme werden von Angehörigen des „Alternativen

Milieus" und des „Hedonistischen Milieus" dringlicher gesehen als z.B. vom „Traditionslosen Arbeitermilieu" usw.

Diese komplexen Ungleichheiten fortgeschrittener Industriegesellschaften erstrecken sich sowohl auf materielle Fragen (der Entlohnung, der Arbeitsplatzsicherheit, des Wohnens etc.) wie auf immaterielle Disparitäten (der Integration, der Gesundheit, der Ausgrenzung, usw.). Sie umfassen „vertikale", der Berufshierarchie folgende Vor- und Nachteile (Arbeitsbedingungen, Anweisungsbefugnis etc.) aber auch „horizontale" Ungleichheiten, z.B. von Geschlecht, Alter, Wohnort und Nationalität abhängige. Die Definitionen und Wahrnehmungen sozialer Ungleichheiten beruhen in fortgeschrittenen Industriegesellschaften sowohl auf eigenen wie auch auf fremden Interessen. Staatliche Stellen und Integrationsinstanzen werden es schwer haben, dieser Heterogenität Herr zu werden. Die Ansprüche addieren sich zu kaum finanzier- und machbaren Forderungen. Diese Ungleichheitsprobleme entwickelter Industriegesellschaften kann man als die *„neuen sozialen Fragen"* bezeichnen. Ihre Schwierigkeit liegt in ihrer Vielgestaltigkeit.

(2) Auf der anderen Seite wird – jedenfalls eine ganze Zeit lang – die *„alte soziale Frage"* der Ungleichheit zwischen Berufsgruppen zurückkehren. Im Vergleich zu den „neuen sozialen Fragen" sind die ihr eigenen Vorteile, Nachteile und Konfliktfronten klar und massiv. Die „alte soziale Frage" war und ist charakteristisch für herkömmliche Industriegesellschaften. Hier geht es um eigene Interessen, um „vertikale" Abstufungen und entsprechende Konflikte innerhalb der Erwerbshierarchie, um Berufschancen und Berufsstellungen, um Materielles, um Geld und um Berufsprestige. Hier geht es um Fragen wie: Wo stehen Ost- und Westdeutsche, Zuwanderer und Einheimische, Ältere und Jüngere, Männer und Frauen *im Erwerbsleben*? Wer vertritt ihre Interessen?

Im Gefolge von Wiedervereinigung, knappen Kassen, Zuwanderung und mehr Frauenerwerbstätigkeit werden diese „klassischen industriegesellschaftlichen" Strukturen und Konflikte sozialer Ungleichheit eine ganze Zeit lang auf die vorderen Plätze der Tagesordnung zurückkehren. Daß *gleichzeitig mit dieser „alten sozialen Frage" die „neuen" in den Vordergrund geraten*, wird öffentliche Aufwendungen, Auseinandersetzungen und Regelungen nicht erleichtern.

(3) In frühindustriellen Gesellschaften verlief die wichtigste Scheidelinie im Gefüge sozialer Ungleichheit zwischen den Besitzenden und den Besitzlosen. Das Gefüge sozialer Ungleichheit in herkömmlichen Industriegesellschaften zerfiel in große Schichten von Erwerbstätigen und ihren Familien: Eine Arbeiter-Unterschicht, eine Angestellten- und Beamten-Mittelschicht, eine Oberschicht aus Unternehmer, der kulturellen Elite etc. Im Gefüge sozialer Ungleichheit fortgeschrittener Industriegesellschaften verläuft die wichtigste Disparität zwischen der Bevölkerungs-

mehrheit des relativ gutgestellten „differenzierten Mittelstandes" und sehr unterschiedlichen, jeweils viel kleineren Problem- und Randgruppen. (vgl. 5.1)

Alle fortgeschrittenen Gesellschaften haben damit zu *kämpfen, diese Kluft nicht zu groß werden zu lassen*. Die Voraussetzungen in Deutschland werden in der nächsten Zeit nicht sehr gut sein, den Kampf gegen die Absonderung einer „neuen Unterschicht" zu führen. Einerseits werden zum Beispiel nicht integrierte Einwanderer für neuen Zustrom sorgen, andererseits werden die öffentlichen Kassen unter anderem durch die Folgen der deutschen Vereinigung, durch Bildung und Weiterbildung sowie durch die Notwendigkeit der Schaffung kinderbetreuender Einrichtungen so strapaziert sein, daß erhebliche Ausweitungen von Sozialleistungen und -maßnahmen schwierig sein werden.

(4) Die „traditionelle" Armut in vorindustriellen Gesellschaften war häufig Altersarmut. In der Bundesrepublik ist es gelungen, das Armutsrisiko der älteren Menschen unter das des Bevölkerungsdurchschnitts zu senken. Alles spricht jedoch dafür, daß andere armutsgefährdete Gruppen bestehen bleiben oder zunehmen werden: die Langzeitarbeitslosen, die Alleinerziehenden sowie alleinlebende jüngere Menschen. Sie werden überproportional oft der „industriegesellschaftliche Armut" und der „postindustriellen Armut" ausgesetzt sein. Es wird großer Anstrengungen bedürfen, eine Ausweitung von Armut in diesen Bevölkerungsgruppen zu vermeiden.

Sozialpolitik

Staatliche Sozialpolitik wird vor wachsenden und neuen Aufgaben stehen. Die Alterung bringt zusätzliche Belastungen für Gesundheitsvorsorge und das Pflegesystem mit sich. Typische Probleme „postindustrieller" und entwickelter Industriegesellschaften, Anomie, psychische Instabilität, Alkoholkonsums, Drogen, Integration von Ausländern etc. erfordern flexible, oft neue Maßnahmen. „Postindustriellen" Formen der Armut von Alleinerziehenden und Alleinstehenden wird man, unter anderem wegen geringer familiärer Unterstützung, anders begegnen müssen als älteren Formen der Armut. Geringe Kinderzahlen, wachsende Frauenerwerbstätigkeit, familiäre Instabilitäten werden die subsidiären Hilfeleistungen weiter schwächen. Rand- und Problemgruppen schaffen neue Soziallasten.

Staatliche Sozialpolitik wird zunehmend ergänzt werden müssen durch eine Kooperation der verschiedensten Organisationen, durch Koordinationen zwischen staatlichen und gesellschaftlichen Maßnahmen sowie durch individuelle und gemeinsame Selbsthilfemaßnahmen. Dies wird zum einen notwendig durch die Finanzengpässe der öffentlichen Haushalte, vor allem aber durch die Art der wichtiger werdenden Aufgaben. Sie bieten sich durchaus nicht alle als Tätigkeitsfeld staatlicher Stellen an, zum Teil auch nicht für Großorganisationen. Alltägliche Hilfe, zum Teil auch Pflege für ältere Menschen, für Drogenabhängige, für Aids-Kranke, Rat für überschuldete Haushalte, Erziehungsberatung für ausländische Eltern, Hausaufgabenanleitung für Ausländerkinder u.v.a. Aufgaben mehr sind eher Tätigkeitsbereiche für gesellschaftliche Mitwirkung als für staatliche Sozialpolitik.

Das *System der Interessenvertretung* von Erwerbstätigen, wie es in erster Linie durch die Gewerkschaften wahrgenommen wird, ist veraltet. Auf ihrem ureigensten Feld der Vertretung von Interessen im Umkreis der „alten sozialen Frage", das heißt berufsnaher, meist materieller Schicht- und Klasseninteressen, werden Gewerkschaften in Zukunft viel stärker die Interessen von Frauen und sehr unterschiedlichen Gruppen von Ausländern vertreten müssen. Daß das innerhalb ihrer heutigen Organisationsformen geschehen kann, ist nicht wahrscheinlich. Andererseits würde organisierte Interessenvertretung in Deutschland sehr konfliktreich werden, wenn sie künftig z.B. durch spezielle Ausländergewerkschaften geschehen sollte.

Auf dem Gebiet der Interessenvertretung im Rahmen der „neuen sozialen Fragen", das heißt „postindustrieller" und „postmaterieller" Interessen, wo es um die Interessen kleinerer Gruppierungen, oft außerhalb der Erwerbsarbeit und häufig abhängig von den jeweiligen Interpretationen geht (etwa von Regionen, Lebenformen und Lebensstilen), sind die Gewerkschaften ohnehin nicht zu Hause. In dieser Hinsicht finden sich derzeit Bereiche von übermäßiger neben Bereichen unzureichender Interessenvertretung. So werden die Interessen des „differenzierten Mittelstandes" oft allzu intensiv, die der neuen Rand- und Problemgruppen nicht sehr aktiv vertreten.

Kultur

Auch soziokulturelle Strukturen, das heißt Werte, Einstellungen, Meinungen, Denk- und Verhaltensmuster, tragen zur Entstehung sozialer Probleme bei. So stellt die Lebensform, Kinder alleine zu erziehen, heute eine der wichtigsten Quellen der Armut dar.

Die Auffächerung soziokultureller Gefüge, die Pluralisierung von Lebensformen, Subkulturen, Milieus und Lebensstilen, vollzog sich in Deutschland in den vergangenen Jahren überraschend problem- und konfliktlos. Dies ist m.E. darauf zurückzuführen, daß – weithin unbeachtet – in den vergangenen Jahrzehnten zeitgleich mit soziokulturellen Ausdifferenzierungen auch der gesellschaftliche Konsens bezüglich der „Spielregeln" des toleranten und friedlichen, privaten und öffentlichen

Miteinander-Umgehens gewachsen ist. Gewalt unter Kindern, zwischen Eltern und Kindern, in politischen Auseinandersetzungen fiel in den letzten Jahren nicht deswegen auf, weil sie zugenommen hätte, sondern deswegen, weil sie nach den anerkannten „Spielregeln" heute ganz unakzeptabel ist. Noch vor wenigen Jahrzehnten war sie an der Tagesordnung.

Ob freilich dieser Konsens auch in Zeiten knapper Mittel, enger Verteilungsspielräume und beschleunigter sozio-kultureller Ausdifferenzierung durch Zuwanderung noch anhält, muß sich erst noch erweisen. Es besteht einiger Anlaß zur Befürchtung, daß Konsenszerfall, Anomie und Desintegrationsprobleme wachsen werden.

6.2 Risiken und Chancen durch einen größeren Bevölkerungsanteil von Singles

Welche der eben dargestellten Zukunftsprobleme werden durch eine wachsende Bevölkerungsgruppe von Singles verschärft, welche Maßnahmen zur Problemlösung werden erschwert? Vor dem Hintergrund verbreiteter Befürchtungen über die Konsequenzen des immer häufigeren Alleinlebens werden solche Bedenken häufig laut. Auf der anderen Seite kann man sich aber auch die Frage stellen, ob Singles zur Linderung oder gar Lösung einiger der gezeigten Probleme beitragen werden. Beiden Fragerichtungen soll im folgenden nachgegangen werden.

Bevölkerung

Singles haben sehr viel weniger Kinder als jene Menschen, die mit anderen zusammenleben. (vgl. 3.3) Dies wird sich nach aller Voraussicht auch nur wenig ändern. Wer Kinder aufziehen möchte, wird das in der Regel zusammen mit Partnern tun oder wenigstens mit seinen Kindern zusammensein. Zwar mag sich die Situation eines Singles mit Kind(ern) (per definitionem außer Haus) in Zukunft deswegen häufiger ergeben, weil Geschiedene ohne Sorgerecht über die eigenen Kinder oder Alleinerziehende mit erwachsenen, von zu Hause ausgezogenen Kindern häufiger werden dürften. Aber diese Faktoren werden allenfalls mäßige Erhöhungen des derzeit geringen Anteils von Singles mit Kindern hervorrufen. Die Kinderzahl von Singles wird unterdurchschnittlich bleiben.

Die voraussichtlichen Erhöhungen des Anteils von Singles in der Bevölkerung werden daher zu Lasten der Geburtenzahl gehen. Damit tragen Singles zur Komplizierung nicht weniger gesellschaftlicher Aufgaben bei: Sie erschweren die Erfüllung des Generationenvertrags, das Tragen der Soziallasten, sie erhöhen den Einwanderungsbedarf.

Lebensformen und soziale Beziehungen

Wer die Auswirkungen einer größer werdenden Bevölkerungsgruppe von Singles auf das unmittelbare Mit-, Für- und Gegeneinander von Menschen bedenkt, sollte zwischen zeitweiligen und andauernden Singles unterscheiden.

Vieles spricht dafür, daß *zeitweiliges* Leben als Single manche Vorteile für die Gesellschaft mit sich bringt: Denn moderne Gesellschaften beruhen darauf, daß ihre Mitglieder sich auch noch im Erwachsenenalter raschen Wandlungsvorgängen anpassen (oder Wandlungsvorgänge in die Wege leiten). Die geforderten mentalen Umorientierungen gehen zum Teil psychisch sehr weit. Tiefsitzende Einstellungen, die in jahrelangen Gewöhnungsprozessen vermittelt und praktisch verfestigt wurden, lassen sich jedoch nur durch krisenhafte Milieu- und Kontaktwechsel unter Abbruch von Bindungen verändern. Zeitweilige Phasen des Alleinlebens stellen solche Gelegenheiten und Anstöße zur Umorientierung dar. Sie tragen daher individuelle und gesellschaftliche Chancen in sich.

In vieler Hinsicht wird das Verlernen dessen, was man gelernt hat, genauso wichtig wie das Lernen. Nicht nur konkrete Fertigkeiten und Kenntnisse, auch manche Grundeinstellungen und Rollenbilder erweisen sich im Laufe des Lebens als verfehlt. Dies betrifft zum Beispiel starr regelorientierte, mißerfolgsängstliche, passive, gegenwartsbezogene und/oder konfliktscheue Persönlichkeitsmerkmale, die in vielen sozial schwachen und ausländischen Familien nicht zuletzt Frauen vermittelt werden. Dies betrifft z.B. aber auch egozentrische, wenig kooperative, materielle Versorgung als Selbstverständlichkeit übergehende, überzogen konfliktorientierte und/oder selbstbewußte Grundeinstellungen, die nicht wenige Kinder aus aufgestiegenen Familien aus dem Dienstleistungsbereich davontragen. Genau so trifft dies zu für bestimmte Grundeinstellungen zur Technik, zur Umwelt, zu Beruf, Partnerschaft und Politik. Wer eine Zeit lang als Single lebt, kann leichter umlernen als andere.

Ob *langfristiges oder lebenslanges* Alleinleben genauso vorteilhaft ist, läßt sich bezweifeln. Hier werden allem Anschein nach – dies sei mangels empirischer Befunde als These formuliert – oft Sozialisationsprozesse wirksam, die wenig Kompromißfähigkeit und Flexibilität vermitteln, dagegen viel Ichbezogenheit und Interessendurchsetzung, sowohl im Privaten als auch im Öffentlichen. „Dauer-Singles" mit ihren kleiner werdenden Netzwerken lernen wenig, sich zu kontrollieren, sie werden wenig kontrolliert und kritisiert. Das bietet nicht sehr gute Voraussetzungen für den ebenso intensiven wie flexiblen Umgang mit Mitmenschen, der in entwickelten Industriegesellschaften notwendig wird.

Bildung und Bildungsverhalten

Bildung und Weiterbildung stellen einen wesentlichen Bestimmungsgrund dar, als Single zu leben. Aber das Leben als Single bietet umgekehrt
auch gute Voraussetzungen zur Bildung und Weiterbildung. Wenn, wie
oben gezeigt, aus demographischen, ökonomischen und sozialen Gründen
Bildung und Weiterbildung immer notwendiger werden, so tragen
Singles dazu bei, dieser Notwendigkeit nachzukommen. Singles bilden
durch eine überdurchschnittliche Bildungs- und Weiterbildungsbereit-
schaft (siehe 3.3) einen Motor der Bildungsexpansion und vor allem der
Schaffung von Weiterbildungseinrichtungen. Sie erleichtern im Grunde
die Anpassung an sozialen und technologischen Wandel und an die Herausforderungen der Alterung von Erwerbstätigen.

Allerdings ist nicht auszuschließen, daß gerade die Singles mit ihren
sehr unterschiedlichen, oftmals in persönliche Lebenshilfe hineinreichen-
den Weiterbildungsbedürfnissen dazu beitragen, die sich anbahnende
Zersplitterung eines „postmodern" unüberschaubar und entstandardisiert
werdenden Bildungswesens weiterzutreiben. Dies betrifft sicher weniger
die allgemeinbildenden Schulen. Hier wirken Zerfallserscheinungen, für
die Singles kaum verantwortlich sind. Dies wird aber im Erwachsenenbil-
dungsbereich Handlungsbedarf hervorrufen.

Erwerbstätigkeit und Wohlstand

Auch im Bereich der Erwerbstätigkeit fungieren Singles, für manche
überraschend, auf kurze Sicht eher als Problemlöser denn als Problemer-
zeuger. Singles sind im ganzen sehr qualifiziert, sind weit überdurchschnittlich häufig erwerbstätig und haben recht hohe persönliche Einkommen.

Eine wachsende Bevölkerungsgruppe von Singles erhöht das Arbeitskräfteangebot, insbesondere in qualifizierten Berufen im Dienstleistungssektor. An solchen Arbeitskräften wird schon in wenigen Jahren
Mangel herrschen, dem Singles ein Stück weit abhelfen können.

Singles zahlen weit überdurchschnittlich hohe Steuern und Sozialabga-
ben. Genau diese Beiträge zu öffentlichen Kassen werden benötigt, um
die wachsende Fülle der anstehenden öffentlichen Aufgaben zu finanzieren. Selbst wenn es nicht staatliche Stellen sind, sondern wirtschaftliche
und gesellschaftliche Akteure, die einen großen Teil der Aufgaben bewältigen werden, stehen große Aufwendungen für das Bildungs- und Wei-
terbildungswesen, zur Vereinbarkeit von Familienbildung und Frauenerwerbstätigkeit, bis hin zur Integration von Zuwanderern sowie von
Rand- und Problemgruppen bevor. Hier können Singles wichtige finanzielle Beiträge leisten.

Freizeit

Zunächst zum *Konsum*:[3] Die Eigenproduktion von Singles ist gering. Kochen, Heimwerken, Reparieren etc. dient – wenn es überhaupt stattfindet – eher der elaborierten Freizeitbeschäftigung als der täglichen Haushaltsproduktion. Dieses Verhalten stellt einen Wachstumsfaktor dar und trägt zur Produktdifferenzierung bei: Ob Nahrungsmittel, Möbel, Reisen oder Versicherungsverträge, es sind häufig zusätzliche und spezielle Produkte, die von Singles nachgefragt werden. (Löwenbein 1994; Opaschowski 1994a, 1994b)

Hierbei sind Singles häufig anspruchsvoll, sowohl was die funktionale, als auch was die ästhetische Qualität betrifft. Besonders bemerkbar macht sich das im Hinblick auf ihr Wohnen. Anspruchsvoll sind Singles im übrigen auch, was die öffentliche Infrastruktur angeht. Sie nutzen überproportional häufig teure und fortgeschrittene kulturelle, soziale und kommunikative Einrichtungen.

Das Konsumverhalten von Singles ist somit als Wachstumsförderung, insofern als ökonomische Problemlösung anzusehen, gleichzeitig aber auch als Herausforderung, beispielsweise auf dem Gebiet der Infrastrukturbereitstellung.

Verkehr: Singles gelten als Mitverursacher erheblicher Verkehrsprobleme, insbesondere durch ihren individuellen Kraftfahrzeugverkehr: Wochenendstaus, die Verkehrsüberlastung von Freizeitarealen, Großstadtsmog werden nicht zuletzt ihnen angelastet.

Dies ist nur bedingt der Fall. Zwar sind Singles (vgl. 3.3) häufiger unterwegs als Nicht-Singles. Junge Alleinlebende (18 bis 30 Jahre alt) legen 3,4 Wege täglich zurück, Singles (30–60 Jahre)[4] 3,5 Wege, ältere Alleinlebende (61 Jahre alt und älter) 3 Wege. Alle diese Wegehäufigkeiten sind höher als die von Personen in Mehrpersonenhaushalten. Da Singles meist in Großstädten wohnen, sind die jeweiligen Wegstrecken aber geringer. Junge Alleinwohnende legen durchschnittlich gleich lange (38 km), Singles im mittleren Alter geringere (31 km) und ältere Alleinlebende deutlich geringere (16 km) Wege zurück als Menschen aus Mehrpersonenhaushalten mit 38 bzw. 35 bzw. 24 km täglich. (Kunert 1994, S. 148)

Zudem gebrauchen Singles selten eigene Kraftfahrzeuge. Sie gehen häufiger zu Fuß, benutzen öfter das Fahrrad oder öffentliche Verkehrsmittel. Da der private Kraftfahrzeugverkehr in Zukunft wohl weiter verteuert werden wird, dürfte es für Alleinlebende in Zukunft noch unrentabler als heute werden, den eigenen Wagen zu benutzen, mindestens dann, wenn Sie allein oder zu zweit unterwegs sind. Sie werden zwar nur selten auf den Besitz eines Kraftfahrzeugs verzichten, es ist aber absehbar, daß sie weitere Anteile ihrer Verkehrswege auf öffentliche Verkehrsmittel verlagern und damit relativ zur Entlastung von Verkehrsengpässen beitragen werden.

Abbildung 16: Mobilitätsindikatoren nach Alter und Haushaltsform

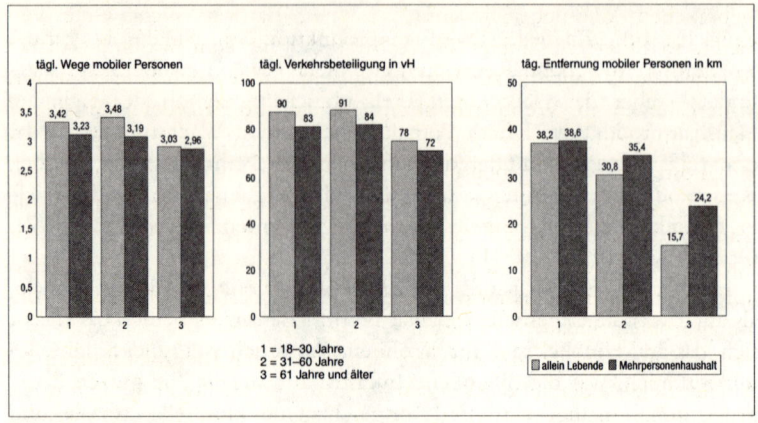

Quelle: Kontiv 89, zit. n. Kunert 1994, S. 148

Diese Befunde sprechen gegen Thesen vom „Single als Verkehrsproblem", zumindest auf kurze Sicht. Langfristig muß sich erst noch erweisen, ob Befürchtungen zutreffen, die besagen (Kunert 1994), daß Singles zum Wachstum des Autoverkehrs und Bedeutungsschwund der öffentlichen Verkehrsmittel beitragen werden, weil die Motorisierung und PKW-Ausstattung der älteren Alleinlebenden, insbesondere der Frauen, wesentlich größer sein wird als in früheren Generationen. Zur Beurteilung dieser Befürchtungen sei gesagt, daß zwar der Hinweis zutrifft, daß erstmals auch die ältere Generation „vollmotorisiert" sein wird. Die daran geknüpften Befürchtungen könnten aber dann gegenstandslos oder weniger bedeutsam werden, wenn der sinkende Nutzen und die rückläufige Benutzung eines Kraftfahrzeugs für nur eine Person sich in stärkerem Maße bemerkbar machen sollte als dessen bloßer Besitz.

Ein anderer Aspekt wiegt wohl schwerer. Singles tragen indirekt zu Verkehrsengpässen bei. Denn nicht zuletzt sie sind es, die durch ihre Finanzkraft und ihre Bevorzugung städtischer Wohngebiete Familien häufig ins Umland treiben. Hierdurch ergeben sich für Familienmitglieder lange Wege zur Arbeit, zur Schule und zu Freizeitaktivitäten, für die zum Teil keine öffentliche Verkehrsmittel zur Verfügung stehen. So gesehen, tragen Singles indirekt zur Vermehrung des Verkehrs in der Fläche bei.

Wohnen: Auf der einen Seite leben desto mehr Menschen als Singles, je mehr Wohnfläche angeboten wird. Auf der anderen Seite beanspruchen Singles pro Person deutlich mehr Wohnraum als andere, vor allem auf dem Mietwohnungsmarkt von Großstädten. Und viele Singles wollen nachweislich noch mehr Raum bewohnen. Er ist für sie der wesentliche „Raum" ihrer Persönlichkeitsentfaltung. So verknappen Singles ständig die zur Verfügung stehende Menge an Wohnraum. Um ein böses Bild zu gebrauchen: Wie der „Schwamm" in einem Bauwerk nichts Gutes verheißt, so fungieren Singles als „Schwamm" auf dem Wohnungsmarkt: Wenn viele Wohnraum zur Verfügung steht, breiten sich Singles aus und halten ihn knapp. Wenn man akzeptiert, daß die Zahl der Haushalte in Deutschland in den nächsten beiden Jahrzehnten nicht, wie zum Teil prognostiziert, zurückgehen und so kein Wohnraum freigemacht werden wird (vgl. 5.1), wenn man weiterhin akzeptiert, daß hieran nicht nur Zuwanderungen, sondern auch Singles und die Verkleinerung von (deutschen) Haushalten wesentlichen Anteil haben, dann tragen Singles mit ihrem wachsenden individuellen Flächenbedarf dazu bei, das Wohnungsproblem andauern zu lassen.

Lösungsvorschläge, die auf den Bau von mehr Kleinwohnungen für Singles zielen, oder auf die Wiederentdeckung verdichteter Wohnformen, das heißt auf die Bedürfnisse von Singles zugeschnittener Hochhäuser mit allen dazu passenden Serviceeinrichtungen (Gschwind 1994, S. 13), gehen nachweislich an den Zielvorstellungen von Singles vorbei. Diese ziehen allemal eine große Wohnung im Randbereich der Innenstadt vor (idealerweise eine Altbauwohnung mit Stuckdecke) und drängen auf den dortigen Teilwohnungsmarkt. (Droht/Dangschat 1985)

Andere Lösungsvorschläge, die Singles zu mehr Wohnungs*eigentum* animieren möchten (Hübl 1994), um wenigstens den *Miet*wohnungsmarkt von Singles zu entlasten, drohen daran zu scheitern, daß viele jüngere Singles noch nicht und viele geschiedene Singles im mittleren Lebensalter nicht mehr über die nötigen Mittel hierfür verfügen. Darüberhinaus können solche Vorschläge nur dann greifen, wenn mehrmaliges Kaufen und Verkaufen von Wohnungen im Lauf des Lebens auch in Deutschland, ähnlich wie in den USA, erleichtert und üblich geworden ist. Denn Singles haben oft wenig Neigung und kaum die Möglichkeit, ihr Leben langfristig zu planen. Unter den heutigen Bedingungen, die den Kauf einer Wohnung oder eines Hauses zum langfristigen bis lebenslangen Engagement machen, schrecken viele Alleinlebende zu Recht vor Wohnungseigentum zurück.

Eine Förderung der „Wohnungsmobilität" wäre im übrigen auch aus anderen Gründen angezeigt. Viele ältere Alleinlebende leben in sehr großen Wohnungen und Häusern. 8% der Einpersonen-Mieterhaushalte und 40% der Einpersonen-Eigentümerhaushalte, durchweg Senioren, bewohnen vier und mehr Zimmer. (Hübl 1994, S. 8) Diese großen Wohnflächen sind für ältere Alleinstehende eher nachteilig und fehlen jüngeren Familien dringend. Derzeit bestehen jedoch wenig Anreize, die ältere Menschen zum Umzug und zum Freimachen ihrer Wohnung bewegen könnten. Finanzielle Verbesserungen ergäben sich für sie selten. Denn Häuser, in denen Menschen lange wohnen, sind meist schuldenfrei. Zudem sind alte Mietverträge in Wohnungen sind oft preiswert. Und vor allem möchten ältere Menschen kaum jemals ihre oft jahrzehntelang vertraute Umgebung aufgeben. Wohnungstausch mit Familien in der näheren Umgebung und dessen organisatorische sowie finanzielle Unterstützung könnten eine Lösung darstellen.

Soziale Ungleichheit, Sozialpolitik und politisches Verhalten

Sieht man einmal von den heute noch kleinen Gruppen männlicher „Problemsingles" ab, so sind die Singles eigentlich keine gesellschaftliche Gruppe, die besonderer sozialpolitischer Hilfestellungen bedürfte. Sie sind ganz überwiegend erwerbstätig. Ihre Rentenhöhen geben zur Besorgnis keinen Anlaß. Auch die Frauen unter den Singles verfügen meist über eine geschlossene Erwerbsbiographie und eine gute Altersversorgung. Dennoch werfen Singles wenigstens zwei sozialpolitische Zukunftsprobleme auf. Beide hängen damit zusammen, daß Singles nur ganz selten Kinder haben, und wenn, so wohnen sie mit diesen definitionsgemäß nicht zusammen:

Erstens gefährden Singles damit den Generationenvertrag. Sie bezahlen aktuell zwar überproportional viel für das System sozialer Sicherung. Beispielsweise sind sie „Netto-Zahler" in Krankenkassen. Auch leisten sie im Maße ihrer Einkommen überproportional hohe Beiträge zur Rentenversicherung. Sie hinterlassen und erziehen aber nur selten Kinder, die später einmal ihre soziale Sicherung und die ihrer Altersgenossen finanzieren könnten.

Zweitens untergraben Singles die Subsidiarität des Sicherungssystems, insbesondere im Bereich ihrer eigenen Pflege. Denn längerfristige Hilfe und Pflege für ältere Menschen leisten nur selten Bekannte. Diese Tätigkeiten verrichten ganz überwiegend Familienangehörige (subsidiär). Da Singles nur selten verwandtschaftliche Beziehungen zu ihren Kindern unterhalten (sofern sie überhaupt welche haben) und die Geschwister von Singles (wenn vorhanden) oft zu alt für Hilfestellungen oder zur Pflege sein werden, steht kaum jemand zur Verfügung, der alt gewordenen Singles helfen oder sie pflegen könnte.

Dieser Problematik sind sich viele Singles durchaus bewußt. Sie wissen hierfür aber in der Regel keine Lösung. So verdrängen sie das Problem oder ergehen sich in Zukunftsvorstellungen (z.B. von Wohngemeinschaften im Alter), die im Einzelfall zutreffen mögen, als generelle Lösung aber utopisch sein dürften.

Die folgende *Überschlagsrechnung* soll das „objektive" Ausmaß des Problems annähernd verdeutlichen, wie es sich schon im Jahre 2005 stellen wird.

Nach Daten des Bundesministeriums für Arbeit und Sozialordnung sind von den 60-bis 80jährigen in Deutschland derzeit 5% pflegebedürftig, von den über 80jährigen 20%. Das waren Anfang der 90er Jahre etwa 1,650 Millionen Pflegefälle in Deutschland. Hiervon wurden ca. 1,2 Millionen Menschen zu Hause, in der Regel in der Familie gepflegt und 0,45 Millionen in Pflegeheimen. (BMAS 1991)

Im Jahre 1990 lebten in Gesamtdeutschland knapp 2,5 Millionen Menschen im Alter von 45 bis 65 Jahren alleine. (ber. nach WiSta 1992, S. 225) Unterstellt man einmal, daß diese Menschen im Jahre 2005, wenn sie also 60 bis 80 Jahre alt sind, alle noch leben, und zwar alleine, dann gäbe es allein aus der Gruppe der heutigen „Singles" im Alter zwischen 45 und 65 Jahren im Jahre 2005 volle 125 000 Pflegebedürftige im Alter von 60 bis 80 Jahren, die mangels Kindern nicht in der Familie gepflegt werden können. Nimmt man an, daß auch im Jahre 2005 noch drei Viertel aller Pflege zu Hause stattfindet, so kämen *90 000 stationäre Pflegefälle* im Alter von 60–80 Jahren allein aus der kleinen Bevölkerungsgruppe derer, die im Jahre 1990 alleinlebten und 45–65 Jahre alt waren, *zusätzlich* auf die Pflegeeinrichtungen zu. Die dadurch entstehende Mehrbelastung im Vergleich zu 1990 beträgt ca. 40 000 stationär zu Pflegende, denn der Anteil der „älteren" Singles hat entsprechend zugenommen (s. S. 133). Die wesentlich krassere Zunahme der „jüngeren" Singles läßt für die Zeit nach 2005 noch weit größere Mehrbelastungen erwarten. Deren Ausmaß wird dann deutlich, wenn man bedenkt, daß im Jahre 2005, ohne die vermehrte Zahl von nachrückenden Alleinlebenden einzurechnen, insgesamt nur gut *200 000 stationär Pflegebedürftige* unter den 60–80-Jährigen zu erwarten wären.

Zwei Einwände gegen diese wenig ermutigende Überschlagsrechnung liegen nahe: Erstens könnte die Pflegeversicherung Abhilfe schaffen. Und zweitens haben Singles, jedenfalls in jüngerem Alter, umfangreiche Netzwerke von Bekannten und sozialen Beziehungen. Ein Teil dieser Bekannten leistet auch und gerade Hilfsdienste. Könnten diese Netzwerke nicht auch Pflegedienste im Alter leisten?

Zum ersten Einwand: Die Pflegeversicherung wird dem Problem nicht abhelfen. Zum einen können aus ihr kaum die Investitionen zur Errichtung zusätzlicher Pflegeheime für Singles finanziert werden. Zum anderen kommen nicht nur auf Pflegeeinrichtungen sondern auch auf die Pflegeversicherung mit dem Anwachsen der Bevölkerungsgruppe der Singles höhere Belastungen zu. Daher stellt sich die Frage, ob Alleinlebenden und Kinderlosen nicht deutlich *höhere Beiträge zur Pflegeversicherung (und/oder höhere Eigenvorsorgeleistungen) abverlangt werden sollten.* Kinderzahlabhängige Beiträge zu Pflegeversicherung wären – anders als Steuern – unmittelbar einsichtig begründbar und wohl auch durchsetzbar, zumal empirische Daten zeigen, daß eine gewisse Bereitschaft von Alleinlebenden und Kinderlosen durchaus vorhanden ist, Familien zu entlasten.[5]

Auch die zweite Hoffnung, die Netzwerke bzw. Bekannten könnten die Singles im Alter pflegen, droht dann zu scheitern, wenn man den gegenwärtigen Zustand bloß beläßt. Zwar leisten die·Freunde und Bekannten von Singles in jüngerem Alter viele alltägliche Hilfsdienste, sie gehen dabei aber nachweisbar kaum langandauernde Verpflichtungen ein und stehen schon bei längeren Krankheiten, geschweige denn bei Pflegefällen nicht zur Verfügung. (vgl. 3.3) Zudem werden die gleichaltrigen Bekannten von Singles oftmals zu alt für Pflegedienste sein und selbst der Pflege bedürfen, wenn die Singles älter geworden sind. Schließlich ist nach derzeitigen empirischen Befunden das Bekanntennetz von älteren Singles schütterer als das junger Singles. Stehen jüngeren Erwachsenen im Bedarfsfall durchschnittlich 4,1 Helfer zur Verfügung, so sind es bei älteren Menschen noch 1,6 Personen. (Geißler 1994) Es mag sein, daß es der jüngeren Generation von Singles gelingt, mehr Bekanntschaften bis ins Alter hinein zu erhalten als früheren Generationen, aber das ist höchst unsicher. Aus Netzwerken und Bekanntenkreisen ist also weder die notwendige Zahl noch das Verhalten von Pflegepersonen zu erwarten.

Wenn die Netzwerke der Singles nicht für Pflegeleistungen zur Verfügung stehen, geht auch eine noch so verantwortungsbewußte finanzielle Eigenvorsorge ins Leere. Dann müssen gesellschaftliche Maßnahmen und Einrichtungen hierfür eintreten. „Ein wegen unzureichender privater Beziehungsnetze möglicherweise erhöhter späterer Pflegebedarf für die heute noch jungen Singles wird sich nicht in individuellen Vorsorgedifferenzierungen sondern nur in der gesellschaftlichen Vorsorge für ausreichende Angebote von Pflegeleistungen berücksichtigen lassen." (Kleinhenz 1994, S. 175)

Dennoch: Die wichtigste Lösung der Altershilfe- und Pflegeproblematik von Singles ist wohl im rechtzeitigen, gesellschaftlich gestützten Aufbau von teils informellen, teils formalen Netzwerken zu sehen. Hierbei kommt es auf nachbarschaftliche, örtlich nahe gelegene Hilfe durch jüngere Bekannte an. Um diese zu ermöglichen, bedarf es gezielter vorbereitender Maßnahmen.

Aufbauend für die Vorbereitung von Netzwerken zur Hilfe und Pflege älterer Singles ist das Nebeneinanderwohnen von Älteren und Jüngeren, von Singles, Paaren und Familien und diesbezügliche Wohnungsangebote. Hilfreich hierfür sind Beratungs-, Bildungs-, Kultur- und Freizeitangebote. Sie stärken Netzwerke und hemmen Isolation. Günstig für die Stärkung des Nachbarschafts- und Selbsthilfegedankens sind ferner: niedriggeschossige Bebauungen, lange Wohndauern und die Ortsbindung der Bewohner.

Zerstörend auf solche Vorbereitungen wirken sich häufige Umzüge und Wanderungen aus. Mag es auch ökonomische Gründe geben, die aus der Sicht von einzelnen und Unternehmen für große Mobilität sprechen. Jede regionale Mobilität zerstört soziale Beziehungen, und diese werden aus sozialpolitischer Sicht immer mehr zum kostbaren Gut werden. Daher sollte dieser sozialpolitische Gesichtspunkt bei der Kosten-Nutzen-Analyse von Wanderungen mit bedacht werden.

Auch generationenfreundliche Arbeitsbedingungen können Netzwerktätigkeit begünstigen und so einen Beitrag zur Vorsorge auf das Älterwerden von Singles leisten. Wohnungsnahe Arbeitsplätze, flexible Arbeitszeiten, Pflegeurlaub mit Rückkehrgarantie, Weiterbildung zur Förderung der Rückkehr in den Beruf stellen weitere Präventivmaßnahmen zur alters- und pflegefreundlichen Gestaltung der Arbeitswelt dar. (Geißler 1994)

Der regelmäßige und häufige Pflegeeinsatz für Familienangehörige führt schon heute bei über einem Fünftel der pflegenden *Familienangehörigen* zu gesundheitlichen Belastungen und sogar bei über einem Drittel zu psychischen und seelischen Beeinträchtigungen. Die Probleme nehmen zu, je stärker anderweitige Verpflichtungen gleichzeitig zu bewältigen sind, je intensiver die Pflegeleistungen sind und je länger sie andauern. Um so mehr sind Barrieren zu erwarten, die Nicht-Familienangehörige davon abhalten, Singles im Alter zu pflegen. Auf jeden Fall sollte Pflegenden daher organisierte technische und psychische Beratung, Betreuung und Unterstützung zuteil werden.

Insgesamt muß die Förderung nichtfamiliärer Hilfestrukturen zu einem zentralen Aufgabenbereich der Sozial- und Altenpolitik werden. Die Aktivierung von Nachbarschaftshilfen und Selbsthilfegruppen bedarf dabei organisatorischer, baulicher, informationeller und finanzieller Stützung. In diesem Zusammenhang ist das überkommene Entweder-Oder von bezahlter oder ehrenamtlicher Hilfeleistung zu überdenken. Misch- und Zwischenformen, wie Aufwandsentschädigungen, symbolische Gehälter, zeitweise Bezahlungen, Gegenleistungen etc. könnten den derzeitigen Schwund des Ehrenamts aufhalten und professionelle Altenhilfe entlasten, nicht zuletzt zugunsten der Singles.

Schließlich ist daran zu denken – nicht nur, aber auch für Singles – ein „soziales Jahr" einzuführen, das alle jene ableisten, die nicht den Wehrdienst vorziehen. Hierin wären auch Frauen einzubeziehen, freilich im Maße der Verbesserung ihrer Berufschancen, von Kinderbetreuungseinrichtungen und Entlastung bei der Pflege. Historisch gesehen, zielte die Einführung des allgemeinen Wehrdienstes auf den Beitrag der Bürger zur Abwehr von zentralen Bestandsproblemen der neuen Staatsgebilde; dies waren damals die Abwehr äußerer Feinde und die Durchsetzung der eigenen Staatsauffassung nach außen. Das entscheidende Bestandsproblem moderner fortgeschrittener Industriegesellschaften ist heute sozialer und nicht militärischer Art, ist die Lösung des Integrations- und Solidaritätsproblems. Hieraus ergibt sich durchaus die Möglichkeit der Legitimation und der Akzeptanz eines „sozialen Jahres".

Der soeben hervorgehobene Handlungsbedarf für die Sicherung der Pflege (und weiterer Hilfestellungen) für Singles im Alter ist seit längerem bekannt und diskutiert, freilich ohne daß Lösungsstrategien gefunden worden wären. Weniger im Vordergrund der Öffentlichkeit stand bislang die umgekehrte Fragestellung: Inwieweit stehen Singles als Helfer zur Verfügung?

Die Vorschau auf sozialstrukturelle Entwicklungen und Problemstellungen hat eindeutig gezeigt, daß zahlreiche Aufgaben, zum Beispiel auf dem Gebiet der Kinderbetreuung, der Weiterbildung, der Sozialarbeit für Rand- und Problemgruppen, der Ausländerhilfe etc. in Zukunft immer mehr durch das Zusammenwirken von Staat, Wirtschaft und Gesellschaft, somit auch durch gesellschaftliche Mitwirkung gelöst werden müssen. Können Singles hierbei helfen?

Nicht wenige Stimmen und Argumente mahnen zur Skepsis. Singles sind zweifellos durch oft engagierte Erwerbstätigkeit, Hausarbeit und „Beziehungsarbeit" zeitlich belastet. Singles stellen, so wird immer wieder gesagt, ihre eigene Existenz in den Vordergrund. Singles führen nicht selten ein unstetes, kaum auf längere Planungen angelegtes Leben. Wie sollten sie da für andere einspringen (können)?

Demgegenüber wird hier die Auffassung vertreten, daß sich durchaus Ansatzpunkte und Wege finden lassen, Singles zu gesellschaftlichem Mitwirken zu motivieren. Die Voraussetzungen sind so ungünstig nicht. Das Zeitbudget vieler Singles ist zwar knapp. Singles zählen jedoch nicht zum „Freizeitproletariat", wie etwa Landwirte oder Alleinerziehende. Zudem ist Zeitmangel kein Hinderungsgrund, für andere zu wirken. Erfahrungsgemäß sind es oftmals gerade diejenigen, die ohnehin mit ihrer Zeit haushalten müssen, die in Selbsthilfegruppen und Ehrenämtern arbeiten. Es ist eine „Milchmädchenrechnung", von einem üppigen Zeitbudget auf potentielle Aktivitäten zu schließen. Weiterhin sind Singles ohnehin darauf angewiesen, eine gegenseitige personelle Unterstützungsinfrastruktur aufzubauen. Hieran anzuknüpfen, und deren Hilfsleistungen auf Nicht-Singles auszuweiten, erscheint durchaus möglich. Ein weiterer Ansatzpunkt sind die bei Singles vorherrschenden Selbstverwirklichungs- und Kommunikationswerte. Sie münden nicht notwendigerweise in Egoismus. Wenn Aufgaben den einzelnen sinnvoll und befriedigend erscheinen und zu Kontakten mit Mitmenschen führen, erbringen Personen mit Selbstverwirklichungszielen sogar durchaus auch gemeinnützige Höchstleistungen.

Kommen wir vom speziellen Problembereich der Sozialpolitik zum allgemeineren *politischen Verhalten* von Singles: Sie stehen häufig im Verdacht, politische Instabilität zu begünstigen. (6.1)

Erstens wird befürchtet, daß Singles Grenzgänger oder Personen mit pluralen Identitäten sind, keinem stabilen, einstellungsbegründeten soziopolitischen Milieu angehören und so an der Erosion politischer Milieus mitwirken. Zweitens sagt man Singles nach, politische Basis-Institutionen zu zerfasern und so zu schwächen. Denn sie trügen mit ihren individuellen Problemdefinitionen, ihren vielfältigen beruflichen wie privaten Präferenzen dazu bei, daß Einrichtungen kollektiver Interessenvertretung (z.B. die Gewerkschaften) und politische Großorganisationen immer weniger auf gemeinsame „gebündelte" Interessen von Staatsbürgern eingehen könnten. Drittens gelten Singles als diejenigen, die mit am meisten dazu neigen, politische Instanzen zu überfordern. Daß Singles zu hohen Anteilen „Postmaterialisten" sind, heißt nämlich keineswegs, daß sie nur noch wenig materielle Ansprüche hätten. Der Ausdruck „Post"-Materialismus täuscht. Singles setzen die Erfüllung materieller Belange vielmehr als selbstverständlich voraus. Singles wollen beides: materielle Belohnung und Grundabsicherung sowie umfassende Kommunikations- und Selbstverwirklichungsmöglichkeiten im Beruf, im lokalem Umfeld, in Kultur und Politik. Dies resultiere in (allzu) umfangreichen Forderungen nach Baulichkeiten, Mitwirkungsrechten und Rücksichtnahmen.

Inwieweit diese Sorgen berechtigt sind, ist derzeit kaum zu klären. Zwei Argumente sprechen dagegen, daß Singles in dem Maße politisch destabilisierend wirken, wie man es gelegentlich befürchtet: Zum einen kristallisieren sich, mit neuen Kategorien und Modellen analysiert, gerade in jenen Bereichen, denen Singles häufig angehören, allmählich recht feste Kerne neuer politisch-moralischer Milieus mit entsprechenden politischen Verhaltensstilen heraus. (Vester u.a. 1993) Was den Anschein von Auflösung und Instabilität erweckt, ist demnach weniger das unstete politische Denken und Verhalten der Singles, sondern eher der Mangel an neuen geeigneten Analysekategorien, um neue, politisch relevante Gruppierungen zu diagnostizieren, und der Mangel an neuen Institutionen zur politischen Vertretung dieser Gruppierungen. Wer mit alten Diagnosemodellen und Institutionen neue Strukturen abbilden will, wird Auflösung und Instabilität zu Gesicht bekommen. Es bedarf neuer Modelle, um neue „Stabilitäten" wiederzugeben.

Zum andern sind Singles mehr auf Beruf, Freizeit und Bekanntenkreise ausgerichtet als auf Öffentlichkeit und Politik. (vgl. 3.3) Es werden also kaum ihre (direkten) politischen Forderungen sein, die zu Überforderungen staatlicher Stellen führen. Eher schon tendiert ihre indirekte politisch Wirksamkeit in diese Richtung. Denn Singles stellen Leitfiguren dar. Sie können daher eine erhebliche indirekte Außenwirkung entfalten, indem

sie „atmosphärische" Verschiebungen der kulturellen und politischen
Wertvorstellungen bewirken. So vertreten dann auch andere Gruppierungen die Belange von Singles als die eigenen.

Insgesamt enthalten diese Überlegungen zu den möglicherweise politisch destabilisierenden Wirkungen von Singles jedoch ein großes Maß an
Spekulation. Es fehlen viele empirische Grundinformationen, vor allem
im zeitlichen Längsschnitt. Die Erforschung der Zusammenhänge zwischen Lebensformen und ihren Auswirkungen auf das politische System
steht am Anfang.

Worüber man besser Bescheid weiß, sind die Probleme, denen die
politischen Parteien durch ein Anwachsen der Singles entgegengehen.
Die folgenden Übersichten zeigen die Milieu-Schwerpunkte der politischen Parteien in Westdeutschland in den Jahren 1984 und 1991.

Es wird deutlich, daß die Christlich Demokratische und die Christlich
Soziale Union sich primär auf zwei soziale Milieus stützt. Beide sind ver-
gleichsweise homogen, schrumpfen jedoch: Das „Konservativ gehobene
Milieu" und das „Kleinbürgerliche Milieu".

*Abbildung 17: Die Positionen der Parteien in den sozialen Milieus
Westdeutschlands 1984*

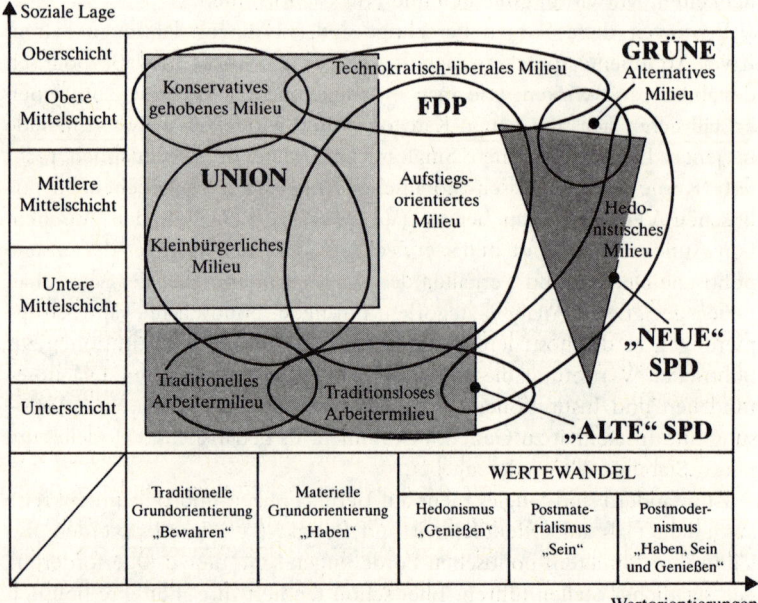

Quelle: Flaig/Meyer/Ueltzhöffer 1993, S. 140

Abbildung 18: Die Positionen der Parteien in den sozialen Milieus
Westdeutschlands 1991

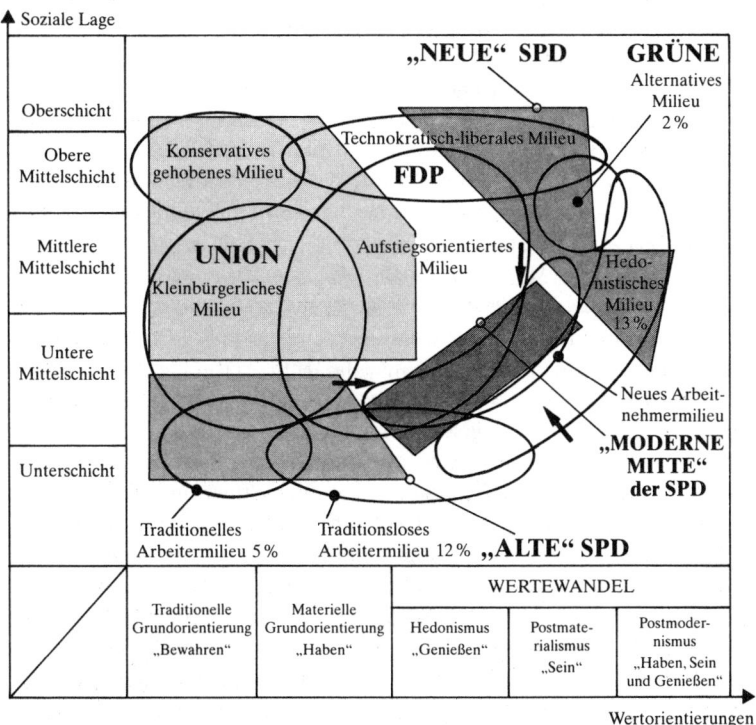

Quelle: Flaig/Meyer/Uetzhöffer 1993, S. 144

Die Anhängerschaft der Union breitet sich in den letzten Jahren in das
wachsende „Aufstiegsorientierte Milieu" hin aus. In den beiden erstge-
nannten Milieus sind Singles deutlich unterrepräsentiert. Im „Aufstiegsorientierten Milieu" sind Singles etwa im Maße ihres Bevölkerungsanteils
vertreten. (siehe 3.3)

Die Sozialdemokratische Partei versucht, eine Brücke zu schlagen zwischen ihrem alten Standort der beiden Arbeitermilieus und der neuen
Klientel aus dem „Technokratisch-liberalen Milieu", dem „Alternativen
Milieu" und dem „Hedonistischen Milieu". Hierzu bietet sich das „Neue
Arbeitnehmermilieu" an, ein junges Milieu, dessen Angehörige oft in
neuen Berufen, z.T. mit neuen Technologien arbeiten. In allen genannten Milieus sind Singles überrepräsentiert. (siehe 3.3)

Die FDP besitzt ihre Schwerpunkte im „Konservativ gehobenen Milieu", im „Aufstiegsorientierten Milieu" und im „Technokratisch-liberalen Milieu". Nur in letzteren gibt es mehr Singles als im Bevölkerungsmittel, im „Aufstiegorientierten Milieu" finden sich etwa gleich viele wie in der Gesamtbevölkerung, im „Konservativ-gehobenen Milieu" sind Singles nur schwach vertreten.

Die Sozialdemokraten haben somit die am meisten pluralisierte Wählerschaft von allen große politischen Parteien in Deutschland, auch was Lebensformen (wie Singles) und Lebensstile angeht. Sie tut daher gut daran, eine toleranzorientierte „Politik der Lebensformen und Lebensstile" zu betreiben. Sie gerät aber immer wieder in Schwierigkeiten, wenn es an Maßnahmen zugunsten der einen und zu Lasten der anderen Lebensform geht (z.B. in der Familienpolitik zu Lasten von Singles und Nichtehelichen Lebensgemeinschaften). Es sind also auch die Singles, die die Sozialdemokratie zur Breitband- und Spagatpolitik zwingen. Nur wenn es der Sozialdemokratie gelingt, die damit verbundenen taktischen Probleme zu meistern, hat sie strategisch gute Chancen, in Zukunft wachsende Bevölkerungsteile zu integrieren.

Die Union hat komplementäre Probleme. Sie kann sich auf kurze Sicht auf eine Politik konzentrieren, die Familien unterstützt und eher konventionellere Lebenweisen bestärkt. Denn dort finden sich wie vor ihre aktuellen Hauptwählerschaften. Damit betreibt die Union aber keine Politik z.B. mit Blick auf Singles. Sie läuft dabei Gefahr, im Zuge der Pluralisierung von Lebensformen und Lebensweisen wachsende Bevölkerungsteile zu vernachlässigen. Ob die Ausweitung der Politik ins „Aufstiegsorientierte Milieu", wo neue Lebensformen und Lebensstile immerhin durchschnittlich vertreten sind, zukunftsorientiert genug ist, muß sich zeigen. Das wird nicht zuletzt von der Schnelligkeit der Ausbreitung von neuen Lebensformen (wie Singles, Alleinerziehenden, Nichteheliche Lebensgemeinschaften) und neuen Lebensweisen abhängen. Die „Singles" (als pars pro toto) bereiten der Union also kaum taktische, wohl aber strategische Probleme.

Soziokulturelle Strukturen

Soziokulturelle Modernisierung bewegt sich in zwei entgegengesetzte Richtungen zugleich: in Werte- und Normgeneralisierung und in soziokulturelle Ausdifferenzierung. Einerseits wurde die Gleichheit vieler Chancen, Rechte und Verfahren allgemein verbindlich. So stellen in modernen Gesellschaften beispielsweise der gewaltfreie Umgang mit Kindern und Erwachsenen, die Schonung der Umwelt, die sexuelle Selbstbestimmung auch in der Ehe konsensuell verfochtene Werte und Normen dar. Andererseits gerieten zahlreiche Alltagsnormen (hinsichtlich

Kleidung, Etikette, Sexualverhalten, religiöser Ausrichtungen usw.) zur Frage der ethnischen oder subkulturellen Zugehörigkeit oder des persönlichen Lebensstils. An diese Auseinanderentwicklung, die in den letzten Jahrzehnten in Deutschland nach beiden Richtungen rasch fortschritt, knüpfen sich Hoffnungen und Befürchtungen. Die *Hoffnungen* gehen dahin, daß es gerade die Universalisierung ist, die wachsende Anerkennung allgemeinverpflichtender gemeinsamer Werte und Normen[6], die Differenzierung, d. h. individuelle Optionen, Freiheiten, Liberalität und Anders-Sein reibungslos ermöglicht. Die *Befürchtungen* richten sich darauf, daß universelle Werte und Normen immer mehr im Hinblick auf ihren individuellen Nutzen instrumentalisiert, dabei jedoch ihrer moralischen Verpflichtungen entkleidet werden. Hierbei beruht die Möglichkeit dieses eigensüchtigen Nutzens von universellen Standards (beispielsweise der Norm des friedlichen, demokratischen Umgehens miteinander) gerade auf deren Allgemeinverbindlichkeit. Soziokulturelle Ausdifferenzierung droht sich, den Befürchtungen zufolge, zum Ausleben all dessen zu entwickeln, was aufgrund genereller Rechte und Freiheiten individuell oder für die eigene Gruppe durchsetzbar ist bzw. nicht wirksam sanktioniert werden kann. Weder wird dabei Rücksicht auf die Belange anderer genommen noch auf unkontrollierbare eigene Verpflichtungen. Aus der Sicht derer, die soziokultureller Modernisierung skeptisch gegenüberstehen, untergräbt soziokulturelle Ausdifferenzierung damit Gemeinsinn und Solidarität, erzeugt Konflikte jeder Art, von juristischen Auseinandersetzungen über politische und private Gewalt bis hin zur alltäglichen Diffamierung Andersdenkender.

Singles, mit ihrer oft hedonistischen, aufstiegsorientierten oder technokratisch-liberalen Grundeinstellung (siehe 3.3), mit ihrem Alleinleben, das auf die eigene Person konzentriert ist und zu wenig Rücksichtnahmen verpflichtet, werden gerade im Hinblick auf die angedeuteten Befürchtungen über negative Entwicklungen soziokultureller Modernisierung immer wieder als Beispiele genannt.

Meines Erachtens überschätzt man jedoch eine Bevölkerungsgruppe, die allenfalls ein Zwölftel der Bevölkerung ausmacht, und man unterschätzt die Desintegrationsgefahren moderner Gesellschaften, wenn man die zuletzt skizzierte Problematik für ein vorrangiges Single-Problem hält. Anomie und Eigennutz sind wachsende Gefahren einer Gesellschaft auf dem Wege zu mehr Subjektivität und individueller Autonomie. Singles sind in dieser Hinsicht nur einer von mehreren Vorboten. Man kann die Singles als Problemverschärfung bezeichnen, man kann sie aber auch als Frühwarnsystem nutzen. (vgl. Kap. 7)

Wurden traditionale Moralbestände in vorindustriellen Gesellschaften noch durch hermetische Gemeinde- und Großfamiliengemeinschaften selbstverständlich und im Zweifel gewaltsam durchgesetzt, so war hierfür in herkömmlichen Industriegesellschaften im wesentlichen die Kleinfamilie als Hauptinstanz primärer Sozialisation zuständig. Im Zuge des Übergangs zu postindustriellen und fortgeschrittenen Industriegesellschaften verliert die Familie viele direkte Funktionen im Bereich der primären Sozialisation. Sie gewinnt dafür indirekte Funktionen: Sie wird immer mehr zur „Clearing-Stelle", wo sehr unterschiedliche Einflüsse, die aus Kindergärten, Fernsehstationen, Videotheken, befreundeten Familien, Sportvereinen, Musikschulen, etc. auf Kinder wirken, gesichtet, aufgearbeitet, verglichen, gegebenenfalls abgeschwächt oder verstärkt, interpretiert und, so es gut geht, in eine produktive Balance gebracht werden. (Hradil 1994)

Es hat m. E. wenig Sinn, den wachsenden Einfluß außerfamilialer Sozialisationsquellen, die Abschwächung direkter Familiensozialisation und die steigende Notwendigkeit von familialen Mittlerfunktionen zu beklagen oder rückgängig machen zu wollen. Diese Prozesse sind zwar im einzelnen zu verändern, in der Summe aber nicht abwendbar. Sie stellen ein Wesensmerkmal entwickelter hochdifferenzierter Industriegesellschaften dar. Infolgedessen sind und bleiben Überforderungen, Konflikte, ungesteuerte Sozialisationsprozesse (zum Beispiel durch „Miterzieher" in Fernsehen und Videotheken) an der Tagesordnung. Nötig ist, Familien in diesen Problemen bei ihren „Clearing"-Aufgaben zu unterstützen und so die neuen Aufgaben von Familien in fortgeschrittenen Gesellschaften zu bejahen.

Diese Entwicklungen tragen maßgeblich dazu bei, daß im Zuge des Modernisierungsprozesses (ehedem als selbstverständlich angesehene, nötigenfalls fraglos durchsetzbare) *öffentliche Moralbestände immer mehr zu* (reflektierten, auf individuelle Akzeptanz angewiesene) *persönlich ethischen Fragen werden.* Der einzelne ist sich durch Bildungs-, Vergleichs- und Interpretationsprozesse seit der Kindheit in wachsendem Maße bewußt, welche Rechte und Möglichkeiten er selbst hat, welche Leistungen für andere ihm angesonnen werden, welche Gegenleistungen für empfangene Leistungen adäquat sind, welche Solidaritätserwartungen bestehen. Direkte Sanktionsmöglichkeiten aus der unmittelbaren familiären oder beruflichen Umgebung der einzelnen nehmen ab. Er ist in dieser Hinsicht immer unmittelbarer entweder auf sich selbst gestellt oder mit gesamtgesellschaftlichen „Großinstanzen" konfrontiert. Er hat dadurch länger und öfter die Möglichkeit, Verpflichtungen zugunsten des Eigennutzes zurückzustellen, falls er sich aus längerfristigem Nutzenkalkül oder individuell akzeptierten Wertmaßstäben nicht selbst verpflichtet. Werte und Normen nehmen den Weg durch das Nadelöhr des individuellen Bewußtseins, oder sie bleiben irrelevant für das Handeln.

7. Was ist zu tun?

7.1 Die „moralische" Gesellschaft

Zweifellos wird der Wertekonsens, der unsere Gesellschaft integriert, in Zukunft neuen Belastungen ausgesetzt werden. Neue Konflikte (z.B. um Einwanderer, um Schulformen, um Randgruppen) und neue Belastungen (nicht zuletzt von Alleinlebenden zugunsten von Familien) sind absehbar. Eine Stärkung des Konsenses ist nötig, um auch in Zukunft die Balance zwischen Ausdifferenzierung und Konsens, zwischen Eigennutz und Verpflichtung für andere zu bewahren.

Diese Stärkung bedarf m.E. keiner neuen *Grundwerte*. Es genügen die, wie sie z.B. im Grundgesetz der Bundesrepublik Deutschland niedergelegt sind. Diese Werte sind bekannt, akzeptiert und bedürfen keiner Änderung. Nötig ist aber deren andauernde (Be-)Kräftigung und insbesonder die ständige Neubestimmung der hieraus erwachsenden *konkreteren Werte (individuelle Vorstellungen vom Wünschenswerten)* in Gestalt biographischer *Lebensziele* und alltäglicher *Handlungsziele*. Hier liegen die entscheidenden Defizite. Mit der Beseitung des Mangels an Mitteln haben sich die Industriegesellschaften die Ungewißheit über die damit zu erreichenden Ziele eingehandelt.

Eine Stärkung dieser konkret integrierenden „Werte" ist insbesondere auf vier Wegen möglich.

1. *Konkrete Handlungsanleitungen*: Der erste Weg führt über die permanente Übersetzung von Grundwerten in konkrete Handlungsanleitungen für bestimmte Situationen. Der Kultur fortgeschrittener Industriegesellschaften ist der „Affekt gegen das Allgemeine"[1] zu eigen. Nach der weitgehend vollzogenen Wertegeneralisierung und Durchsetzung allgemeiner Prinzipien in der Phase herkömmlicher Industriegesellschaften hat der Verweis auf allgemeine Werte kaum noch handlungsleitende Kraft. Er erzeugt vielfach schon Überdruß. Hinweise darauf, wie Werte in komplexen Situationen konkret umsetzbar sind und umgesetzt werden (wie z.B. die konkreten Lösungen in „Mütterzentren", in Nachbarschaftshilfen, Selbsthilfeorganisationen und Hilfen für Zuwanderer aussehen) kräftigen Werte.

2. *Wertestärkende öffentliche Diskurse*: An den Beispielen des Umweltschutzes, der Gleichstellung von Frauen und der Bekämpfung von Ausländerfeindlichkeit zeigt sich, welche Stärkung von allgemein verpflichtenden Werten und Normen allein in den vergangenen Jahren aus öffent-

lichen Diskursen hervorgegangen ist. Vor allem diejenigen, die in der
heutigen Situation nur Werteverfall sehen, sollten sich vergegenwärtigen,
wie viele Werte neu entstanden sind. Wie abschätzig wurde vor drei
Jahrzehnten von Ausländern gesprochen? Mit welcher Selbstverständlichkeit wechselten Frauen noch vor kurzem ihren Wohnsitz der Karriere
ihrer Ehemänner zuliebe? Wieviel Müll wurde noch in den 60er Jahren
in die Landschaft gekippt?

   3. *Persönliche Vorbilder.* Zweifellos haben abschreckende schlechte Beispiele (seien es korrupte Politiker oder skrupellose Immobilienunterneh-
mer), wie sie im Zuge des derzeit in der Öffentlichkeit wachsenden moralischen Rigorismus immer häufiger aufgedeckt werden, ihre konsens-
stärkende Wirkung. Förderlicher für einen Grundkonsens von Werten
sind jedoch positive *Vorbilder.* Gerade die zunehmende Pluralisierung und
gegenseitige Relativierung von Einflußinstanzen und -richtungen bringt
es mit sich, daß persönliche Identifizierung an Wirkung gewinnt.

   4. *Mehr plebiszitäre Elemente im Willensbildungsprozeß:* „Subjektive Modernisierung" heißt, daß die Menschen den Gang der Entwicklung im
Umfeld ihrer Einwirkungsmöglichkeiten so weit wie möglich selbst bestimmen (möchten). Gerade wenn dies gelingt, entsteht jedoch die Gefahr
des Privatismus und der Entfremdung von öffentlichen, politischen, allgemeinen wert- und normsetzenden Diskursen bis hin zum Politikverdruß. Entweder den Menschen wird aus Faszination über die neuen
Möglichkeiten in Lebensstilen und Lebensformen die Sphäre der Öffentlichkeit gleichgültig, dann geraten sie in Privatismus, oder aber sie ärgern
sich, daß sie im großen die Gestaltungsmöglichkeiten nicht haben, die sie
im kleinen haben, das nennt man Politikverdruß. Der Einbau von mehr
plebiszitären Elementen in das Willensbildungssystem würde m.E. der Stärkung individueller Verantwortlichkeit und moralischen Bewußtseins
guttun. Viele der Bedenken, die vordem gegen Volksabstimmungen gesprochen haben, sind im Zuge der Bildungsexpansion, der Demokratisie-
rung und der Durchsetzung von Grundwerten weniger überzeugend
geworden. Zwar wird der Informationsstand des Wahlvolks häufig *über-*
schätzt. Ganz sicher wird aber dessen Urteilsfähigkeit heute oft *unter-*
schätzt.

   Die generellen Voraussetzungen für die Stärkung von Bindekräften auf
diesen vier Wegen sind so schlecht nicht. Alle wesentlichen Gruppierungen sind sich einig in der Warnung vor Egoismus und Entsolidarisierung,
vor dem Zerfall der Gesellschaft. Dies zeugt vom wachsenden Bewußtsein
einer Gefährdung von Gemeinsinn und gemeinsamen Moralbeständen.
Das wachsende Bewußtsein um dieses Defizit besagt nicht notwendigerweise, daß das Defizit wirklich wächst. Es könnte vielleicht sogar
schrumpfen. Das Anprangern des Defizits an Gemeinsinn besagt aber
bestimmt, daß die Diskrepanz zwischen Sollvorstellung und Sein immer

schärfer wahrgenommen wird. Und das ist eine der wesentlichen Voraussetzungen der Verbesserung.

Aus alledem zeigt sich, daß die Entwicklung hin zu einer „moralischen" Gesellschaft nicht jene Formen der Moral wiederbeleben kann, die einmal eine „automatische", weitgehend unbewußte Fügung unter nicht in Frage gestellten Prinzipien bedeutete. „Moral" kann im Zeitalter der Bildungsexpansion, der Dienstleistungen und der Individualisierung nur eine bewußte, in ihren Konkretisierungen, Auswirkungen und Abwägungen immer wieder reflektierte persönliche „Ethisierung" sein. Wer allerdings glaubt, aus einer „Streitkultur" (H. Dubiel) allein, ohne das Fundament allgemeiner Grundwerte, den nötigen Konsens und Zusammenhalt erzielen zu können, wird nur die Werte derer durchsetzen, die besser streiten können.

7.2 Die „Partizipationsgesellschaft"

Die anstehende Aufgabenlast zur Integration von Zuwanderern, Betreuung von Kindern, Ausbau von Bildung und Weiterbildung, Ausweitung von Altenhilfe und -pflege sowie Hilfe für Rand- und Problemgruppen wird nach Art und Umfang nur dann zu bewältigen sein, wenn gesellschaftliche Mitwirkung viel häufiger ist als heute. Singles tragen zur Erschwerung dieser Aufgabenlast bei (nicht zuletzt im Alter); sie stellen aber auch ein bislang kaum erschlossenes Reservoir an gesellschaftlicher Mitwirkung zur Aufgabenlösung dar.

Zur Förderung gesellschaftlicher Mitwirkung werden sich häufig *„Mischlösungen"* anbieten. Zum Beispiel:

– Unter staatlicher Förderung und Vermittlung mieten Wirtschaftsunternehmen Plätze bei freien Trägern in deren betriebsnahen Kindergärten. Oder: Professionelle Kräfte und Mütter als Laien arbeiten in „Mütterzentren" zusammen, wobei Mütter sowohl ihre eigenen Kinder, als auch mit flexiblen Formen der Entlohnung andere Kinder betreuen.
– Weiterbildungseinrichtungen versichern sich der Mithilfe erfahrener Teilzeitlehrkräfte, die ihrerseits dort Weiterbildung erfahren.
– Beratung von überschuldeten Haushalten geschieht unter Zusammenarbeit von Sozialhelfern und „jungen Alten", die nach Ende ihrer Erwerbstätigkeit im Bankwesen oder als Rechtsberater ihre Fähigkeiten weiterhin einsetzen.
– Der Verrechtlichung des Alltags und dem zu erwartenden Anstieg gesellschaftlicher Konflikte wird mit dem Ausbau von Schlichtungsstellen, in denen Juristen und Laien zusammenarbeiten, die Spitze genommen werden können.
– Gegenseitige Hilfe älterer Menschen wird ergänzt durch Netzwerke jüngerer Helfer und ambulante professionelle Altenhilfe.

Staatliche und kommunale Stellen werden, um dies zu ermöglichen, wesentlich mehr *Koordinations-, Informations-, Anregungs- und Beratungsfunktionen* übernehmen müssen, um Netzwerke zu aktivieren und Initiativen zu fördern. Dafür werden sie sich aus manchen Leistungsbereichen zurückziehen können. Gesellschaftliche und wirtschaftliche Kräfte sind zur Lösung vieler der „kleinen", vielfältigen sozialen Probleme fortgeschrittener Industriegesellschaften besser geeignet.

Ohne die Bereitstellung von baulicher, rechtlicher etc. Infrastruktur wird gesellschaftliche Partizipation oft nicht zu haben sein. Ferner ist die Beteiligung Interessierter an Planungsentscheidungen, etwa beim Aufbau von Weiterbildungssystemen für Zuwanderer, zwar aufwendig, sie wird aber Fehlinvestitionen und Demotivierung vermeiden helfen.

Dabei werden auch die Motive der Mitwirkung komplexe Mischungen darstellen: Bezahlung, erwartete Gegenleistung, der Stolz, die eigene Kompetenz einbringen zu können, die Erlangung von Kontakten, eine als sinnvoll erlebte Aufgabe – all dies wird sich nicht gegenseitig ausschließen (dürfen).

Flexiblere Formen der Vergütung zwischen bezahlter Vollzeittätigkeit und Ehrenamt werden notwendig werden. Die Alternative zwischen Ehrenamt und beruflicher Hilfe entsprach der gesellschaftlichen Situation einer herkömmlichen Industriegesellschaft, in der die Männer für Erwerbstätigkeit und die materielle Sicherung von Familien zuständig waren, zahlreiche Frauen, zumal aus der Mittel- und Oberschicht, dagegen nicht berufstätig waren und ein Pflichtethos verkörperten. Frauen erfüllten so die Mehrzahl der ehrenamtlichen Aufgaben. Angesichts vordringender Selbstverwirklichungsmentalitäten und Erwerbsbestrebungen auch unter Frauen wird es gesellschaftliche Partizipation fördern, wenn neue Ideen der symbolischen Entlohnung, der Aufwandsentschädigung, flexibler Zeitverträge etc. die Lücke zwischen Lohnarbeit und Ehrenamt füllen. Dies gilt nicht nur für sozialpolitisch relevante helfende Tätigkeiten, sondern z. B. auch im Bereich der Politik und des Sports.

Dies gilt um so mehr, als diejenigen Bevölkerungsgruppen, in denen die größten Potentiale zusätzlichen gesellschaftlichen Mitwirkens zu finden sind, nämlich kinderlose Paare, Singles, „junge Alte", sehr von moderner Individualisierung, Tauschprinzipien und Selbstentfaltungsbestrebungen geprägt sind. Ein Pathos gemeinschaftlichen, ganz und gar uneigennützigen Helfens, für das jede Entlohnung einen Affront darstellt, spricht sie weit weniger an, als sie persönlich davon zu überzeugen, eine sinnvolle (Zusatz-)tätigkeit zu tun, freilich ohne daß sie dies in ihren Augen in Ausbeutung ausartet.

Gerade diese Selbstverwirklichungs- und Kontaktbestrebungen, verbunden mit dem Bewußtsein der eigenen Gefährdung und Hilfsbedürftigkeit, stellen Motive speziell von Singles dar, an gesellschaftlichen Aufgaben mitzuwirken. Abgesehen davon können sie sich ihre Zeit relativ flexibel einteilen, sie haben oft auch mehr Zeit als z. B. Familiengebundene. Es gibt durchaus empirische Befunde dafür, daß es keine Illusion ist,

Singles als künfige gesellschaftlich Mitwirkende zu sehen: Studien über Frauen nennen als Gruppe mit der höchsten Quote ehrenamtlicher Mitarbeit in Vereinen, Verbänden und sozialen Diensten jüngere, alleinlebende, ledige Frauen. (Grözinger 1994, S. 9)

7.3 Die „solidarische Gesellschaft"

Viele Arten gesellschaftlichen Mitwirkens erfordern solidarische Einstellungen und Verhaltensweisen. Umgekehrt entstehen diese nicht selten auch als Folge gesellschaftlicher Partizipation. Derzeit finden Meinungen in Medien und der Öffentlichkeit viel Beachtung, die einen rapiden Verfall von Solidarität in unserer Gesellschaft diagnostizieren. Ob dieser Befund einer immer egoistischer werden Gruppengesellschaft (Spiegel 22/1994) zutrifft, ist jedoch kaum zu beweisen. Auf der Ebene von Beispielen läßt sich dieser Nachweis jedenfalls nicht führen. Krassen Beispielen für Mangel an Solidarität lassen sich zahlreiche Beispiele spontaner Spendenfreudigkeit und Hilfsbereitschaft gegenüberstellen. Horrorvisionen von gesellschaftlicher Atomisierung und der Herrschaft egoistischer Individuen entgehen die vielen neuen Zusammenschlüsse, von denen z.B. in Gestalt von Selbsthilfegruppen nicht wenige solidarischen Charakter haben.

Zudem fragt sich, welche Wirkungen dergleichen Klagen haben. Erzeugen sie Gegenreaktionen, das heißt mehr Solidarität? Oder machen sie das erst wirklich wahr, was sie diagnostizieren? Richtig an solchen Berichten ist jedoch, daß *in Zukunft in unserer Gesellschaft viel mehr Solidarität als heute gebraucht werden wird.* Selbst wenn das heutige Ausmaß des Einstehens für andere nicht rückläufig sein sollte, es wird morgen zu wenig sein. Dies legt die Frage nahe: Wie könnten Fortschritte auf dem Weg in die solidarische Gesellschaft erzielt werden?

Als generelle Strategie sollte man – bei Männern und Frauen gleichermaßen – einem Bewußtsein den Weg ebnen, das neben Arbeit und Freizeit eine dritte Zeitkategorie in den Vordergrund rückt: die „Sozialzeit" (Geißler 1994). Dazu zählt Hausarbeit und Kindererziehung ebenso wie Altenpflege und Hausaufgabenbetreuung ausländischer Kinder. Die derzeitige Ausschließlichkeit von volkswirtschaftlich anrechenbarer Arbeitszeit einerseits und „erlebnisorientierter" Freizeit andererseits wird dazu führen, daß unsere Gesellschaft den oben dargestellten Zukunftsaufgaben nicht gewachsen sein wird. Die Anerkennung von „Sozialzeit" stellt eine Schlüsselinvestition in die weitere Funktionsfähigkeit unserer Gesellschaft dar. Sie erfordert keine Moralappelle, sondern den Abbau der strukturellen Rücksichtslosigkeit gegen das Leistungsvermögen von Familien und von Hilfenetzen. (siehe Geißler 1994)

Zur praktischen Förderung von Solidaritätsmaßnahmen bietet sich unter anderem an, daß Familiengründung, aber auch die Mitarbeit in Selbsthilfegruppen und Netzwerken nicht nur als Privatsache, sondern als öffentlich relevante Solidaritätsmaßnahme verstanden werden und z.B. finanziell entsprechend gestützt werden sollte.

Im übrigen wird die Einrichtung von „Wahl-Pflichten" hilfreich sein. Beispielsweise sollten, wie erwähnt, mittelfristig Männer und Frauen die Wahl haben zwischen dem Wehrdienst in der Bundeswehr und der Ableistung eines „sozialen Jahrs".

7.4 Die „Mitarbeitsgesellschaft"

Gesellschaftliche Mitwirkung (7.2) kann auf dem Motiv der Solidarität beruhen (7.3). Sie kann aber auch auf Eigennutz gegründet sein. Strategien hin zur „Mitarbeitsgesellschaft" zielen darauf, die Menschen an diesem Eigennutz zu packen und so gesellschaftliche Aufgaben zu lösen. Dies gilt ganz besonders für Alleinlebende. Eigennutz und Gemeinschaftssehnsucht gehen bei ihnen oftmals keine stabilen Kompromisse ein. Sie liegen im Widerstreit. Dieser Konflikt kann zu sehr unterschiedlichen und beeinflußbaren Ergebnissen führen. Deshalb gilt hier die Vermeidung des Entweder-Oder erst Recht: Die solidarische Gesellschaft und die Mitarbeitsgesellschaft schließen sich nicht aus. Die folgenden Anwendungsfelder können dies verdeutlichen:

1. *Mitarbeit an der Familienhilfe*: Öffentliche Maßnahmen zugunsten von Familien und Kindern zur langfristigen Sicherung der Generationensolidarität lassen sich dann sehr viel leichter durchsetzen, wenn alleinlebende Erwachsene erkennen, daß diese Maßnahmen vor allem in ihrem eigenen Interesse notwendig sind. Dies wurde zu Recht im „Achten Familienbericht" herausgestellt. Notfalls sind drastische Beispiele geeignet, Alleinlebenden die sie betreffenden längerfristigen Konsequenzen einer kinderarmen Gesellschaft vor Augen zu führen.

2. *Mitarbeit in Unternehmen*: Unternehmen sollten nicht nur versuchen, Singles zu binden, indem sie sie in gemeinschaftliche Unternehmenskulturen und in Unternehmensnetzwerke einbinden. Der Anteil gemeinschaftsorientierter Singles (vgl. 3.3) ist nicht gar so groß. Der Anteil der autonomie- und selbstverwirklichungorientierten Singles überwiegt. Gerade die Autonomie- und Selbstverwirklichungsbestrebungen der meisten Singles machen es zu ihrem Eigeninteresse, solche Aufgaben zu erfüllen, an deren Definition sie maßgeblich mitwirken können, die ihnen zudem hohe Freiheitsgrade der Ausführung belassen und in Zusammenarbeit mit anderen verrichtet werden.

Was im Soziologen-„Deutsch" die „normative Subjektivierung der Arbeit" (M. Baethge) genannt wurde, bezeichnet ungeachtet des unverständlichen Begriffs eine zutreffende Entwicklungstendenz fortgeschrittener Gesellschaften. Sie betrifft Singles in besonders hohem Maße: Sie sind nicht länger bereit, sich der Arbeit anzupassen. Sie suchen umgekehrt die Arbeit (so zu gestalten), daß es ihnen möglich ist, ihre persönlichen Vorstellungen darin zu realisieren. Wenn sie an dieser Art von „Eigennutz" gepackt werden – dabei allerdings nicht den Eindruck haben, daß dies zu Lasten ihrer materielle Interessen geht – lassen sich hohe Arbeitsmotivationen hervorrufen. Hierbei müssen sich die „persönlichen Vorstellungen" durchaus nicht nur auf die Aufgaben selbst beziehen. Sie können auch in zeitlich ungewöhnlichen Karriereplänen mit Unterbrechungen und Rückkehrgarantien, in flexiblen Zeitarrangements, in Abstimmungen mit der Arbeitssituation von Partnern u.v.a.m. bestehen.

3. *Mitarbeit an der Daseinsvorsorge*: Angesichts ihrer pointiert individualistischen Werthaltungen und Lebensformen sollte die Selbstverantwortlichkeit von Singles als Gegengewicht zu ihrer Entfaltungsfreiheit und Selbstverwirklichung betont werden. Ihnen zuerst sind eigene private Beiträge z.B. zu ihrer Altersvorsorge als Bestandteil ihrer Lebensplanung zuzumuten. (Kleinhenz 1994) Dies entspricht genau ihren Autonomiebestrebungen. Wer sich in seinem Leben in vieler Hinsicht wie ein Unternehmer verhält und für seine Lage selbst veranwortlich sein will, kann und will wohl auch Vorsorgestrategien wie ein Unternehmer betreiben. Insgesamt würde eine ergänzende Eigenvorsorge durch die Versicherten auch die Anpassung des Rentenversicherungssystems an kommende Herausforderungen erleichtern.

Schlußbemerkungen

Die „Single-Gesellschaft" im statistischen Sinne wird es nicht geben. Aber eine andere Art der „Single-Gesellschaft" wird fortschreiten: Die Entwicklung hin zu mehr individueller Autonomie wird weiter gehen. Mit der Entwicklung zu dieser Art der „Single-Gesellschaft", dies ist der Kern der vorliegenden Schrift, muß sich keine Katastrophe anbahnen. Die Gesellschaft wird freilich dann in Eigennutz, Isolation, Einsamkeit und Egozentrik zerfallen, wenn versucht wird, diese Entwicklungen abzuwehren und zu früheren Formen und Medien selbstverständlicher oder gar gewaltsamer gesellschaftlicher Integration zurückzukehren. Unsere Gesellschaft wird nicht auseinanderfallen, wenn man aus der gegenwärtigen Not in Zukunft eine Tugend macht. Man kann die „Single-Gesellschaft" positiv gestalten: Wenn Individuen davon überzeugt werden, daß bestimmte Tätigkeiten sinnvoll sind und eigenen Zielsetzungen entsprechen, legen sie ungeheure Aktivitäten an den Tag. Auch wenn es sich dabei um

Leistungen für das abstrakte Ganze oder um konkrete Solidaritätsleistungen handelt. Dies zeigen schon heute vorliegende empirische Befunde, unter anderem zu Netzwerken, zur Spendenhäufigkeit und zu Selbsthilfegruppierungen. Sie widersprechen der neuen Kulturkritik, die vor allem auf Ich-Sucht, Hab-Sucht und Genuß-sucht hinweist. Der Weg zum Zusammenhalt fortgeschrittener „Single-Industrie-Gesellschaften" führt durch das Nadelöhr der persönlichen Überzeugung und der Akzeptanz durch einzelne. Kalkül und Emotion spielen darin eine widersprüchliche und gerade deswegen beeinflußbare Rolle.

Anmerkungen

Anmerkungen zu Kapitel 1

1 Unter anderen: Focus, 6. 12. 1993; Petra, Oktober 1993; Spiegel 22/1994; Cosmopolitan Oktober 1993; FAZ; Panorama; Fit for Fun, 4/1994; Süddeutsche Zeitung, 17. 2. 1992

2 Eine Auswahl: Berres, G. K. (1993): Dann sind Sie der geborenen Single! Solo? Souverän? Überall am Ball?

Clarkson, M. (1992): Ach. Sie sind nicht verheiratet? Praktischer Rat für ledige Frauen.

Elsner, C. (o.J.): Allein lebt sich's glücklicher. Ohne Männer sind Frauen besser dran.

Jaeggi, E. (1992): Ich sag mir selber guten Morgen. Single – eine moderne Lebensform.

Kobusch, H. (1991): Das offizielle, endgültige Handbuch für den Single.

Pfeiffer, V. (1993): Solotanz. Singles zwischen Glück und Sehnsucht.

Piroue, S. (1991): Vom Vergnügen, mit sich selbst zu reisen. Als Single-Frau auf Solo-Trip.

Powell, B. (1988): Alleinsein als Lebenschance. Wie man das meiste aus seinem Leben macht, wenn man alleine lebt.

Soltau, H. (1993): Pfeifen aufs Duett. Von Singles, Alleinstehenden und anderen Solisten.

Zobel, A. (1993): Die Lust, ein Single zu sein.

Anmerkungen zu Kapitel 2

1 vgl. W. Zapf 1987; S. Hradil 1992 d.

2 Stat. Bundesamt, Fachserie 1, Reihe 3, Haushalte und Familien 1991
Weitere Definitionen des Begriffs „Alleinlebende" finden sich in: R. Bachmann 1992, S. 243 ff.

3 Siehe die Zusammenstellung von Definitionen den Begriffs „Single" in R. Bachmann 1992, S. 238 ff.; sowie u. a. die Begriffserläuterungen in R. Mächler 1993, S. 50 ff.; S. Mayer/E. Schulze 1989 S. 77 f; J. v. Scheidt 1979, S. 32.

4 Der Lesbarkeit und stilistischen Vereinfachung des Textes zuliebe wird im folgenden nur die männliche Form des Singles verwendet, auch dann wenn weibliche Singles mit einbegriffen sind.

5 Nähere Angaben siehe unten.

6 Ursprünglich haben wir in unserer Begriffsbestimmung eine Obergrenze von 60 Jahren festgelegt und große Teile der nachfolgenden Berechnungen auf dieser Grundlage durchgeführt. Es stellte sich jedoch heraus, daß die Besonderheiten von „Singles" bei einer niedrigeren Altersgrenze wesentlich besser zum Vorschein kamen. Jenseits der Grenze von 55 Jahren verwischen sich viele Eigentümlichkeiten von Singles und vermischen sich mit jenen der „normalen" älteren Bevölkerung.

7 vgl. P. A. Berger/ S. Hradil (Hg.) 1990

Anmerkungen zu Kapitel 3

1 P. Borscheid 1994, S. 23
Der folgende historische Rückblick stützt sich auf den vorzüglichen Überblicksartikel von P. Borscheid (1994). Außerdem wurden herangezogen die historischen Übersichten von H. Rosenbaum (1982), D. Krüger (1990), R. Bachmann (1992) und R. Mächler (1993).

2 Zu beachten ist, daß international unterschiedliche Definitionen von Haushalt Verwendung finden, namentlich bei Untermietsverhältnissen, bei doppelten Wohnsitzen etc.

3 Um Verwirrungen durch unterschiedliche Gebietszuordnungen vor und nach der deutschen Wiedervereinigung zu vermeiden, werden die Zahlen zur Entwicklung im Zeitvergleich nur auf Westdeutschland bezogen und die ostdeutschen Entwicklungen ausgeklammert. Zudem liegt auch kaum Datenmaterial aus der ehemaligen DDR vor.

4 Erfaßt wurden im „Allbus" nur die deutsche wahlberechtigte Bevölkerung im Alter ab 18 Jahren. Nicht berücksichtigt wurden also vor allem Kinder, Jugendliche und Ausländer.

5 Der ALLBUS ist ein von Bund und Ländern über GESIS (Gesellschaft sozialwissenschaftlicher Infrastruktureinrichtungen) finanziertes Projekt, das bei ZUMA (Zentrum für Umfragen, Methoden und Analysen e. V., Mannheim) und beim Zentralarchiv für empirische Sozialforschung (Köln) realisiert wird. Mitglieder des ALLBUS-Ausschuß waren 1992 Klaus Allerbeck, Jutta Allmendinger, Karl Ulrich Mayer, Walter Müller, Karl Dieter Opp, Franz Urban Pappi, Erwin K. Scheuch und Rolf Ziegler. Die Daten sind beim Zentralarchiv für empirisch Sozialforschung (Köln) erhältlich. Die vorgenannten Institutionen und Personen tragen keine Verantwortung für die Verwendung der Daten in diesem Beitrag.
Die Daten des Allbus werden hier ungewichtet analysiert. Trotz repräsentativer Stichprobe erfahrungsgemäß auftretende Über- und Unterrepräsentierungen bestimmter Gruppierungen werden nicht „künstlich" ausgeglichen. Dies führt eher zu niedrigen als zu hohen Zahlen von Singles.

6 Die Gegebenheiten z. B. in Wohngemeinschaften, in Wohnheimen und in Anstalten sind oft zu diffus, um eindeutige Ergebnisse zuzulassen.
Amtliche Zahlen aus Volkszählungen oder großen Stichproben (wie dem Mikrozensus) weisen um einiges geringere Werte für die Häufigkeit von Singles aus als Daten aus sozialwissenschaftlichen Umfragen wie die eben angeführten. Dies liegt vor allem daran, daß in amtlichen Erhebungen auch Kinder, Jugendliche, Ausländer und die Anstaltsbevölkerung einbezogen sind. Dadurch ist die Grundgesamtheit größer und der Anteil der Singles niedriger als in soziologischen Umfragen wie dem „Allbus".
Daneben ist zu berücksichtigen, daß amtliche Befragungen den Anteil der Einpersonenhaushalte Jüngerer überschätzen, die in Wohngemeinschaften leben, und manche Befragte amtlichen Befragungen gegenüber zurückhaltender bei Angaben über ihr Alleinleben sind.

7 Sie beruht auf kleineren Fallzahlen als amtliche Daten und bietet insofern eine weniger sichere Rechengrundlage (was sich u. a. in größeren Schwankungen von Messung zu Messung äußert). Sie erfaßt allerdings Singles vollständiger als amtliche Untersuchungen.

8 Die Quellenangabe „kum. Allbus" bedeutet, daß die Allbus-Umfragen von 1980 bis einschließlich 1990 zusammengenommen (kumuliert) wurden, um aufgrund größerer Fallzahlen sicherere Ergebnisse zu erzielen. Dieses Verfahren verdeckt zeitliche Veränderungen. Es ist daher nur dort sinnvoll, wo zwischen 1980 und 1990 keine grundlegenden Veränderungen stattfanden.

9 Den Daten des Familiensurveys 1988 zufolge haben nur 14% der Singles, aber 84% der Verheirateten Kinder. (Mächler 1993)

10 des Zentralinstituts für Jugendforschung Leipzig aus dem Jahre 1989

11 Berechnungen von Martin Diewald, MPI für Bildungsforschung Berlin

12 Jahre des Alleinlebens 1984–1991 in Welle 8 (1991) des SOEP-West, 25–55 jährige nach aktueller Lebensform.

13 Jahre des Alleinlebens 1984–1991 in Welle 8 des SOEP-West, 25- bis 55 jährige

14 Jahre des Alleinlebens 1984–1991 in Welle 8 der SOEP-West, 25- bis 55 jährige nach aktueller Lebensform

15 Fast identische Daten zeigt die Repräsentativbefragung der agis.

16 ähnliche Ergebnisse kum. Allbus 1980–1990

17 „Um die Einkommenssituation von Haushalten unterschiedlicher Größe und Struktur vergleichbar zu gestalten, wird eine sogenannte ‚Äquivalenzskala‘ verwendet, die sich an die Regelsatzproportionen des Bundessozialhilfegesetzes anlehnt. Sie weist den Personen eines Haushalts entsprechen ihrem Alter unterschiedliche Gewichte zu. Der erste Erwachsene im Haushalt erhält ein Gewicht von 1, und alle anderen Erwachsenen erhalten ein Gewicht von 0,8. Für Kinder im Alter von 0 bis 7 Jahren werden Werte von 0,45, für Kinder von 8–11 Jahren von 0,65, von 12 bis 15 Jahren 0,75 und von 16 bis 21 Jahren von 0,90 angerechnet. Das Wohlstandsniveau oder die Wohlstandsposition ergibt sich dann aus der Division des Haushaltseinkommens durch die Summe der Personengewichte des Haushalts. Diese Größe wird als bedarfs- oder äquivalenzgewichtetes Pro-Kopf-Einkommen oder als Äquivalenzeinkommen bezeichnet. Da die Gewichte mit Ausnahme des Gewichtes für den Haushaltsvorstand kleiner als eins sind, erreicht das errechnete bedarfsgewichtete Pro-Kopf-Einkommen in Mehrpersonenhaushalten eine höheren Wert als das häufiger verwendete Pro-Kopf-Einkommen. Nur in Einpersonenhaushalten sind die Werte identisch." (Priller 1994, S. 451)

Ein Rechenbeispiel: Die 4000 DM Nettomonatseinkommen eines Vierpersonenhaushalts zur Ermittlung des bedarfsgewichteten Pro-Kopf-Einkommens (Äquivalenzeinkommen) werden nicht durch 4 sondern durch 3,45 geteilt: für das erste Haushaltsmitglied durch 1, für den zweiten Erwachsenen durch 0,8 und für die beiden 19- und 14 jährigen Kinder durch 0,9 und 0,75, insgesamt also durch 3,45. Auf diese Weise erhält der Vier-Personenhaushalt mit DM 4000,– Haushaltsnettogesamteinkommen pro Monat ein bedarfsgewichtetes Pro-Kopf-Einkommen von DM 1159,– und nicht von DM 1000,–.

18 Sozio-ökonomisches Panel-West, 8. Welle, 1991.

19 kum. Allbus 1980–1990; Familiensurvey 1988: Mächler 1993, S. 55

20 SOEP-West 1991

21 Familiensurvey: Mächler 1993, S. 56

22 Genauer: Hier sind Ledige im Alter über 30 Jahre erfaßt.

23 ähnliche Ergebnisse: agis 1991

24 ähnliche Ergebnisse: agis 1991

25 Peukert 1991, S. 37, zit. n. N Schneider 1994, S. 119

26 Familiensurvey, zit. n. Mächler 1993

27 Allbus 1986, 1988 und 1990

28 agis 1991

29 z. B. Weber/Gaedemann 1980, S. 91: Hiernach haben 57% der Singles einen festem Partner

30 Nur 25% der befragten Singles nennen mehr als einen Partner pro Jahr, wenn Daten aus quantitativen Erhebungen zugrundegelegt werden. (Allbus 1992)

31 ZA-Nr. 2042

32 agis 1991

33 „Die *Erlebnisorientierten* leben in gehobenen sozialen Lagen, sind recht selbstsicher und haben einen regen und weiten Gesellungskreis. Die *Suchenden* sind von eher bescheidener Lage und sozialer Herkunft. Sie sind relativ unsicher und sitzen gleichsam zwischen den Stühlen, da sie sich von ihren eher restriktiven Elternmilieus abgrenzen, sich aber in der Welt der besser situierten Erlebnisorientierten nicht ganz akzeptiert fühlen. Sie konzentrieren sich eher auf die Pflege ihre engeren Freundeskreises, sind dabei jedoch oft sozial und politisch engagiert – wie die Erlebnisorientierten. Die Hälfte der Suchenden tendiert zu einer skeptisch- distanzierten Grundeinstellung." (Vester u. a. 1993, S. 355)

„Die *Zurückhaltenden* folgen einem asketischen Stil, mit ausgewählten, aber verläßlichen sozialen Beziehungen und wohldosiertem Engagement auf allen Reichweiten. Diesem offensichtlich erfolgreichen Stil der Lebensbewältigung folgen vor allem Angehörige konservativer Gruppen mit gehobenenen Standards, aber auch entsprechende kleinere Fraktionen der gesellschaftlichen Mitte. Die *Unkomplizierten* folgen einer regen, gegenüber Anspruchsvollem distanzierten Geselligkeit im erweiterten Freundeskreis und verbinden dabei konventionelle Formen und Spontaneität. Sie stammen aus kleinbürgerlichen und aufstiegsorientierten Milieus und aus Lagen der unteren Mittelschichten. Ihr nüchterner Pragmatismus wird von Problemvermeidung, bestätigender Geselligkeit, eher konservativer Parteisympathie und nicht selten auch von Vorbehalten gegen Ausländer begleitet." (S. 356)

Die Gesellungsstile des *Resignierten* und des *Bodenständigen* finden sich häufig bei älteren Menschen mit niedrigen sozialen Standards. „Sie sind vom raschen Wechsel der Lebensstile irritiert, leben konventionell auf einen engeren Kreis beschränkt und zeigen starke soziale Ressentiments. Sie sind bei dem Typus des Resignierten stärker ausgeprägt als bei den Bodenständigen, die durch einen etwas weiteren Bekanntenkreis und Harmoniestreben an Sicherheit gewinnen." (S. 356)

34 Arbeitsgruppe Sozialberichterstattung 1989, S. 18, zit. n. Th. Meyer 1992, S. 108

35 Im folgenden wird das empirische Verfahren zur Ermittlung „materieller" bzw. „postmaterieller" Werthaltungen dargestellt, da die empirischen Ergebnisse zum „Wertewandel" erst dann voll verständlich werden, wenn man das Erhebungsverfahren kennt und diese Operationalisierung vielfach kritisiert worden ist: Die Befragten werden gebeten, vier Items in eine Reihenfolge zu bringen, je nachdem, welche sie für wichtiger halten. Wer die Items A und C bejaht und an die Spitze stellt, gilt als „Materialist", wer die Items B und D vor allem für richtig hält, zählt als „Postmaterialist", wer eine andere Reihenfolgen wählt, gilt als Mischtyp.

A Aufrechterhaltung von Recht und Ordnung
B Mehr Einfluß der Bürger auf die Entscheidungen der Regierung
C Kampf gegen die steigenden Preise
D Schutz des Rechts auf freie Meinungsäußerung

Daneben werden auch komplexere Operationalisierungen verwendet.

36 kum. Allbus 1980–1990

37 kum. Allbus 1980–1990

Ganz ähnliche Resultate erbrachte der Familiensurvey 1988: R. Mächler 1993, S. 80 ff.

38 agis 1991

39 Marplan, N = 1700; berechnet und zur Verfügung gestellt von Th. Gensicke

40 Sozioökonimisches Panel 1993; dies läßt allerdings die exakte Isolation von Singles nicht zur; deswegen werden Schätzungen mit Hilfe von anderen Variablen notwendig; Berechnungen von Th. Gensicke

41 kum. Allbus 1980–1990

42 Familiensurvey 1988: R. Mächler 1993, S. 83

43 Familiensurvey 1988: R. Mächler 1993, S. 82

44 Alle Daten in diesem Abschnitt aus kum. Allbus 1980–1990

45 vgl. die Definitionen zu Beginn des 2. Kapitels.

46 Ähnliche Befunde zur Milieustruktur Ostdeutschlands liegen vor. Auf sie wird wegen ihrer absehbaren Veränderung und wegen der ohnehin selteneren Singles in Ostdeutschland hier nicht eingegangen.

47 Lüdtke 1989

48 Gluchowski 1987

49 Wohlfahrtssurvey 1993, Berechnungen von A. Spellerberg

50 Wohlfahrtssurvey 1993, Berechnungen von A. Spellerberg

51 kum. Allbus 1980–1990

52 Kurzcharakteristik der nachfolgend erwähnten „Politikstile": (Vester u.a. 1993, S. 327 ff.)

Die Sozialintegrativen verbinden in ihren moralischen Vorstellungen von Gerechtigkeit traditionelle Arbeitnehmerorientierungen mit Kritik an neuen sozialen Ungleichheiten. Sie sind stolz auf das persönlich Erreichte und plädieren für eine stärkere politische Beteiligung der Bürgerinnen und Bürger. In ihrer Reformorientierung und mit ihrem kritischen Engagement bewegen sie sich in deutlicher Distanz zu den Parteipolitikern.

Die *Radikaldemokraten* repräsentieren reformorientierte gesellschaftskritische Einstellungen ohne persönliche Zukunftsängste. Ihre politischen Zielvorstellungen sind von humanistischen Emanzipationsansprüchen geleitet und offenbaren eine hohe Sensibilität für neue soziale Ungleichheiten, jedoch eine geringer ausgeprägte für die alten sozialen Ungleichheiten.

Die *Skeptisch-Distanzierten* hängen keinem geschlossenen Gesellschaftsbild an. Von gängigen gesellschaftlichen Erklärungsmustern sind sie desillusioniert. Aus der von begrenztem Aufstieg charakterisierten Mittellage zwischen Tradition und Modernisierung heraus erstreckt sich ihre Einstellung zur Politik von zynischer Distanz bis zu besonders starkem Engagement.

Die *Gemäßigt-Konservativen* identifizieren sich grundsätzlich mit der bestehenden Leistungsgesellschaft und deren sozialen Ungleichheiten. Allerdings müssen Stabilität, Sicherheit und Harmonie gewährleistet sein. Hier sehen sie das Aufgabenfeld der Politik, zu der sie ansonsten persönlich Distanz halten.

Die *Traditionell-Konservativen* haben grundsätzliches Vertrauen in das bestehende politische System. Ihre sozialdarwinistischen Vorstellungen einer gerechten sozialen Ordnung begründen sie mit einem leistungsbedingten ‚Oben' und ‚Unten'. Diese Ordnung der sozialen und politischen Hierarchie soll konsequent gegen Bedrohungen von innen und außen verteidigt werden.

Die *Enttäuscht-Apathischen* erleben die Konkurrenz- und Leistungsgesellschaft als schicksalhaft unabänderlich. Politik ist in der von ihnen wahrgenommenen gesellschaftlichen Dichotomie ‚Oben' angesiedelt und damit außerhalb des eigenen Horizonts. Mit ihren traditionellen Arbeitnehmerorientierungen verbinden sie keinerlei Engagement. Bei anwachsenden sozialen Disparitäten münden eigene Abstiegs- und Zukunftsängste in wohlstandschauvinistische Einstellungen.

Das Gesellschaftsbild der *Enttäuscht-Aggressiven* ist durch die von ihnen empfundene Lage ‚kleiner Leute' und von starken Verunsicherungen durch die Modernisierung der Gesellschaft geprägt. Gleichwohl befürworten sie eine sozialdarwinistisch interpretierte Leistungsgesellschaft. Persönliche Enttäuschungen und soziale Befürchtungen münden in ausgeprägte Ressentiments.

53 Die einzelnen Politikstile sind näher beschrieben in M. Vester u.a. 1993, S. 327 ff.

54 Die Berechnungen zu diesem Abschnitt wurden von Joachim Winkler im Wissenschaftlichen Institut der Ärzte Deutschlands durchgeführt und basieren auf Daten der Deutschen Herzkreislauf-Präventionsstudie (DHP), die aus Mitteln des Bundesministeriums für Forschung und Technologie gefördert wurde.

55 In der folgenden Übersicht sind die Werte für jeweils starke und mäßige Beschwerden addiert.

Anmerkungen zu Kapitel 4

1 Quelle: J. Friedrich, Universität Kiel
2 Die folgende Zusammenfassung der Individualisierungstheorie von Ulrich Beck und Elisabeth Beck-Gernsheim folgt der ausgezeichneten Darstellung von Ronald Bachmann (1992, S. 72 ff.), gelegentlich auch der von Ruth Mächler (1993, S. 11 ff.). Diese beiden Darstellungen haben den Vorteil, daß sie bereits auf die Erklärung von Singles hin zugeschnitten sind.
Zum Begriff Individualisierung vgl. auch Kap. 2
3 Diese Theorie wurde in einer Fülle von Schriften beider Autoren entwickelt und weiterentwickelt. (vgl. das Literaturverzeichnis) Am prägnantesten: Beck (1986)
4 So wird sie unter anderem den Untersuchungen von R. Bachmann (1992), G. Grözinger (1994) und R. Mächler (1993) zugrundegelegt.
5 Der Begriff „postindustrielle Gesellschaft" ist mißverständlich. Denn die meisten Charakteristika von Industriegesellschaften bleiben erhalten. Da der Begriff sich aber durchgesetzt hat, wird er trotzdem in dieser Veröffentlichung verwendet.
6 „Politik *der* Lebensstile" ist also als Genitivus subjectivus und Genitivus objectivus zu verstehen.
7 Im folgenden wird zwischen „postindustriellen" und „fortgeschrittenen" Industriegesellschaften dann nicht genau unterschieden, wenn es nur darauf ankommt, eine Gesellschaftsformation jenseits der herkömmlichen Industriegesellschaft zu charakterisieren. Dann wird in der Regel der Begriff „entwickelte" Industriegesellschaft verwendet.
8 Vgl. allgemein Hradil 1992 c

Anmerkungen zu Kapitel 5

1 Ein Maß, das anzeigt, inwieweit die Geburten ausreichen, eine Frauengeneration durch eine andere zu ersetzen. Bei „Null-Wachstum" beträgt die Nettoreproduktionsrate per def. 1.
2 Die (zwischen den Statistischen Landesämtern abgestimmte und daher so genannte) „Siebte koordinierte Bevölkerungsvorausrechnung" kommt zu anderen Resultaten. Nach einem kurzfristigen Anstieg zur Jahrtausendwende prognostiziert sie eine Abnahme der Wohnbevölkerungs Deutschlands bis zum Jahre 2030 auf unter 70 Millionen. (B. Sommer 1992, S. 219) Diese Voraussage beruht allerdings auf m. E. völlig unrealistischen Wanderungsannahmen. Für die vollen vier Jahrzehnte von 1990 bis 2030 wird ein Wanderungsgewinn von nur 4,75 Mio. Personen angenommen, nach dem Jahr 2000 durchschnittlich nur noch 66 Tausend Menschen pro Jahr.
3 So der Titel des 25. Deutschen Soziologentages in Frankfurt im Jahre 1990
4 Da hierunter auch Alleinerziehende mit volljährigen Kindern einbezogen sind, liegen dieser Werte höher als die oben angegebenen 12%.
5 Stat. Bundesamt Lange Reihen 204, eig. Berechnungen
6 Abnehmen werden aber nur die Haushalte mit drei und mehr Personen, die Ein- und Zwei-Personen-Haushalte werden weiter zunehmen, allerdings auch mit einer sich abflachenden Tendenz. Bis zum Jahre 2010 prognostiziert die Vorausberechnung

ein Anwachsen des Anteils der Einpersonenhaushalte von 35,4% (1990) nur auf 36,6% (2010). (C. Paul/H. Voit/W. Hammes 1992)

7 D. h. Nettoeinkommen plus Transferzahlungen

8 In diesem Zusammenhang soll erwähnt werden, daß exakte Kenntnisse über Vermögensverteilungen weithin fehlen, auch und gerade über hohe Vermögensbestände und deren Verteilung. Wir wissen über die Spitzen des Ungleichheitsgefüges weit weniger als über mittlere und tiefere Lagen. Dies betrifft neben Deutschland viele andere moderne Gesellschaften.

9 Cathelat 1985; Fabris 1986; Mitchell 1984; vgl. Sinus-Lebensweltforschung 1991

10 zusammenfassend: Hradil 1990, 1992 a

11 Mitchell 1984

12 Fabris 1986

13 Cathelat 1985

14 Zu empirischen Befunden vgl. im einzelnen: 3.3 Lebensweise

Anmerkungen zu Kapitel 6

1 In Sachsen als schulinterne Differenzierung

2 Quelle: Schulstatistiken und Mitteilungen der Kultusministerien der neuen Bundesländer

3 Die ökonomischen Funktionen einer wachsenden Zahl von Singles können in dieser sozialwissenschaftlichen Veröffentlichung nur ausschnittweise dargestellt werden.

4 Diese Altersgrenzen lagen der Untersuchung von U. Kunert zugrunde. Sie liegen um 5 Jahre über den Altersgrenzen von Singles gemäß unserer Definition.

5 Auch für eine familienform- und kinderzahlabhängie Differenzierung der Beiträge zu Rentenversicherung sprechen ähnliche Überlegungen. Im Falle der gesetzlichen Krankenversicherung stellt sich dieser Handlungsbedarf weniger, da Einzelkassenmitglieder zwar etwas höhere Krankheitskosten pro Kopf als andere verursachen, dennoch aber Nettozahler sind, da bei ihnen niemand kostenlos mitversichert ist. (Busch/Deimer 1994, S. 13)

6 So z. B. der ersten 19 Artikel des Grundgesetzes

Anmerkungen zu Kapitel 7

1 Obwohl dieser Begriff auf die Kultur der „Postmoderne" gemünzt ist, trifft er m. E. gerade ein wesentliches Modernisierungsphänomen in fortgeschrittenen Industriegesellschaften. (vgl. Hradil 1990, S. 125 ff.)

Literaturverzeichnis

Datensätze

1. agis, Forschungsgruppe Sozialstrukturwandel, Daten der Repräsentativbefragung 1991 (Datenauswertung D. Müller)
2. „AIDS im öffentlichen Bewußtsein der BRD" Studien der Bundeszentrale für gesundheitliche Aufklärung, Köln 1987–1990 (Datenauswertung S. v. Below)
3. Allbus (Allgemeine Bevölkerungsumfrage der Sozialwissenschaften), Datensätze 1980–1992 (Datenauswertung S. v. Below)
4. (DHP) Deutsche Herzkreislauf-Präventionsstudie 1985/86, 1987/88, 1990/81 (Datenauswertung J. Winkler)
5. Familiensurvey 1988 des Deutschen Jugendinstituts (Datenauswertung S. v. Below) (Zahlreiche Befunde aus diesem Datensatz wurden auch zitiert nach der Diplomarbeit von R. Mächler 1993)
6. (SOEP) Sozio-ökonomisches Panel-West 1984–1991 (Datenauswertung M. Diewald)
7. Wohlfahrtssurvey 1993 (Datenauswertung A. Spellerberg)

Veröffentlichte Schriften

ohne Autor (1979): Versuchs- und Vergleichsbauten und Demonstrativmaßnahmen. Besondere Wohnformen und Gemeinschaftseinrichtungen, in: Schriftenreihe des Bundesministers für Raumordnung, Bauwesen und Städtebau (Hg.), Braunschweig (Bd. 01.062, S. 111 ff.).

ohne Autor (1994): Tanz ums goldene Selbst, in: Spiegel, 22/1994, S. 58–74.

Bachmann, R. (1992): Singles. Zum Selbstverständnis und zum Selbsterleben von 30- bis 40 jährigen partnerlos alleinlebenden Männern und Frauen, Frankfurt am Main.

Bäcker, G. u. a. (1989): Sozialpolitik und soziale Lage in der Bundesrepublik Deutschland, Köln (Bd. 2).

Baethge, M. (1985): Individualisierung als Hoffnung und als Verhängnis. Aporien und Paradoxien der Adoleszenz in spätbürgerlichen Gesellschaften oder: die Bedrohung der Subjektivität, in: Soziale Welt, S. 299–312.

Beck, U. (1983): Jenseits von Stand und Klasse? in: Kreckel, R. (Hg.): Soziale Ungleichheiten, Soziale Welt. Sonderband 2, Göttingen.

Beck, U. (1986): Risikogesellschaft. Auf dem Weg in eine andere Moderne, Frankfurt.

Beck, U. (1991): Politik in der Risikogesellschaft, Frankfurt.

Beck, U. (1993): Auflösung der Gesellschaft? Theorie gesellschaftlicher Individualisierung revisited, in: Lenzen, D. (Hg.): Verbindungen. Vorträge anläßlich der Ehrenpromotion von Klaus Mollenhauer. Weinheim, S. 63–79.

Beck, U. und Beck-Gernsheim E. (1990): Das ganz normale Chaos der Liebe, Frankfurt.

Beck-Gernsheim, E. (1983): Von „Dasein für andere" zum Anspruch auf ein Stück „eigenes Leben". Individualisierungsprozesse im weiblichen Lebenszusammenhang, in: Soziale Welt, S. 305–340.

Beck-Gernsheim, E. (1986): Von der Liebe zur Beziehung? Veränderungen im Verhältnis von Frau und Mann in der individualisierten Gesellschaft, in: Berger J. (Hg.):

Die Moderne – Kontinuität und Zäsuren, Soziale Welt. Sonderband 4, Göttingen, S. 209–233.

Becker, U., Becker, H. und Ruhland, W. (1992): Zwischen Angst und Aufbruch: Das Lebensgefühl der Deutschen in Ost und West nach der Wiedervereinigung, Düsseldorf u. a.

Bell, D. (1979): Die nachindustrielle Gesellschaft, Reinbek.

Berger, P. A. und Hradil, S. (Hg.) (1990): Lebenslagen, Lebensläufe, Lebensstile. Soziale Welt, Sonderband 7, Göttingen.

Bertram, H. (1991): Die Familie in Westdeutschland. Stabilität und Wandel familialer Lebensformen, Opladen.

Bertram, H. (1993a): Die Stadt, das Individuum und das Verschwinden der Familie, Berlin (unveröff. Manuskript).

Bertram, H. (1993b): Soziostrukturelle und regionale Differenzierung von Einpersonenhaushalten, Berlin (unveröff. Manuskript).

Bertram, H., Bayer, H. und Bauereiß, R. (1993): Familien-Atlas: Lebenslagen und Regionen in Deutschland, Opladen.

Biesterfeld, E. (1977): Die Kunst, als Frau allein zu leben, Düsseldorf.

Birg H. und Flöthmann, E. J. (1993a): Bevölkerungsprojektionen für das vereinigte Deutschland bis zum Jahr 2100 – unter besonderer Berücksichtigung von Wanderungen, (Manuskript) Bielefeld.

Birg H. und Flöthmann, E. J. (1993b): Entwicklung der Familienstukturen und ihre Auswirkungen auf die Belastungs- bzw. Transferquotienten zwischen den Generationen. Bielefeld: Institut für Bevölkerungsforschung und Sozialpolitik.

Borscheid, P. (1994): Von Jungfern, Hagestolzen und Singles. Die historische Entwicklung des Alleinlebens, in: Gräbe, S. (Hg.): Lebensform Einpersonenhaushalt. Herausforderungen an Wirtschaft, Gesellschaft und Politik, Frankfurt-New York, S. 23–54.

Brede, W. (1979): Gebrannte Kinder, in: Best, B. (Hg.): Ich lebe alleine, München.

Bretz, M. (1992): Changes in Size and Structure of Households – an Analysis of the Past 150 Years, in: Bundesinstitut für Bevölkerungsforschung (Hg.): Referate zum deutsch-polnisch-ungarischen Arbeitstreffen auf dem Gebiet der Demographie von 14. bis 18. Oktober 1991 in Wiesbaden, Wiesbaden, Heft 75, S. 221–240.

Bretz, M. und Niemeyer, F. (1992): Private Haushalte gestern und heute. Ein Rückblick auf die vergangenen 150 Jahre, in: Wirtschaft und Statistik, S. 73–81.

Bugari, A. und Dupuis, M. (1989): Singlefrauen – eine neue Form von Gemeinschaft, in: Höpflinger, F. und Erni-Schneuwly, D. (Hg.): Weichenstellungen, Bern-Stuttgart, S. 201–228.

Bundesministerium für Arbeit und Sozialordnung (BMAS) (1991): Sicherung bei Pflegebedürftigkeit – Fakten und Argumente, Bonn.

Burkart, G. (1990): Individualismus und Familialismus, in: Glatzer, W. (Hg.): Die Modernisierung moderner Gesellschaften. 25. Deutscher Soziologentag 1990, Opladen, S. 126–129.

Burkart, G. (1992): Auf dem Weg zur vollmobilen Single-Gesellschaft? Kommentar zum Artikel von Schofer/Bender/Utz (ZfBW 4/1991), in: Zeitschrift für Bevölkerungswissenschaft, S. 355–360.

Burkart, G., Fietze, B. und Kohli, M. (1989): Liebe, Ehe, Elternschaft. Eine qualitative Untersuchung über den Bedeutungswandel von Paarbeziehungen und seine demographischen Konsequenzen, in: Bundesinstitut für Bevölkerungsforschung (Hg.): Materialien zur Bevölkerungsforschung, Bd. 60, Wiesbaden.

Busch, S. und Deimer, K. (1994): Lebensweisen und staatliche Rahmenbedingungen, Probleme und Lösungsansätze anhand ausgewählter Beispiele, in: Grözinger, G. (Hg.): Das Single, Opladen, S. 117–148.

Buttler, G. (1993): Deutschlands Wirtschaft braucht die Einwanderer, in: Klose, H.-U. (Hg.): Altern der Gesellschaft. Antworten auf den demographsichen Wandel, Köln.

Cathelat, B. (1985): Styles de vie, Paris.
Cyprian, G. (1988): Trautes Heim − Lebensformen gestern-heute morgen, in: Tornieporth, G. (Hg.): Arbeitsplatz Haushalt. Zur Theorie und Ökologie der Hausarbeit, Berlin, S. 12–30.

Del Campo, S. (1992): Sozialstruktureller Wandel und Modernisierung in Spanien, in: Glatzer, W. (Hg.): Entwicklungstendenzen der Sozialstruktur Frankfurt a.M.-New York, S. 183–192.
Dettling, W. (Hg.) (1994): Perspektiven für Deutschland, München.
Diewald, M. (1986): Sozialkontakte und Hilfeleistungen in informellen Netzwerken. In: Glatzer, W. und Berger-Schmitt, R. (Hg.): Haushaltsproduktion und Netzwerkhilfe. Die alltäglichen Leistungen der Haushalte und Familien, Frankfurt a.M.–New York, S. 51–84.
Diewald, M. (1989): Der Wandel von Lebensformen und seine Folgen für die soziale Integration. (Paper der Arbeitsgruppe Sozialberichterstattung des Wissenschaftszentrum Berlin für Sozialforschung), Berlin.
Diewald, M. (1990): Soziale Beziehungen: Verlust oder Liberalisierung? Berlin.
Diewald, M. (1994): Einkommen in verschiedenen Lebensformen 25–55jähriger. Berlin.
Diewald, M. und Zapf, W. (1984): Wohnbedingungen und Wohnzufriedenheit, in: Glatzer, W. und Zapf, W. (Hg.): Lebensqualität in der Bundesrepublik. Objektive Lebensbedingungen und subjektives Wohlbefinden, Frankfurt a.M.-New York, S. 73–96.
Droth, W. und Dangschat, J. (1985): Räumliche Konsequenzen der Entstehung „neuer Haushaltstypen", in: Friedrichs, J. (Hg.): Die Städte in den 80er Jahren, Opladen.
Dumont, L. (1991): Individualismus. Zur Ideologie der Moderne. Frankfurt, New York.

Eckhardt, J. (1993): Gebrauchte Junggesellen. Scheidungserleben und biographische Verläufe, Opladen.
Erni-Schneuwly, D. (1989): Ledig oder verheiratet? − Der Unterschied heute, in: Höpflinger, F. und D. Erni-Schneuwly (Hg.): Weichenstellungen. Lebensformen im Wandel und Lebenslage junger Frauen, Bern-Stuttgart, S. 73–106.
Euler, M. (1994): Die wirtschaftliche und soziale Lage der alleinlebenden Frauen, in: Wirtschaft und Statistik, S. 56–65.
EUROSTAT (1993): Schnellberichte, Nr. 10, Luxemburg.

Fabris, G. (1986): Le otto Italie. Dinamica e Frammentazione della Societa Italiana, Milano: Mondadori
Flaig, B., Meyer, Th. und Ueltzhöffer, J. (1993): Alltagsästhetik und politische Kultur. Zur ästhetischen Dimension politischer Bildung und politischer Kommunikation, Bonn.
Frisè, M. und Stahlberg, J. (1992): Allein − mit Kind. Alleinerziehende Mütter und Väter. Lebensbilder. Gespräche. Auskünfte, München.

Geißler, C. (1994): Investitionen in private Netzwerke. Individuelle und gesellschaftliche Perspektiven, in: Gräbe, S. (Hg.): Lebensform Einpersonenhaushalt. Herausforderungen an Wirtschaft, Gesellschaft und Politik, Frankfurt-New York, S. 183–197.

Geissler, B. und Oechsle, M. (1990): Lebensplanung als Ressource im Individualisierungsprozeß, in: Sonderforschungsbereich 186 der Universität Bremen (Hg.): Statuspassagen und Risikolagen im Lebensverlauf, Arbeitspapier Nr. 10 (Teilprojekt B2), Bremen.

Gensicke, Th. (1994): Wertewandel und Familie. Auf dem Weg zu „egoistischem" oder „kooperativem" Individualismus? in: Aus Politik und Zeitgeschichte, B 29–30/94, S. 36–47.

Geschäftsstelle der Deutschen Nationalkommission für das Internationale Jahr der Familie 1994 (Hg.) (1994): Familienreport 1994. Bericht der Deutschen Nationalkommission für das Internationale Jahr der Familie, Trier.

Glatzer, W. (1984): Einkommensverteilung und Einkommenszufriedenheit. In: Glatzer, W. und Zapf, W. (Hg.): Lebensqualität in der Bundesrepublik. Objektive Lebensbedingungen und subjektives Wohlbefinden, Frankfurt a. M., New York, S. 45–72.

Glatzer, W. (1984): Haushaltsproduktion, in: Glatzer, W. und Zapf, W. (Hg.): Lebensqualität in der Bundesrepublik. Objektive Lebensbedingungen und subjektives Wohlbefinden, Frankfurt a. M.–New York, S. 366–388.

Glatzer, W. (1986): Haushaltsproduktion, wirtschaftliche Stagnation und sozialer Wandel, in: Glatzer, W. und Berger-Schmitt, R. (Hg.): Haushaltsproduktion und Netzwerkhilfe. Die alltäglichen Leistungen der Haushalte und Familien, Frankfurt a. M.-New York, S. 9–50.

Glatzer, W. und Berger-Schmitt, R. (1986): Haushaltsproduktion und Netzwerkhilfe. Die alltäglichen Leistungen der Familien und Haushalte. Frankfurt-New York.

Glatzer, W. und Herget, H. (1984): Ehe, Familie und Haushalt, in: Glatzer, W. und Zapf, W. (Hg.): Lebensqualität in der Bundesrepublik. Objektive Lebensbedingungen und subjektives Wohlbefinden, Frankfurt a. M., New York, S. 124–140.

Glatzer, W. u. a (Hg.) (1992): Recent Social Trends in West Germany 1960–1990. Frankfurt/Main.

Gluchowski, P. (1987): Lebensstile und Wandel der Wählerschaft in Westdeutschland, in: Aus Politik und Zeitgeschichte, B12 v. 21. 3., S. 18–32.

Gluchowski, P. (1988): Freizeit und Lebensstile. Plädoyer für eine integrierte Analyse von Freizeitverhalten. Erkrath.

Gordon, T. (1994): Single Women, London.

Gräbe, S. (1994): Lebensform Einpersonenhaushalt. Herausforderungen an Wirtschaft, Gesellschaft und Politik, Frankfurt-New York.

Grözinger, G. (Hg.) (1994): Das Single, Opladen.

Gschwind, F. (1994): Neue Lebensformen als städtebauliche Herausforderung, in: Grözinger, G. (Hg.): Das Single, Opladen, S. 107–116.

Gutschmidt, G. (1986): Kind und Beruf. Zur Alltagssituation erwerbstätiger alleinerziehender Mütter, Weinheim-München.

Gutschmidt, G. (1994): Single mit Kind, Freiburg im Breisgau.

Gutschmidt, G. (1994a): Single mit Satelliten, in: Grözinger, G. (Hg.): Das Single, Opladen, S. 93–106.

Hauser, R. und Hübinger, W. (1993): Arme unter uns. Teil 1: Ergebnisse und Konsequenzen der Caritas-Armutsuntersuchung, Freiburg.

Heiliger, A. (1991): Alleinerziehen als Befreiung. Mutter-Kind-Familien als positive Sozialisationsform und als gesellschaftliche Chance, Pfaffenweiler.

Höhler, G. (1979): Konsumethos für die Seele. Alleinleben: neue Lebensform oder Glorifizierung eines Defizits?, in: Die Politische Meinung, S. 23–29.

Höpflinger, F. (1989): Die Einstellungen junger Frauen zu Partnerschaft, Ehe und Familie, in: Höpflinger, F. und Erni-Schneuwly, D. (Hg.): Weichenstellungen. Lebensformen im Wandel und Lebenslage junger Frauen, Bern-Stuttgart, S. 167–199.

Höpflinger, F. (1994): Haushalts- und Familienstrukturen im intereuropäischen Vergleich, (erscheint) in: Hradil, S. und Immerfall, S. (Hg.): Die westeuropäischen Gesellschaften im Vergleich, Opladen.

Höpflinger, F. und Erni-Schneuwly, D. (1989) (Hg.): Weichenstellungen. Lebensformen im Wandel und Lebenslage junger Frauen. Bern-Stuttgart.

Hoffmann-Nowotny, H.-J. (1989): Die Zukunft der Beziehungsformen – Die Beziehungsformen der Zukunft, in: Höpflinger, F. und D. Erni-Schneuwly (Hg.): Weichenstellungen. Lebensformen im Wandel und Lebenslage junger Frauen, Bern-Stuttgart, S. 13–35.

Hondrich, K. O. und Schuhmacher, J. (1988): Krise der Leistungsgesellschaft? Opladen.

Hradil, S. (Hg.) (1985): Sozialstruktur im Umbruch. Karl Martin Bolte zum 60. Geburtstag, Opladen.

Hradil, S. (1987): Sozialstrukturanalyse in einer fortgeschrittenen Gesellschaft. Von Klassen und Schichten zu Lagen und Milieus, Opladen.

Hradil, S. (1990): Postmoderne Sozialstruktur? Zur empirischen Relevanz einer „modernen" Theorie sozialen Wandels, in: Berger, P. und Hradil, S. (Hg.): Lebenslagen, Lebensläufe, Lebensstile, Sonderband 7. Soziale Welt, Göttingen, S. 125–152.

Hradil, S. (1991): Sozialstrukturelle Paradoxien und gesellschaftliche Modernisierung, in: Zapf, W. (Hg.): Die Modernisierung moderner Gesellschaften. Verhandlungen des 25. Deutschen Soziologentags in Frankfurt a. M. 1990, Frankfurt-New York, S. 361–369

Hradil, S. (1991a): Die Familie als „Clearingstelle" pluralistischer Sozialisationsmilieus, in: Forschungsforum der Universität Bamberg 1991, Heft 3, S. 62–68.

Hradil, S. (1992): „Lebensführung" im Umbruch, in: Thomas, M. (Hg.): Abbruch und Aufbruch. Sozialwissenschaften im Transformationsprozeß, Berlin: Akademie 1992, S. 183–197.

Hradil, S. (1992a): Sozialstruktur und gesellschaftlicher Wandel (in den EG-Staaten), in: Gabriel, O. W. (Hg.): Die EG-Staaten im Vergleich, Opladen, S. 50–94.

Hradil, S. (1992b): Soziale Milieus und ihre empirische Untersuchung, in: Glatzer, W. (Hg.): Entwicklungstendenzen der Sozialstruktur, Frankfurt am Main, S. 6–35.

Hradil, S. (1992c): Die „objektive" und die „subjektive" Modernisierung. Der Wandel der westdeutschen Sozialstruktur und die Wiedervereinigung, in: Aus Politik und Zeitgeschichte. Beilage zur Wochenzeitschrift „Das Parlament", B 29–30/92 (10. Juli 1992), S. 3–14.

Hradil, S. (1992d): Alte Begriffe und neue Strukturen. Die Milieu-, Subkultur- und Lebensstilforschung der 80er Jahre, in: Hradil, S. (Hg.): Zwischen Bewußtsein und Sein. Die Vermittlung „objektiver" Lebensbedingungen und „subjektiver" Lebensweisen, Leverkusen, S. 15–56.

Hradil, S. (1993a): Stichwort „Klassengesellschaft", in: Georges Enderle u. a. (Hg.): Lexikon der Wirtschaftsethik, Freiburg etc., Sp. 512–516.

Hradil, S. (1993b): Modernisierungsvorsprünge und nationale Besonderheiten, in: Glatzer, W. (Hg.): Einstellungen und Lebensbedingungen in Europa. Soziale Indikatoren XVII, Frankfurt am Main, S. 177–204.

Hradil, S. (1993c): New German Social Structure Analysis, in: Schweizerische Zeitschrift für Soziologie/Revue suisse de sociologie, S. 663–688.

Hradil, S. (1993d): Neuerungen der Ungleichheitsanalyse und die Programmatik künftiger Sozialepidemiologie, in: Mielck, A. (Hg.): Krankheit und soziale Ungleichheit. Sozialepidemiologische Forschungen in Deutschland, Opladen, S. 375–392.

Hradil, S. (1994): Sozialisation und Reproduktion in pluralistischen Wohlfahrtsgesellschaften, in: Sünker, H., Timmermann, D. und Kolbe, F.-U. (Hg.): Bildung, Gesellschaft, soziale Ungleichheit, Frankfurt am Main, S. 89–119.

Hradil, S. und Müller, D. (1993): Auswirkungen des demographischen, sozialen und
kulturellen Wandels auf Politik, Wirtschaft und Gesellschaft in Schleswig-Holstein.
Gutachten des Instituts für Soziologie der Johannes Gutenberg-Universität Mainz
für die Staatskanzlei des Landes Schleswig-Holstein, Kiel.

Hübl, L. (1993): Wohnbedarf und Wohnsituation von Einpersonenhaushalten – Konsequenzen für die Wohnungswirtschaft. Hannover.

Hühnermann, E. (1979): Der Egotrip der Solitäre. In: Best, B. (Hg.): Ich lebe alleine,
München.

Hughes, M. und Gove, W., R. (1981): Living Alone, Social Integration, and Mental
Health. in: American Journal of Sociology, S. 48–74.

Inglehart, R. (1977): The Silent Revolution. Changing Values and Political Styles
among Western Publics, Princeton.

Inglehart, R. (1989): Kultureller Umbruch. Wertwandel in der westlichen Welt,
Frankfurt am Main.

Imhof, A. (1994): Von der schlechten alten Zwangsgemeinschaft zum guten neuen
Single? in: Grözinger, G. (Hg.): Das Single, Opladen, S. 17–14.

Jaeggi, E. (1992): Ich sag' mir selber Guten Morgen. Singles – eine moderne Lebensform, München.

Jannberg, J. (1982): Ich bin ich. Aufgezeichnet von Elisabeth Dessai, Frankfurt am
Main.

Kaufmann, F. X. u. a. (1989): Netzwerkbeziehungen von Familien, in: Bundesinstitut
für Bevölkerungsforschung (Hrsg.): Materialien zur Bevölkerungswissenschaft
(Sonderheft 17). Wiesbaden.

Kaufmann, F. X. (1990): Die Zukunft der Familie, München.

Kaufmann, F. X. (1994): Zukunft der Familie im vereinigten Deutschland, Bielefeld
(Manuskript der 2., überarb. Aufl. von Kaufmann 1990).

Kemper, F. J. (1986): Regionale Unterschiede der Haushaltsstruktur in der BRD, in:
Erdkunde, S. 29–45.

Keupp, H. (1987): Soziale Netzwerke. Eine Metapher des gesellschaftlichen Umruchs?
In: Keupp, H. und Röhrle, B. (Hg.): Soziale Netzwerke, Frankfurt–New York,
S. 11–53.

Klages, H. (1984): Wertorientierungen im Wandel, Frankfurt am Main.

Kleinhenz, G. (1994): Alter und soziale Sicherung von Einpersonenhaushalten als
sozialpolitisches Problem, in: Gräbe, S. (Hg.): Lebensform Einpersonenhaushalt.
Herausforderungen an Wirtschaft, Gesellschaft und Politik, Frankfurt–New York,
S. 161–182.

Kluckhohn, C. (1962): Values and Value Orientations in the Theory of Action. An
Exploration in Definition and Classification, in: Parsons, T. und Shils, E. (Hg.):
Toward A General Theory of Action, Cambridge, Mass.

Klonowsky, M. (1993): Schicksal Single, in: Focus, 6. 12. 1993, S. 150–156.

Kratz, H. (1989): Von der Großfamilie zum Singledasein? Formen des Zusammenlebens, in: Hölder, E. (Hg.): Im Zuge der Zeit. Ein Bilderbogen durch vier Jahrhunderte, Stuttgart, S. 17–26.

Kreibich, V. (1990): Wohnungsbedarf heute und in den 90er Jahren, in: Norton, A.
und K. Novy (Hg.): Soziale Wohnungspolitik in den 90er Jahren, Basel-Boston-
Berlin, S. 179–196 (Sonderforschung aktuell Bd. 26).

Krüger, D. (1990): Alleinleben in einer paarorientierten Gesellschaft. Eine qualitative Studie über die Lebenssituation und das Selbstverständnis 30–45jähriger, lediger, alleinstehender Frauen und Männer, Pfaffenweiler.

Krüger, D. (1993): Allein leben. Angleichung der Geschlechter oder Fortschreibung der Geschlechterdifferenz? Ergebnisse einer qualitativen Studie über die Berufs- und Beziehungsbiographien Alleinlebender, in: Berliner Journal für Soziologie, S. 75–88.

Kunert, U. (1992): Individuelles Verkehrsverhalten im Wochenverlauf. DIW – Beiträge zur Strukturforschung, in: Deutsches Institut für Wirtschaftsforschung (Hg.): DIW-Beiträge zur Strukturforschung, Berlin (Heft 130).

Kunert, U. (1994): Singles: Zahlreich und mobil. Zum Mobilitätsverhalten alleinlebender Personen, in: Gräbe, S. (Hg.): Lebensform Einpersonenhaushalt. Herausforderungen an Wirtschaft, Gesellschaft und Politik, Frankfurt–New York, S. 133–158.

Lasch, C. (1981): Geborgenheit. Die Bedrohung der Familie in der modernen Welt, München.

Lind, H. (1989): Ein Mann für jede Tonart, Frankfurt am Main.

Löwenbein, O. (1994): Einkaufsmuster von Einpersonenhaushalten, in: Gräbe, S. (Hg.): Lebensform Einpersonenhaushalt. Herausforderungen an Wirtschaft, Gesellschaft und Politik, Frankfurt-New York, S. 117–132.

Lüdtke, H. (1989): Expressive Ungleichheit. Zur Soziologie der Lebensstile, Opladen 1989.

Lüscher, K. und Thierbach, R. (1993): Die Vielfalt privater Lebensformen im Spiegel der Volkszählung, in: Neue Zürcher Zeitung, 13. Dez., Nr. 290.

Lüscher, K. und Thierbach, R. (1994): Die demographische Vielfalt des Alleinlebens. Einpersonenhaushalte in der Volkszählung 1990, in: Neue Zürcher Zeitung.

Mächler, R. (geb. Stagelschmidt) (1993): Singles – Vorboten einer anderen Moderne, München (unveröfftl. Diplomarbeit).

Martiny, U. (1989): Aufbruch aus Reservaten im Land der Ehepaare: Sozialstruktur, Bewußtwerdung und Fremdwahrnehmung nichtverheirateter Frauen, in: Müller, U. und Schmidt-Waldherr, H. (Hg.): Frauensozialkunde. Wandel und Differenzierung von Lebensformen und Bewußtsein, Bielefeld, S. 132–162.

Melbeck, C. (1992): Familien- und Haushaltsstruktur in Ost- und Westdeutschland, in: Mohler, P. Ph. und Bandilla, W. (Hrsg.): Blickpunkt Gesellschaft 2. Einstellungen und Verhalten der Bundesbürger in Ost und West, Opladen, S. 109–126.

Mendras, H. (1992): Haupttendenzen der Transformation der französischen Gesellschaft, in: Glatzer, W. (Hg.): Entwicklungstendenzen der Sozialstruktur, Frankfurt a. M.-New York, S. 174–182.

Meyer, S. und Schulze, E. (1988): Lebens- und Wohnformen Alleinstehender, in: Bundesinstitut für Bevölkerungsforschung (Hg.): Materialien zur Bevölkerungswissenschaft (Bd. 59). Wiesbaden.

Meyer, S. und Schulze, E. (1989): Balancen des Glücks. Neue Lebensformen: Paare ohne Trauschein, Alleinerziehende und Singles, München.

Meyer, S. und Schulze, E. (1990). Auf der Suche nach neuen Lebensformen – Singles und Nichteheliche Lebensgemeinschaften, in: Frauenforschung, S. 2–14.

Meyer, S. und Schulze, E. (1991): Die Höhle des Individuums: Lieber Allein? Im Sog der Single-Gesellschaft, München, S. 73–79.

Meyer, T. (1992): Modernisierung der Privatheit. Differenzierungs- und Individualisierungsprozesse des familialen Zusammenlebens, Opladen.

Mitchell, A. (1984): The Nine American Life-Styles, New York.

Müller, E. (1994): Zu Paaren getrieben. Die neuen Liebes-Spiele im Fernsehen, in: Grözinger, G. (Hg.): Das Single. Opladen, S. 149–167.

Müller, H.-P. (1992): Sozialstruktur und Lebensstile. Der neuere theoretische Diskurs über soziale Ungleichheit, Frankfurt/Main.

Napp-Peters, A. (1985): Ein-Elternteil-Familien. Soziale Randgruppe oder neues familiales Selbstverständis? Weinheim.

Nave-Herz, R. und Krüger, D. (1992): Ein-Eltern-Familien: Eine empirische Studie zur Lebenssituation und Lebensplanung alleinerziehender Mütter und Väter, in: Institut Frau und Gesellschaft (Hg.): Materialien zur Frauenforschung. Bielefeld.

Neubauer, E. (1988): Alleinerziehende Mütter und Väter – eine Analyse der Gesamtsituation, in: Schriftenreihe des Bundesministers für Jugend, Familie, Frauen und Gesundheit. Stuttgart, S. 219 ff.

Neubauer, E. (1994): Alleinerziehende in den zwölf Ländern der EG. Familienformen mit wachsender Bedeutung, in: Aus Politik und Zeitgeschichte. Beilage zur Wochenzeitung Das Parlament, B 7–8/94, S. 14–21.

Opaschowski, H. W. (1988): Psychologie und Soziologie der Freizeit, Opladen.

Opaschowski, H. W. (1989): Tourismusforschung, Opladen.

Opaschowski, H. W. (1993): Freizeitökonomie: Marketing von Erlebniswelten, Opladen.

Opaschowski, H. W. (1994 a): Singles: Die Hätschelkinder der Konsumgesellschaft, in: Grözinger, G. (Hg.): Das Single, Opladen, S. 25–39.

Opaschowski, H. W. (1994 b): Einführung in die Freizeitwissenschaft, Opladen (2. völlig neubearb. Aufl. von Opaschowski 1988).

Ostner, I. (1987): Individualisierung der Familie? in: Karsten, M. E., Otto, H. U. (Hg.): Die sozialpädagogische Ordnung der Familie, Beiträge zum Wandel der familialen Lebensweisen und sozialpädagogischen Interventionen. Weinheim-München, S. 69–86.

Ott, W. (1993): Single-Haushalt, in: Auswertungs- und Informationsdienst für Ernährung, Landwirtschaft und Forsten (AID) Verbraucherdienst, S. 259–264.

Paul, C., Voit, H. und Hammes, W. (1992): Entwicklung der Privathaushalte bis 2010. Ergebnis der Haushaltsvorausberechnung für das frühere Bundesgebiet, in: Wirtschaft und Statistik, S. 620–626.

Peukert, R. (1989): Der soziale Wandel der Familienformen in der Bundesrepublik seit der Nachkriegszeit, in: Gegenwartskunde, Zeitschrift für Gesellschaft, Wirtschaft, Politik und Bildung, S. 153–165.

Pfeiffer, V. (1991): Solotanz. Singles zwischen Glück und Sehnsucht, Münsingen-Bern.

Pinther, A. (1989): Alleinstehend, Kurzfassung einer Pilotstudie (unveröff. Manuskript des Zentralinstituts für Jugendforschung), Leipzig.

Piroue, S. (1991): Vom Vergnügen, mit sich selbst zu reisen. Als Single-Frau auf Solo-Trip, Frankfurt am Main.

Pöschl, H. (1990): „Singles"-Versuch einer Beschreibung, in: Wirtschaft und Statistik, S. 703–708.

Pohl, K. (1992): Alleinstehende in der Bundesrepublik Deutschland – Ausgangsüberlegungen und ausgewählte Ergebnisse einer Befragung 25- bis 54 jähriger Unverheirateter, in: Bundesinstitut für Bevölkerungsforschung (Hg.): Materialien zur Bevölkerungswissenschaft, Bd. 73, Wiesbaden, S. 123–140.

Pohl, K. (1994): Singles im Alltag. Sozio-demographische Aspekte der Lebenssituation Alleinstehender, in: Grözinger, G. (Hg.): Das Single, Opladen, S. 41–64.

Priller, E. (1994): Einkommensverteilung und Lebensstandard, in: Statistisches Bundesamt (Hg.): Datenreport 1994, Bonn, S. 450–463

Raschke, J. (1985): Soziale Bewegungen – Ein historisch-systematischer Grundriß, Frankfurt am Main.

Reichwein, R., Cramer A. und Buer, F. (1993): Umbrüche in der Privatsphäre. Familie und Haushalt zwischen Politik, Ökonomie und Sozialen Netzen, Bielefeld.

Riedmüller, B., Glatzer, W. und Infratest (1991): Die Lebenssituation alleinstehender Frauen, Band 1 der Schriftenreihe des Bundesministeriums für Frauen und Jugend, Stuttgart-Berlin-Köln.

Rosenbaum, H. (1982): Formen der Familie, Frankfurt am Main.

Schäfers, B. (1995): Gesellschaftlicher Wandel in Deutschland, 6. Aufl., Stuttgart.

Scheidt, J. vom (1979): Singles. Alleinsein als Chance des Lebens, München.

Schlemmer, E. (1994): „Singles" in den neuen Bundesländern und ihre Netzwerke, in: Grözinger, G. (Hg.): Das Single, Opladen, S. 65–92.

Schmid, J. (1994): Zuwanderung aus Eigennutz? der demographische Aspekt des Einwanderungsbedarfes in den EU-Staaten, in: Weidenfeld, W. (Hg.): Das europäische Einwanderungskonzept, Gütersloh, S. 89–124

Schneekloth, U. und Potthoff, P. (1993): Hilfe und Pflegebedürftige in privaten Haushalten, in: Bundesministerium für Familie und Senioren (Hg.): Schriftenreihe des Bundesministeriums für Familie und Senioren (Bd. 20.2). Stuttgart u. a.

Schneider, N. F. (1994): Familie und private Lebensführung in West- und Ostdeutschland. Eine vergleichende Analyse des Familienlebens 1970–1992, Stuttgart.

Schofer, B., Bender, H. und Utz, R. (1991): Sind Singles individualisiert? Lebenslage und Lebensstil Alleinlebender, in: Zeitschrift für Bevölkerungswissenschaft, S. 461–488.

Schofer, B., Bender, H. und Utz, R. (1992): Singles und Individualisierung, in: Zeitschrift für Bevölkerungswissenschaft, S. 361–364.

Schoser, F. (1993): Gesteuerte Einwanderung als Zukunftsinvestition?, in: Klose, H.-U. (Hg.): Altern hat Zukunft, Opladen, S. 163–175.

Schreiber, H. (1978): Singles. Allein leben. Besser als zu zweit?, München.

Schuster, I. (1991): Familie und neue Lebensformen: Veränderungstendenzen und Entwicklungsperspektiven der jüngeren Generation, in: Teichert, V. (Hg.): Junge Familien in der Bundesrepublik, Opladen.

Schwarz, K. (1983): Die Alleinlebenden, in: Zeitschrift für Bevölkerungswissenschaft, S. 241–257.

Schwarz, T. (1991): Singles in Baden-Württemberg – eine neue Lebensform?, in: Baden-Württemberg in Wort und Zahl, S. 201–208.

Shipp, S. (1988): How Singles Spend, in: American demographics, S. 22–27.

Sinus-Lebensweltforschung (1991): Internationalisierung der Lebensweltforschung, Heidelberg.

Shostak, A. B. (1987): Singlehood, in: Sussman, M. B. und Steinmetz, S. K. (Hg.): Handbook of Marriage and the Family, New York, S. 355–367.

Soltau, H. (1993): Pfeifen aufs Duett. Von Singles, Alleinstehenden und anderen Solisten, Köln.

Sommer, B. (1992): Entwicklung der Bevölkerung bis 2030. Ergebnis der siebten koordinierten Bevölkerungsvorausrechnung, in: Wirtschaft und Statistik, S. 217–222.

Spellerberg, A. (1994): Lebensstile in West- und in Ostdeutschland, (erscheint) in: Glatzer, W. und Noll, H.-H. (Hg.): Getrennt-Vereint. Lebensweisen in Deutschland seit der Wiedervereinigung, Frankfurt am Main.

Spiegel, E. (1983): Neue Haushaltstypen – Alternativen zu Ehe und Familie?, in: Baethge, M. und Eßbach, W. (Hg.): Soziologie: Entdeckungen im Alltäglichen, Frankfurt a. M., New York.

Spiegel, E. (1986): Neue Haushaltstypen. Entstehungsbedingungen, Lebenssituation, Wohn- und Standortverhältnisse, Frankfurt–New York.

Stat. Bundesamt (Hg.) (1992): Statistisches Jahrbuch, Stuttgart.

Stat. Bundesamt (Hg.) (1993): Statistisches Jahrbuch, Stuttgart.

Stat. Bundesamt (Hg.) (1993 a): Statistisches Jahrbuch für das Ausland, Stuttgart.

Stat. Bundesamt (Hg.) (1994): Datenreport 1994, Bonn.

Stein, P. J. (1981): Single Life – Unmarried Adults in Social Context, New York.

Tessaring, M. (1994): Langfristige Tendenzen des Arbeitskräftebedarfs nach Tätigkeiten und Qualifikationen in den alten Bundesländern bis zum Jahre 2010, in: Mitteilungen aus der Arbeitsmarkt- und Berufsforschung, S. 5–19.

Tölke, A. (1993): Heirat, Elternschaft, Berufskarriere. Ergebnisse einer Studie zu Wandel und Entwicklung familialer Lebensformen, in: Der Bürger im Staat, hrsgg. von der Landeszentrale für politische Bildung Baden-Württemberg, 43. Jahrgang, Heft 3, S. 177–184.

Toffler, A. (1980): Die dritte Welle. Zukunftschance. Perspektiven für die Gesellschaft des 21. Jahrhunderts, München.

Touraine, A. (1972): Die postindustrielle Gesellschaft, Frankfurt am Main.

Ueltzhöffer, J. und Flaig, B. (1992): Spuren der Gemeinsamkeit? Soziale Milieu in Ost- und Westdeutschland, in: W. Weidenfeld (Hg.): Deutschland. Eine Nation – doppelte Geschichte, Köln, S. 61–82.

Vaskovics, L. A. u. a. (1994): Familien- und Haushaltsstrukturen in der ehemaligen DDR und in der Bundesrepublik Deutschland von 1980 bis 1989 – ein Vergleich, in: Bundesinstitut für Bevölkerungsforschung (Hg.): Materialien zur Bevölkerungswissenschaft, Sonderheft 24, Wiesbaden.

Vester, H. G. (1988): Zeitalter der Freizeit. Eine soziologische Bestandsaufnahme, Darmstadt.

Vester, M., v. Oertzen V., Geiling, H. und Müller D. (1993): Soziale Milieus im gesellschaftlichen Strukturwandel, Köln.

Vocelca-Zeidler, S. (1986): Ausstattungsdisparitäten bei Single-Haushalten. Ergebnisse des Mikrozensus Juni 1984, in: Statistische Nachrichten (Wien) 9, S. 692–695.

Voit, H. (1992): Haushalts- und Familientypen 1972 und 1990, in: Wirtschaft und Statistik, S. 223–230.

Voit, H. (1993): Haushalte und Familien. Ergebnisse des Mikrozensus April 1991, in: Wirtschaft und Statistik, S. 191–199.

Wagner, G. (1989): Relevanz von Bevölkerungsprognosen als Grundlage wohlfahrtsstaatlicher Politik, in: S. Hradil (Hg.): Der betreute Mensch? Beiträge zur soziologischen Diskussion aktueller Maßnahmen des Wohlfahrtsstaates (Soziologenkorrespondenz NF 134), München, S. 1–23.

Ward, F. (1990): Zielgerichtete Hilfe für Gruppen mit besonderem Wohnbedarf, in: A. Norton und K. Novy (Hg.): Soziale Wohnungspolitik in den 90 er Jahren Basel-Boston-Berlin, S. 139–147.

Weber, S. und Gaedemann, C. (1980): Singles. Report über das Alleinleben, München.

Wehrspaun, M. (1988): Alternative Lebensformen und postmoderne Identitätskonstitution, in: Lüscher, K. u. a. (Hg.): Die postmoderne Familie, Konstanz, S. 157–168.

Weick, S. (1994): Anteil der Singlehaushalte in den alten Bundesländern deutlich höher als in den neuen Bundesländern, in: Informationsdienst soziale Indikato-

ren (hrsgg. vom Zentrum für Umfragen, Methoden und Analysen, Mannheim), S. 7–12.
Wirtschaft und Statistik (WiSta), verschiedene Jahrgänge.

Zapf, W. (Hg.) (1970): Theorien des sozialen Wandels, 2. Aufl., Köln.
Zapf, W. u. a. (1987): Individualisierung und Sicherheit. Untersuchungen zur Lebensqualität in der Bundesrepublik Deutschland, München (Schriftenreihe des Bundeskanzleramtes, Bd. 4).
Zapf, W. (1991): Modernisierung und Modernisierungstheorien, in: Ders. (Hg.): Die Modernisierung moderner Gesellschaften. Verhandlungen des 25. Deutschen Soziologentags in Frankfurt am Main 1990, Frankfurt–New York.

PERSPEKTIVEN UND ORIENTIERUNGEN

Schriftenreihe des Bundeskanzleramtes

„Perspektive und Orientierung sind Schlüsselbegriffe einer verantwortungsvollen Politik. Gerade die freiheitliche Demokratie, die nicht einer Ideologie, sondern vor allem ihren Bürgern verpflichtet ist, darf nicht der Versuchung erliegen, ihre Entscheidungen von den Intervallen der Wahlgänge abhängig zu machen. Demokratische Politik, ganz besonders Regierungspolitik, muß über die jeweilige Legislaturperiode hinausdenken, sie muß sich dem Auftrag stellen, die Zukunft zu gestalten. Sie kann diesem Auftrag dann gerecht werden, wenn ihre politischen Entscheidungen und Initiativen wertebezogen sind, wenn sie feste Orientierungen hat, an denen sich Politik über den Tag hinaus ausrichten kann, wenn sie schließlich auf der Grundlage dieser Orientierungen Perspektiven aufzeigt.

In der Schriftenreihe erscheint jährlich eine Auswahl gesellschaftspolitischer Studien und Gutachten, die für das Bundeskanzleramt erstellt worden sind. Sie untersuchen im Rahmen der mittel- und längerfristigen Aufgabenplanung Trends im Bereich staatlichen Handelns und gesellschaftlicher Entwicklungen und setzen sich mit Tendenzen auseinander, die für die Gesellschaftspolitik der Bundesrepublik Deutschland Bedeutung gewinnen können oder zum Teil schon gewonnen haben.

Regierungspolitik sollte niemals nur reaktiv sein. Sie muß sich stets darum bemühen, den Wandel in Staat und Gesellschaft rechtzeitig zu erspüren und Probleme, die aus ihm hervorgehen können, aufzugreifen und Lösungsmöglichkeiten vorzubereiten. Es kommt darauf an, daß die Zukunft nicht verwaltet wird, sondern gestaltet werden kann. Diesem Ziel dienen auch die Gutachten und Expertisen, die für das Bundeskanzleramt erarbeitet werden.

Mit der Schriftenreihe wird ein Beitrag zur Transparenz der Bonner Politik geleistet. Die Reihe gibt einen Einblick in das, was man als ‚wissenschaftlichen Unterbau‘ politischer Entscheidungsfindung bezeichnen könnte. Sie zeigt auf, mit welchen Fragestellungen, Überlegungen, wissenschaftlichen und politischen Optionen sich die Bundesregierung auseinandersetzt. Naturgemäß können nicht alle der im Rahmen dieser Reihe veröffentlichten Analysen zur Grundlage politischer Entscheidungen werden. In jedem Fall aber werden sie sorgfältig geprüft und ausführlich erörtert. Viele der in diesen Arbeiten formulierten

Gedanken finden so auf die eine oder andere Weise Eingang in die Regierungspolitik, andere leisten zumindest als Diskussiongrundlage einen wertvollen und unverzichtbaren Beitrag zur Entscheidungsfindung."

(Aus dem Vorwort bei Begründung
der Schriftenreihe in Band 1 von
Dr. Wolfgang Schäuble, damals Bundesminister,
MdB, Chef des Bundeskanzleramtes)

Band 10: **Kaufmann, Zukunft der Familie**
Von Professor Dr. Franz-Xaver Kaufmann *(vergriffen. Neubearbeitung vgl. Bd. 16)*

Band 11: **Jäger, Fernsehen und Demokratie**
Scheinplebiszitäre Tendenzen und Repräsentation in den USA, Großbritannien,
Frankreich und Deutschland
Von Professor Dr. Wolfgang Jäger. 1992. VI, 106 Seiten. Kartoniert DM 24,–
ISBN 3-406-35879-9

Band 12: **Korte, Über Deutschland schreiben**
Schriftsteller sehen ihren Staat
Von Dr. Karl-Rudolf Korte. 1992. VI, 136 Seiten. Kartoniert DM 26,–
ISBN 3-406-35880-2

Band 13: **Berschin, Deutschland im Spiegel der
französischen Literatur**
Von Prof. Dr. Helmut Berschin. 1992. V, 74 Seiten. Kartoniert DM 22,–
ISBN 3-406-36614-7

Band 14: **Kühnhardt, Europäische Union und
föderale Idee**
Von Prof. Dr. Ludger Kühnhardt. 1993. V, 156 Seiten. Kartoniert DM 27,–
ISBN 3-406-37084-5

Band 15: **Schneider/Wessels, Föderale Union –
Europas Zukunft?**
Herausgegeben von Prof. Dr. Heinrich Schneider und Prof. Dr. Wolfgang
Wessels.
1994. 208 Seiten. Kartoniert DM 34,– ISBN 3-406-38141-3

Band 16: **Kaufmann, Zukunft der Familie im
vereinten Deutschland**
Gesellschaftliche und politische Bedingungen
Von Prof. Dr. Franz-Xaver Kaufmann. 1995. XI, 282 Seiten.
Kartoniert DM 45,– ISBN 3-406-38723-3

Band 17: **Hradil, Die „Single-Gesellschaft"**
Von Prof. Dr. Stefan Hradil. 1995. XIV, 192 Seiten.
Kartoniert DM 42,– ISBN 3-406-40151-1

Verlag C. H. Beck · 80791 München